考古学集刊

Archaeological Collectanea

第27集

主　　编　朱岩石

副主编　洪　石

特约编辑　新　华

社会科学文献出版社

SOCIAL SCIENCES ACADEMIC PRESS (CHINA)

图书在版编目（CIP）数据

考古学集刊. 第27集 / 朱岩石主编. -- 北京：社
会科学文献出版社，2022.12
　　ISBN 978-7-5228-1233-5

　　Ⅰ. ①考…　Ⅱ. ①朱…　Ⅲ. ①考古学-中国-丛刊
Ⅳ. ①K87-55
　　中国版本图书馆CIP数据核字（2022）第239736号

考古学集刊　第27集

主　　编 / 朱岩石
副 主 编 / 洪　石
特约编辑 / 新　华

出 版 人 / 王利民
责任编辑 / 郑彦宁
责任印制 / 王京美

出　　版 / 社会科学文献出版社 · 历史学分社（010）59367256
　　　　　　地址：北京市北三环中路甲 29 号院华龙大厦　邮编：100029
　　　　　　网址：www. ssap. com. cn
发　　行 / 社会科学文献出版社（010）59367028
印　　装 / 北京盛通印刷股份有限公司

规　　格 / 开　本：787mm×1092mm 1/16
　　　　　　印　张：15　插　页：1.25　字　数：252千字
版　　次 / 2022年12月第1版　2022年12月第1次印刷
书　　号 / ISBN 978-7-5228-1233-5
定　　价 / 168.00元

读者服务电话：4008918866

版权所有　翻印必究

考古学集刊

第 27 集

目　录

1981 年创刊 2022 年 12 月出版

考古学家与考古学史

Archaeological Collectanea **Vol.27**

Contents

Established in 1981   December, 2022

太原市金胜村东周铜器墓 1989～1993 年发掘简报

山西省考古研究院

关键词：太原　金胜村　东周　铜器墓　晋国

内容提要：继 1987 年在太原金胜村发掘春秋晚期晋国执政卿赵简子墓之后，1989～1993 年在赵卿墓东部的坡下又发掘了 4 座同时期的中型铜器墓。这 4 座墓葬的资料整理工作曾一度中断，本简报即是当年发掘者在原始发掘记录缺失的情况下主要依靠回忆整理而成。这 4 座墓葬都是积石积炭的中型贵族墓，与赵简子墓同属一个墓地，但墓向不同，说明墓主与赵氏属不同家族，应为赵简子陪臣。这 4 座墓葬出土铜礼乐器 100 余件，以及大批铜车马杂器和兵器、玉石器等，特别是 M673 和 M674 随葬两对铜鉴及吴国铜鼎，是研究东周晋文化及晋吴关系的重要资料。

前　言

太原市西南郊有一片地势非常开阔的山前洪积平原，面积近百平方千米。洪积平原西靠吕梁山余脉龙山（也叫太原西山），东临汾河，土地肥沃，物产丰饶，著名的晋祠就在西山脚下的悬瓮山前，洪积平原上还有晋阳古城遗址。在长达 20 公里的平原西侧的山前坡地上，分布着数量众多的不同时代的古墓。1978 年，在位于西山脚下金胜村南的太原化肥厂曾经发现过东周时代的车马坑[1]。1987 年，金胜村附近的太原第一热电厂进行第五期扩建工程，工程施工前的考古调查发现了一批古墓葬，并认定这里是一处延续时间长、墓葬比较集中的古墓区。墓葬年代上迄二里头文化时期的太原东太堡类型[2]，下至北宋初年，以春秋战国和唐代墓葬数量最多。1988 年，发掘了一座春秋晚期晋国大墓 M251 及其车马坑。M251 规模很大，出土遗物十分丰富，墓主当为春秋晚期的晋卿赵简子[3]。根据钻探资料得知，在距赵卿墓（M251）

图 1 金胜村东周铜器墓位置示意图

东 100 多米处还有一批东周墓（图 1）。1989 年，选择了 4 座较大的东周铜器墓和几座较大的北朝、唐代墓进行发掘。4 座东周铜器墓与 M251 高差有 10 多米，四墓处于同一阶地上（图 2）。发掘工作须配合电厂第六期扩建工程进度，到 1993 年才结束。4 座铜器墓编号为 M674、M673、M88、M656，墓葬之间相隔几米到二三十米不等，其中 M674 与 M673 应为夫妻异穴合葬墓。M88 和 M674、M673 近旁各有 1 座车马坑，其中 M88 车马坑经发掘，M674、M673 车马坑未发掘。墓地地下水位较高，经水浸泡的墓壁四周近底部有坍塌，整个发掘工作几乎一直在险情不断和寒冷刺骨的泥水中进行，所有遗物都是从泥浆里捞出来的。1993 年，发掘工作结束，接着进入资料整理阶段。此后整理工作一度中断。2014 年，重新启动了对这 4 座铜器墓的整理工作。下面对其进行简要报道（附表 1）。

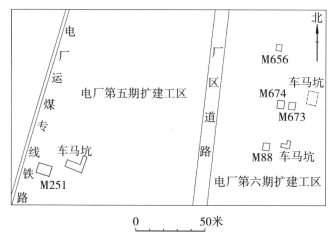

图 2 金胜村东周铜器墓平面图

一、M674

（一）墓葬形制

M674为积石积炭木椁墓。墓圹为长方形竖穴土圹，墓室南北向，口略大于底。墓口长6.7、宽5米，墓底长5.8、宽4.5米，墓底距地表深13米。墓室因泥水浸泡，内部已混沌一团，铜器置于棺椁之间，其准确位置无法确定。

墓室建造在生土之上，从墓壁剖面可以看出，地层堆积可分为两层。

第1层：耕土层。在墓口之上，厚约20厘米，其中夹杂着许多碎石块和近代少量碎瓷片。

第2层：沙石层。黄褐色，一般为豆粒沙，结构疏松，沙层内含大小不一的河卵石块。厚约85厘米。

该层下为生土。

墓圹内填土由上而下可分为两层。

第1层：砾石层。土质较硬，结构严密。砾石大如拳头，小若鹅卵，是有意识填埋的，厚约1米。

第2层：红褐色五花夯土。夯层厚3厘米余，每隔0.5米深有一层夯土，夯窝分布密集、均匀，直径约6厘米。夯层十分清楚，直至椁室。

棺椁由柏木枋搭成，均已腐朽。椁四周、盖上和椁底都积石积炭，由于椁室倒塌和积石压砸的缘故，墓内的随葬器物特别是青铜礼器大多已破碎变形。墓主骨骼已腐烂成泥，仅在墓室南侧发现几枚牙齿，推测墓向为南向，葬式似为仰身直肢葬。

（二）随葬遗物

主要为铜器，因有许多铜器已残碎，无法统计精确数量，均为估算数目。这批铜器品类齐全，形式多样，有的器形特大，为春秋时期较大者，有的器形前所未见。其中礼乐器40余件，包括鼎14件、鬲1件、豆4件、壶8件、盘1件、匜1件、鉴2件、罍2件，乐器11件（另有石磬10件）；兵器有1件戈；生活用具若干（附表2）。另外，还有一种现象值得注意，即有些铜器如特镈、鼓座等器表附着很厚的铁锈，可能当时墓内还有某种铁器随葬，只是铁质器物在这种埋藏条件下早已荡然无存。

1.铜礼器

包括镬鼎、蟠螭纹立耳鼎、蟠螭纹盖鼎、鬲、环耳盖豆、兽耳盖豆、壶、三足盘、匜、蟠螭纹鉴、蟠螭纹罍、龙凤纹建鼓座、杆头、器盖等。

镬鼎 1件（M674:50）。体硕大，附耳，圆口，唇平折，束颈，深圆腹，腹部两侧各有一圆环，圜底，三兽面蹄足。出土时左耳跌落，体压扁，足残缺。通体饰单层浅浮雕蟠螭纹。蟠螭头一上一下合为一组，螭身互相纠缠，云纹为填纹。腹部中央饰一周凸弦纹作为界纹。耳正、反面饰细密蟠虺相纠结纹样。足根上饰兽面纹。兽双目圆瞪，卷鼻，兽面部分别由四条蟠螭组成，地纹为鳞纹。从块范合铸的范缝上看，耳、腿和圆环均为2块外范铸成，鼎腹部用8块范合铸，腹部和耳对应处有方孔，用以铸接耳、腹。鼎足和体为一起浇铸而成。复原口径82、腹深40、高73.3、耳间距103、足高30.4、壁厚0.5厘米（图3；图版一，1）。

立耳鼎 3件。大小、纹饰相同。M674:5，立耳外撇，斜方唇，折肩，圆腹，圜底，蹄足。颈部和下腹部饰窃曲纹，上腹部饰蟠螭纹，主纹内填细密云纹，主纹系单层浅浮雕，腹部中央饰一周凸起的绚纹。耳四面及上面均饰蟠螭纹。足根饰凸起的大耳朵饕餮，饕餮由蟠龙组成。口径54、高49.2、耳间距64、壁厚0.3厘米，重22820克（图4；图版一，5）。

盖鼎 3套。依据形制、纹饰的不同，又可分为三型。

A型：5件。大小相次，形制、纹饰相同。M674:1，盖扁平，残。盖上

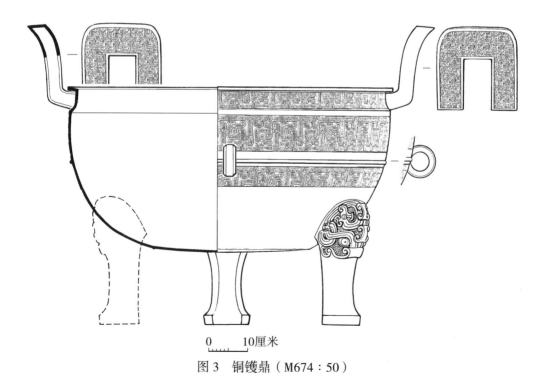

0   10厘米

图3 铜镬鼎（M674:50）

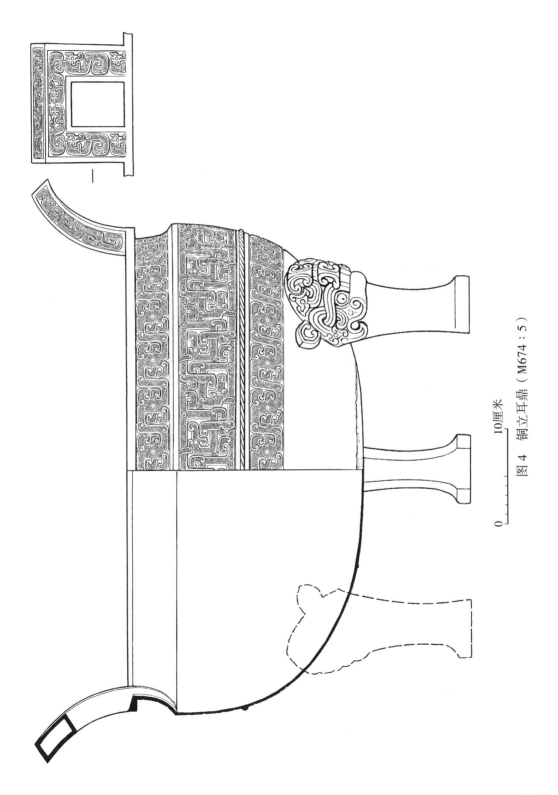

图 4　铜立耳鼎（M674：5）

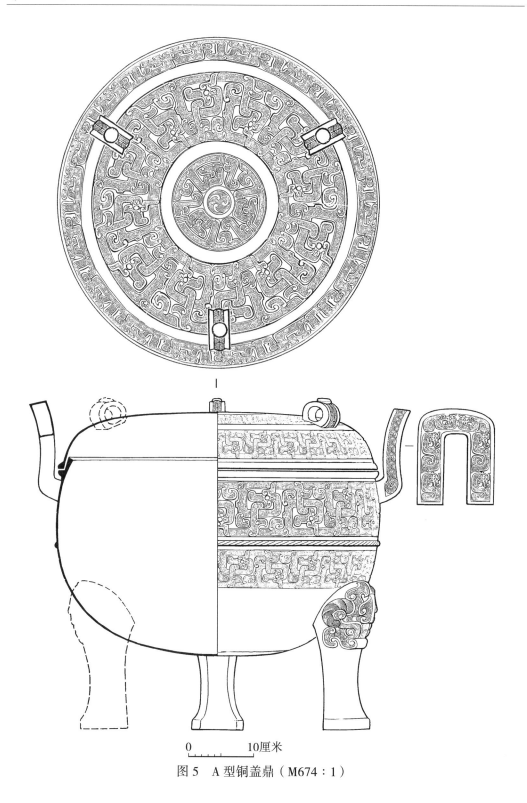

0　　　　10厘米

图5　A型铜盖鼎（M674：1）

桥形钮上饰鳞甲纹，钮上有一饼状凸起，顶中央有一团涡纹。耳外撇，正面饰六条S形蟠螭，耳侧面饰绚纹。鼎身呈半球形，圜底，蹄足。足根饰饕餮纹，饕餮长有扭丝状弯角。鼎通体饰二方连续式多体勾连的蟠螭纹，蟠螭身填细密的云纹、粟粒纹、斜线纹等，腹部饰一周凸起的绚纹。纹饰系单层浅浮雕。复原口径46.5、腹深29、通高49、耳间距58、壁厚0.3厘米（图5；图版一，4）。M674：11，残甚。整体造型与上述盖鼎基本相同，属于同一组列鼎的不同个体，唯体量小巧。复原口径约29、通高约31、壁厚0.1厘米。

B型：2件。大小相次，形制、纹饰相同。M674：10，覆盘形盖，上有3个桥形钮。盖上饰几何纹，外圈纹饰为倒置。耳正、反面饰单体蟠螭纹，耳侧面饰绚纹。鼎身呈半球形，裆部略高，小圜底，蹄足。鼎通体饰填斜线纹的C形蟠螭纹，腹部饰一周凸弦纹。所有纹饰系单层浅浮雕。口径26.8、通高27.4、耳间距33、壁厚0.1～0.2厘米，重6490克（图6；图版一，2）。

C型：吴式鼎。3件。大小相次，形制、纹饰相同。M674：3，浅覆盘形盖，盖面中央有兽钮套环，周边有三个立式变形兽钮。附耳，高裆，小圜底，

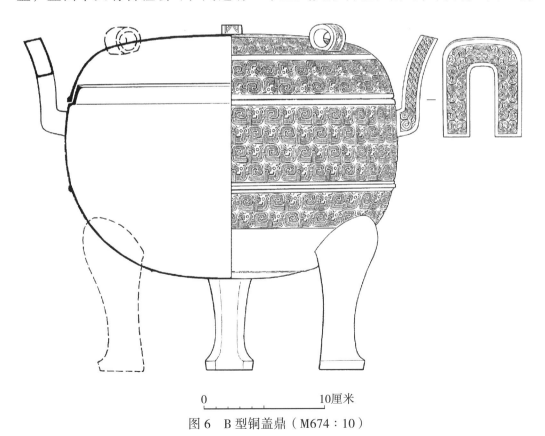

0　　　　　　　　　　10厘米

图6　B型铜盖鼎（M674：10）

蹄足外撇。耳、盖及腹饰细密 S 纹，腹以凸起的绚纹为界纹，足根部饰饕餮纹。鼎内壁有铭文，惜漫漶不清而无法辨识。器形、纹饰显示为吴国器。复原口径42.8、腹深28.4、通高53.5、耳间距52、壁厚0.2厘米（图7；图版一，3）。

　　鬲　1件（M674：20）。比较完整，锈蚀严重。折沿，方唇微上翘，敛口，束颈，腹微鼓，平底，附有三个耳。上腹部饰单层浅浮雕回纹，填纹为绚纹和

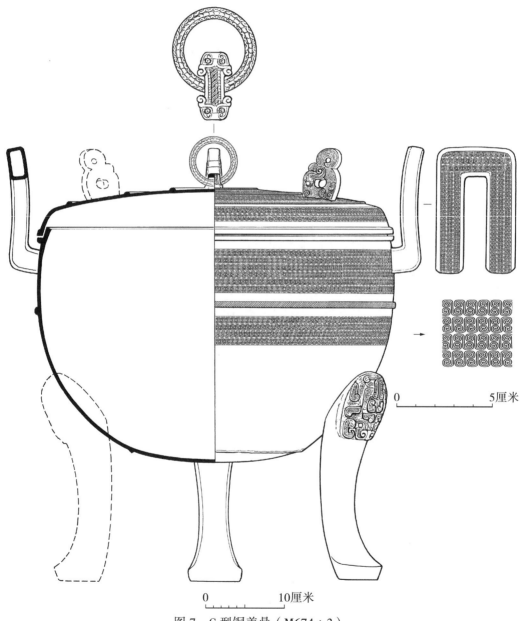

图 7　C 型铜盖鼎（M674：3）

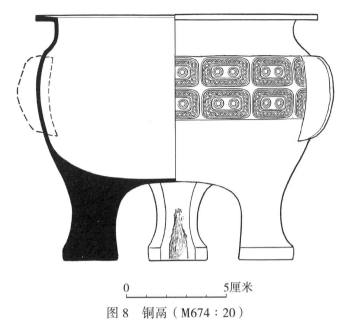

图 8　铜鬲（M674：20）

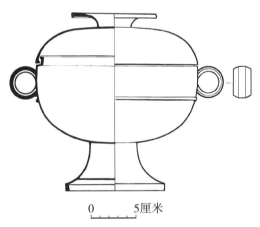

图 9　铜环耳盖豆（M674：32）

圆圈纹。三足内侧呈凹槽状。腹部用3块范，底加1块范。耳和足为分体合铸。口径14、高11.6、壁厚0.1～0.2厘米（图8；图版一，6）。

环耳盖豆　约2件。形制、大小相同。M674：32，盖呈覆碗状，圆捉手，盖与豆身以子母扣合。豆身，唇内敛，两侧有一对贯耳，小平底，下接喇叭形柄。素面。口径16.4、通高18.9、耳间距23.8、壁厚0.1厘米（图9）。

兽耳盖豆　2件。完全相同。盖呈覆碗状，上附三个环形钮。豆下腹圆弧，柄为粗矮的喇叭形。上腹有一对贯耳，铸成兽头，双目圆瞪，鼻微上翘，张目咬住贯耳。盖圆心花纹为两周雷纹包裹的云纹，云纹内填雷纹。豆腹及其余部饰S纹。豆顶云纹常见于晋式铜器，而S纹则是春秋吴国铜器最典型的纹饰之一。这种形制的豆尚属罕见。M674：31，口径17.4、通高16.3、耳间距24.2、壁厚0.1～0.2厘米（图10；图版二，4）。

壶　8件。有莲盖壶、圆壶和素面扁壶等。

盖壶　4件。器形厚重，铸造精良。根据形制、纹饰差异，可分为两型。

A型：2件。形制、大小、纹饰皆相同。M674：24，圆盖，盖面饰正反相对的六个牛首式双身蟠龙。外沿饰鲜形绚纹。壶身厚唇内敛，承盖，束颈，颈两侧有一对相对的虎形耳。虎回首，卷尾，卷鼻，獠牙，长舌，饰虎斑纹。鼓腹，腹最大径近壶底，下接喇叭形圆座圈足。壶周身以四道凸起的斜角云纹为

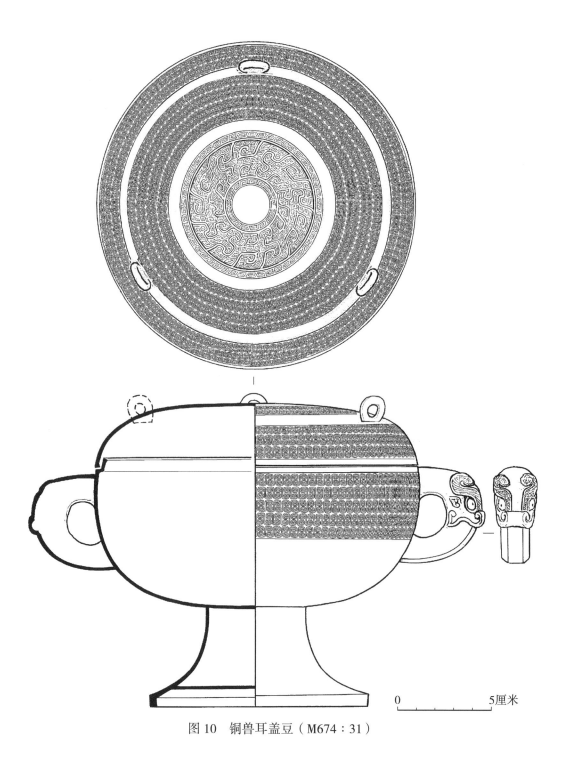

0   5厘米

图 10 铜兽耳盖豆（M674：31）

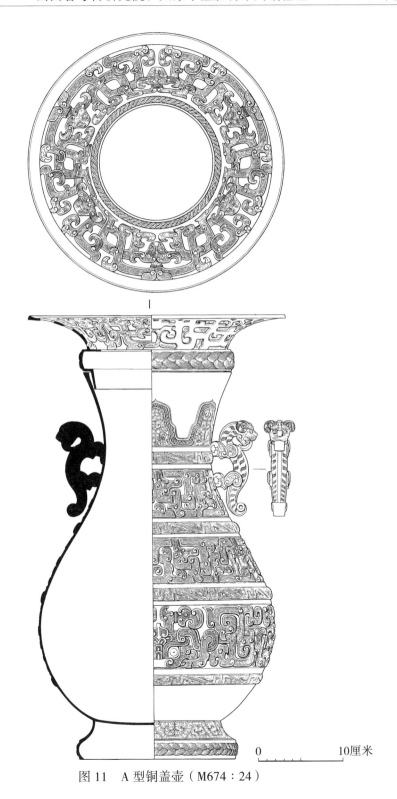

图 11　A 型铜盖壶（M674：24）

图 12   B 型铜盖壶（M674：4-1）

界，最上层为内填双螭的叶形纹，接两层蟠螭纹，下腹饰四组勾连的饕餮衔凤纹，圈足饰波曲纹和辫形绚纹。各层花纹都为复层高浮雕式，主纹中的填纹均为细密的涡云纹或回纹。虎形耳与壶体用榫卯结合铸就。壶颈部有四个方孔，虎爪上有四个凸榫，用铝、铜、锡类溶液将虎形耳同壶颈焊接。口径17.4、最大腹径27.8、圈足径18.2、高50.8、壁厚0.3～0.4厘米，重12740克（图11；图版二，3）。

B型：2件。形制、纹饰皆相同。M674：4-1，整体造型与A型圆壶相似，唯体量更大，纹饰更精美。盖上为四组透雕蟠龙，耳为一对装饰华丽的虎，壶身由五周凸起的斜角云纹为界，纹饰由一周叶形纹、三周蟠螭纹、一周饕餮衔凤纹组成，圈足饰一周波曲纹和一周辫形绚纹。周身纹饰为复层高浮雕式。口径20.2、最大腹径32.3、底径23、高62.6、壁厚0.3～0.5厘米（图12）。

莲盖壶　2件。M674：7-1，盖为七片莲瓣形，莲瓣内各有两条相背的双头蟠螭。颈部有一对浑身花纹回首吐舌的虎形耳。通体饰六周辫形绚纹，分别为盖上一周、壶体四周、圈足一周。壶体有五层填满云纹的蟠螭纹和凤鸟纹，其中凤鸟纹处于第二层，其余为宽窄和结构不同的蟠螭纹。主体纹饰为单层浅浮雕式。口径15、最大腹径24.8、高47.8、壁厚0.1～0.2厘米（图13；图版二，1）。

圆壶　1件（M674：22）。小弧形盖上有四个等分的环钮。盖面饰一团涡云纹和一周蟠螭纹。壶口略小，鼓腹，平底，圈足，颈部有两环、下腹部正中有一环。环上均饰绚纹。壶身以三条填有云纹的宽带绚纹为界，颈部和下腹部各饰一周蟠螭纹组成的垂叶纹，颈部上端和腹部饰三周宽窄不同的蟠螭纹，圈足上饰一周蟠螭纹。所有纹饰细密规矩，均为单层浅浮雕式。口径9.8、最大腹径21.5、底径12、通高32.6、壁厚0.2厘米，重3830克（图14；图版二，2、5）。

扁壶　1件（M674：29）。平沿，斜直口，溜肩，鼓腹，平底。横截面为六角形。肩及下腹部两侧各有一对环形耳，腹上也有一个环形耳。口长径13.5、口短径9.5、腹宽22.5、高29.4厘米（图15，1；图版三，4）。

三足盘　1件（M674：37）。附耳，蹄足。腹饰两周单层浅浮雕C形蟠螭纹，并饰一周凸弦纹，耳面上饰方形几何纹。口径44.6、腹深6.1、底径23、通高21.8、壁厚0.1～0.2厘米（图15，3；图版三，1）。

匜　1件（M674：21）。器身椭圆形，平沿，方唇，兽头形流，浅腹，平底，圈足。兽首饰鳞纹，器身饰内填云纹的可无限延伸的连续式单层浅浮雕蟠螭纹，圈足上饰斜线纹，环形鋬上饰几何云纹。口长径14.5、口短径25、底径11.3、高12.5、壁厚0.1厘米（图15，2；图版三，2）。

图 13　铜莲盖壶（M674 ：7-1）

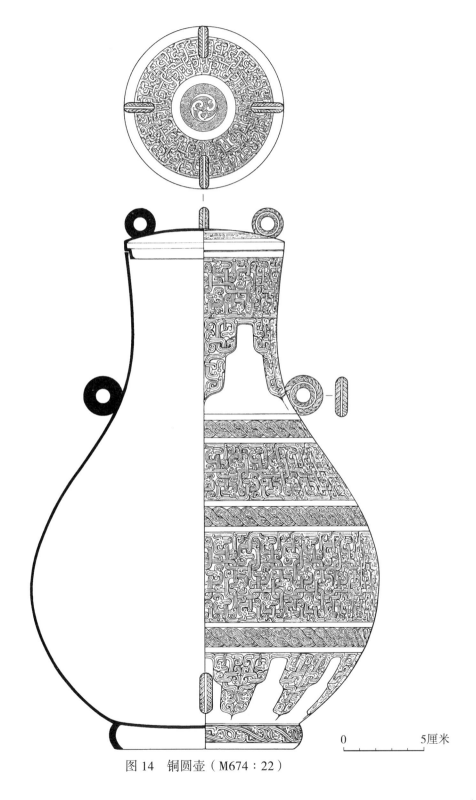

0　　　　　5厘米

图 14　铜圆壶（M674：22）

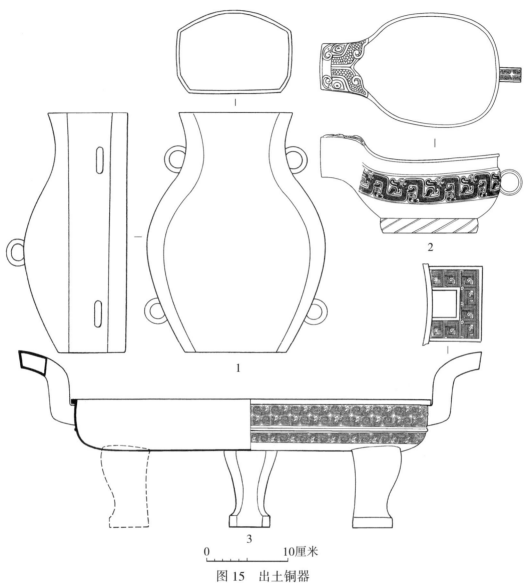

图 15　出土铜器

1.扁壶（M674：29）　2.匜（M674：21）　3.三足盘（M674：37）

　　鉴　2件。大小、纹饰相同。M674：13，器厚重。敞口，沿平折，颈微敛，宽肩，曲壁，平底，矮圈足，颈、腹附对称的四个铺首衔环。铺首为立雕的兽头，兽口衔六棱柱耳，套有扁平圆环。铺首饰云纹、回纹和鳞甲纹，衔环上饰云纹。颈部和下腹部饰窃曲纹，腹部饰两周蟠螭纹，各周纹饰带以宽带几何纹为界，圈足上饰辫形绹纹一周。各周花纹内都用涡云纹、斜线纹和粟粒纹填充，主纹饰为单层浅浮雕式，铺首与鉴体系焊接。口径 72、高 39.5、耳间距 86、壁

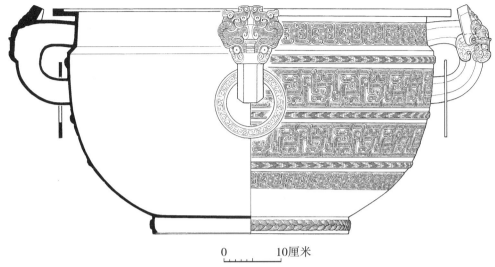

0   10厘米

图 16　铜鉴（M674：13）

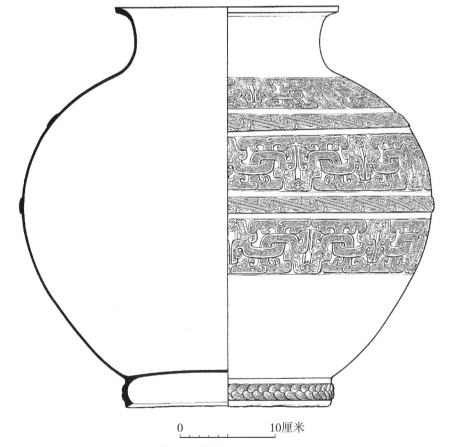

0   10厘米

图 17　铜罍（M674：28）

厚0.3～0.5厘米（图16；图版四，1）。

罍　2件。形制、大小、纹饰皆相同。M674：28，圆唇外侈，小口，束颈，圆鼓腹，下腹内收接圈足，底内弧。肩、腹部饰三周蟠螭纹，蟠螭两两成组，每组为一正一反两条蟠螭勾连而成，每层蟠螭纹带又以蟠螭组成的斜角云纹间隔，圈足饰一周瓣形绚纹。口径19.2、腹径35.7、高34、壁厚0.1～0.2厘米（图17；图版五，2）。

建鼓座　1件（M674：18）。盆形，壁厚，内壁残留经过烧烤的糊泥，显然是为增加鼓座重量，鼓座现重86千克，中空，上有一孔径9.6厘米的筒形口。口面平直，斜壁转直壁到底，在直壁上有四个对称的铺首衔环。鼓座的直口上面和斜壁上依次饰蟠螭纹、双身蟠龙纹、两周饕餮衔凤纹，主要纹饰带之间以斜角云纹为界；直壁饰双身蟠龙纹和蟠螭纹。所有主纹饰带均

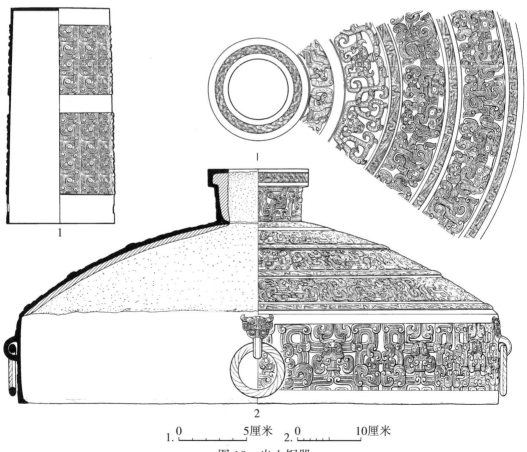

1.　0　　　　　5厘米　　2.　0　　　　　10厘米

图18　出土铜器
1.杆头（M674：25）　　2.建鼓座（M674：18）

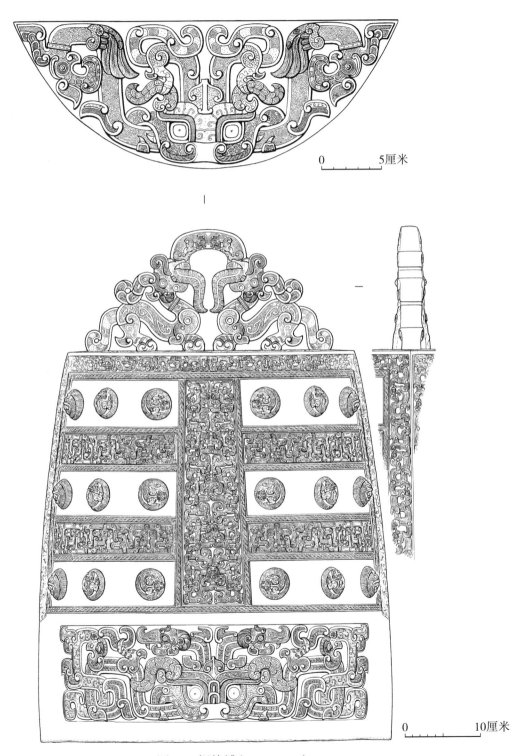

图19　铜特镈（M674：14）

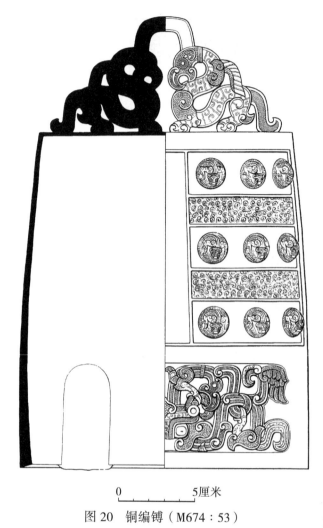

图20 铜编镈（M674:53）

为复层高浮雕式。底径79、高39、壁厚0.6～0.8厘米（图18，2；图版三，3、5）。

杆头 1件（M674:25）。中空，一端封闭，另一端开孔，壁上有一对钉孔，外壁饰两周散虺纹式几何纹，内部有木杆残留，推测为建鼓立杆。上端直径7、下端孔径8、高15.4、壁厚0.1厘米（图18，1）。

器盖 1件（M674:19）。覆盆式，顶中央有一小钮套一小环，盖面有三只小虎。整个盖面饰一团和两周蟠螭纹。此类盖通常为扁鼎盖，但该墓内尚未发现同类器物。口径22、高3.8、壁厚0.1厘米（图版六，2）。

2. 乐器

包括铜特镈、编镈和石磬。

特镈 1件（M674:14）。双龙衔螭钮，合瓦形钟体，器厚重。通体饰复层高浮雕纹，纹饰华丽。舞面饰两组饕餮衔凤纹，凤鸟身体从饕餮口中穿过，凤鸟孔武有力的后爪抓着饕餮的大弯角，饕餮紧咬凤鸟身体。凤鸟颈箍项圈，羽翼华丽，上半身极力弯曲，喙大张。钲部饰倒置的五组蟠龙，每组蟠龙两侧都各有一条蟠螭，篆带为二方连续式互相缠绕的蟠螭，钟枚为团龙形。鼓部为饕餮衔龙凤纹，饕餮口含夔龙，夔龙蜿蜒的身体分别从饕餮头顶和口部伸出，夔龙后爪又抓着一只翻飞凤鸟的长冠，飞鸟身体与夔龙互相纠结，整个画面充满动感。钲部和篆带用凸起的绚纹为界，钲部外围用蟠螭纹围绕，所有主纹饰内均填以各种云纹、鳞甲纹、粟粒纹、斜线纹，错落有致，富丽堂皇。舞宽36.5、铣宽44.8、高63.5、壁厚0.5～0.8厘米（图19；图版四，2～5）。

编镈 一套10件。M674:53～62，大小成列（表1；图版五，3）。钮部

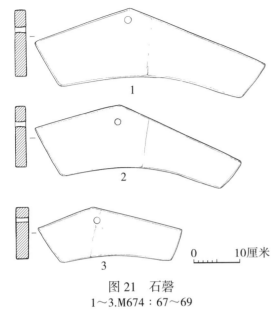

图21　石磬
1～3.M674：67～69

表1　M674 出土铜编镈尺寸（单位: 厘米）

器号	重量（克）	通高	甬高	舞宽	铣宽
53	5100	28.4	7.4	15.8	18.4
54	2620	22.6	6	12.2	14
55	2120	20.6	5.3	11.8	13.1
56	2080	19.6	4.7	11	12.1
57	1200	15.8	4.5	8.7	10.2
58	1060	14.5	4.2	8.1	9.4
59	920	13.1	4.2	7.7	8.7
60	900	11.7	3.4	6.8	7.7
61	780	11.1	3.4	6.1	7
62	640	10.7	3	5.9	6.7

为相对的鸟首兽身，篆带饰散虺纹，鼓部饰复层浮雕式饕餮衔凤纹，钟枚为蟠龙形。音质优美，应为实用器。M674：53，舞宽15.8、铣宽18.4、高28.4、壁厚0.3～0.5厘米（图20；图版五，1）。

石磬　10件。M674：63～72，大小相次（表2；图21；图版六，1）。

3.其他

包括铜戈、勺、环带扣、鸭形方扣、泡、合页、管件、构件、雁以及玉杯。

戈　1件（M674：40）。胡上有三个穿，刃部锋利。残长10、残高11.5厘米（图22，1；图版六，6）。

勺　3件。M674：35-1，勺身呈椭圆形，敛口，直壁，圜底。后壁中部接有管状柄，銎口略宽大，柄内前半部有泥范芯。勺、柄分体铸造，后合铸而成。勺口长12、宽9.3、高11、通长20厘米（图22，2；图版六，3）。

环带扣　1件（M674：49-1）。方扣，有一个直向上的弯管，弯部有一个焊接的圆环。长12、通高7.2厘米（图22，3）。

鸭形方扣　1件（M674：49-2）。长5.5、宽4.7、通高2.6厘米（图版六，4）。

泡　2件。M674：34-1，圆饼状，背面中间有一条穿。正面中间饰两周圆点纹，其外饰一周虺纹。直径3.3厘米（图22，6）。

合页　1件（M674：49-3）。前端有一个斜穿，上层铜板上有四个孔。长3.3、宽5.8厘米（图22，4）。

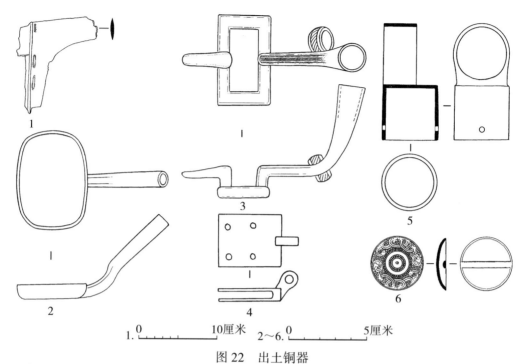

1. $\overset{0}{\vrule}\underline{\hspace{3cm}}\overset{10厘米}{\vrule}$ 2~6. $\overset{0}{\vrule}\underline{\hspace{2cm}}\overset{5厘米}{\vrule}$

图 22　出土铜器

1.戈（M674：40）　　2.勺（M674：35-1）　　3.环带扣（M674：49-1）　　4.合页（M674：49-3）
5.构件（M674：39-1）　　6.泡（M674：34-1）

表2 　　　　　　　　　　　　　　M674 出土石磬尺寸 　　　　　　　　　（单位：厘米）

器号	重量（克）	通长	通高	倨孔径	鼓上边	股上边	鼓博	股博	鼓下边＋股下边
63	6300	62.6	21.8	1.7～1.9	41.6	25.3	11.8	14.2	47.6
64	4440	53.8	18.9	1.6～2	35	22.7	9.7	11.1	42.3
65	3940	49.1	17.6	1.75～1.8	31.8	20.6	7.5	12.2	38
66	2800	45.7	16.2	1.65～1.95	30.9	19	7	10.3	32.6
67	2640	40	14.1	1.6～2	27	15.4	6.6	10.1	32
68	2280	38.7	14.3	1.4～1.9	25	16.2	6.8	9.2	31.3
69	1580	33.4	12.1	1.7～2	21.8	13.2	6.8	8.6	25.8
70	1200	26.1	9.5	1.8	16	10.07	7	8.3	20
71	1120	26	9.1	1.5～1.8	13.9	12.7	5.5	7.8	21
72	660	19.7	10	1.75～1.8	12.5	8.9	6.6	7.5	13

管件 5件。M674：42-1，管状，长短不等，长3~21厘米，粗细有别，直径2.2~2.5厘米，两端管径略有差异，其中1件一端分叉。

构件 6件。均不同程度残损。M674：39-1，分上下两部分，上端为直径3.8厘米的管状孔，下端为直径3.8厘米的上边封闭、下边开孔的圆管，两部分连为一体，下端近开孔处有小孔，用途不明。高7.5厘米（图22，5）。

雁 1件（M674：94）。似为某种杆头饰物或辖。雁身长11.6、宽9、高6、通高14厘米，重480克（图版六，5）。

玉杯 1件（M674：12）。残。青绿色，属于杂玉或彩石质。敞口，平底。高9.5、壁厚0.3厘米，重240克。

此外，该墓还出土小铜片，无法辨识器形。

二、M673

（一）墓葬形制

M673为中型积石积炭木椁墓。墓圹为长方形竖穴土圹，墓室南北向，墓圹长5、宽4米，墓底长4.5、宽3.5、距地表深11米。

该墓距M674不足6米，与M674并排营造，两墓形制基本相同，应为夫妻异穴合葬墓。椁室倒塌，墓内随葬的青铜器大多破碎。墓主骨骼已腐烂成泥，仅在墓室南侧发现20余枚牙齿。从牙齿磨损程度判断，其年龄为60岁左右，葬式为仰身直肢葬。

墓室东边有一座车马坑，未发掘。

（二）随葬遗物（附表3）

1. 铜器

包括蟠螭纹盖鼎5件、吴式盖鼎3件、盖豆4件、壶2件、鉴2件、瓵2件、编钟1套、环首刀1件，铜器数量统计不够精确，或有遗漏，另外还有一些碎片无法辨识。

B型盖鼎 5件。形制、纹饰基本相同，仅耳部纹饰细节略有差异，大小相次成列。M673：13，覆盆式盖，盖面有三个饰以几何纹的桥形钮。鼎唇内敛以承盖，附耳外撇，鼓腹，圜底，三蹄足。盖面由内及外共有四周花纹带，满饰C形蟠螭，耳正面饰S形蟠螭，耳侧面饰绚纹带，腹饰两层蟠螭纹，中间以凸弦纹为界。纹饰均为单层浅浮雕式。口径26.8、通高30.7、耳间距38、壁厚0.1~0.2厘米（图23；图版七，1~3）。

C型盖鼎（吴式鼎） 3件。大小相次成列，形制、纹饰相同，均残甚。其

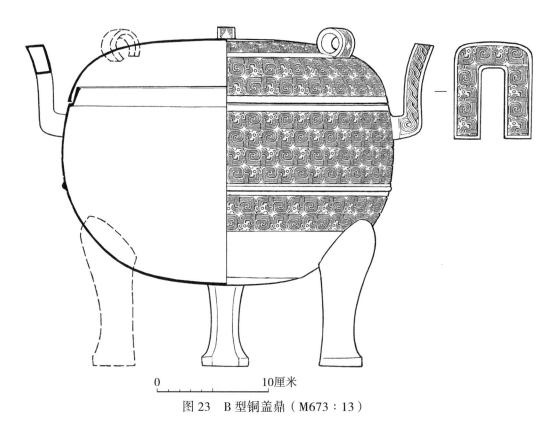

图 23 B 型铜盖鼎（M673：13）

造型、纹饰与 M674 所出吴式鼎完全相同。M673：31，浅覆盘形盖，盖面中央有套环，周边有三个变形兽钮。附耳，高裆，小圜底，蹄足外撇。耳、盖及鼎腹饰细密 S 纹，鼎腹有凸起的绚纹为界，足根饰饕餮纹。复原口径约 42、通高约 53、壁厚 0.2 厘米（图 24）。

盖豆　4 件。其中 3 件残甚，形制、大小相同。素面。盖呈覆碗状，圆捉手，盖和身以子母口扣合。唇内敛，鼓腹，圜底，两侧有一对扁环耳，小平底，下接喇叭形圈足。M673：6-1，口径 17.5、圈足径 11、通高 18.5、壁厚 0.1 厘米（图25；图版八，4）。

圆壶　2 件。M673：4-1，保存较好。弧盖，盖顶有三个环形钮。顶饰三周纹饰，中间有三只小鸟，外圈有六只大鸟，再外圈有六只虎。纹饰深 0.1 厘米。原应镶嵌其他物质，或属于未完成镶嵌工艺的半成品。口微敞，腹部以下缺损，肩部有一对铺首衔环。铺首上的纹饰已不清楚，壶身饰鸟兽纹。口径 12.2、残高 24.8、壁厚 0.1～0.2 厘米（图 26；图版七，4、5）。M673：4-2，形制与前者同，保存较差，纹饰锈蚀殆尽（图版八，5）。

吴王夫差鉴　2 件。严重破损，仅修复 1 件。M673：1，大口内敛，鼓腹，

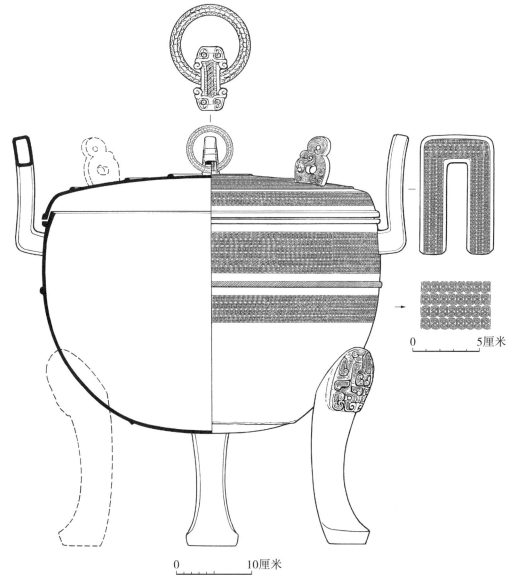

图 24　C 型铜盖鼎（M673：31）

最大径在上腹部，平底略内收。上腹部有一对铺首衔环耳。铺首为兽面纹，以回纹组成图案。环上有两圈纹饰带，内为回纹，外为绚纹。颈部饰三条横鳞纹。上腹部饰蟠螭组成的长方形图案，蟠螭造型较粗疏，排列较整齐，有一条凸起的绚纹。下腹部在界纹下为垂叶纹，内填雷纹。鉴内壁有三行十三字铭文"攻吴王夫差择其吉金自作御鉴"。口径 62.7、通高 38.5、壁厚 0.3 ～ 0.4 厘米（图 27；图版八，1、2）。

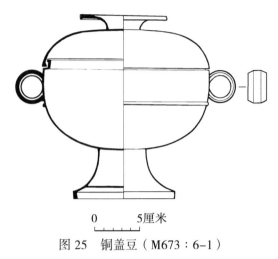

```
0          5厘米
```

图 25　铜盖豆（M673：6-1）

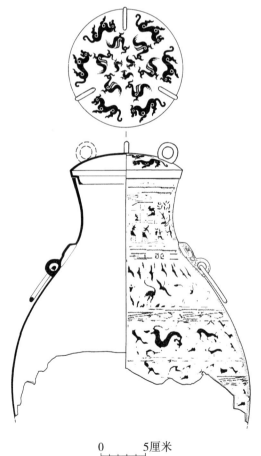

```
0          5厘米
```

图 26　铜圆壶（M673：4-1）

甗　2件。残甚。M673：5-1，甑敞口，收腹。口径约34、高约22、壁厚0.1～0.2厘米。鬲为锥形足。口径约13、高约22厘米。甑饰蟠螭纹，鬲为素面。甑和鬲都有圆环贯耳并饰凸弦纹。复原通高约43厘米（图28，1）。

编钟　1套9件（M673：11-1～9）。凤鸟纹编钟，形制相同，大小相次成列（表3；图版九，3）。M673：11-1，制作较粗糙，器壁轻薄，应为明器。钟体呈合瓦形，头小底大，两侧中部微鼓，底口弧形。钮为相对昂首的虎，虎张口咬住提梁，提梁饰一串贝纹。舞部为椭圆形。钲部有篆带两组，篆带上下及两篆间有18个枚，枚饰团螭纹。篆带和各层花纹间都以凸起直线为界。鼓面饰一对相背的夔凤纹，夔凤长冠飘逸，羽翼肢爪均高度变形。夔凤纹内填涡云纹。钟两面纹样相同。舞宽14.2、铣宽18、通高32.3、壁厚0.1厘米（图28，2；图版九，1）。

环首刀　1件（M673：41）。断为数节，刃部残缺。长18厘米（图版七，6）。

2.其他

石磬　1套10件（M673：23-1～10）。破碎，详见表4。

玉璧　1件（M673：55）。青绿色，玉质差，磨光处理。直径8.2、厚0.6、孔径3厘米（图29，2；图版一〇，3）。

长条形玉片　2件。M673：47、48，

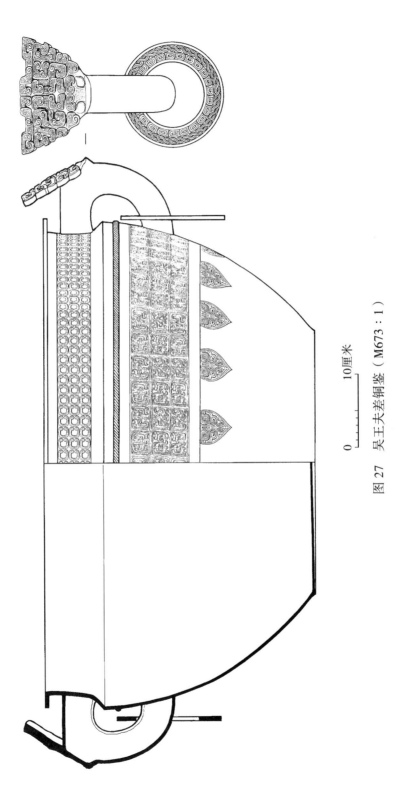

图27 吴王夫差铜鉴（M673：1）

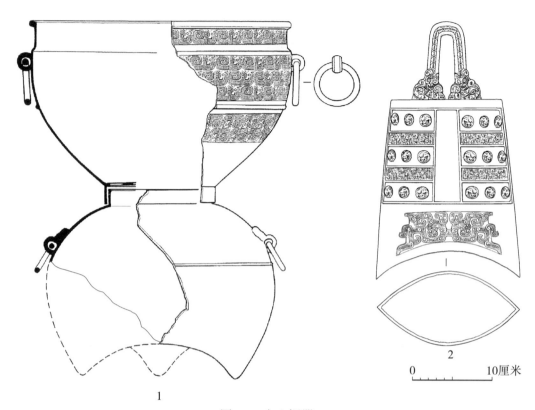

图 28　出土铜器
1.瓿（M673：5-1）　　2.编钟（M673：11-1）

青绿间红褐色。长条形，两头有孔，周边有八个小缺口。长 11.2、宽 1.5、厚 0.2 厘米（图 29，6、7；图版八，3）。

表 3　　　　　　　　　　M673 出土铜编钟尺寸　　　　　　　　　（单位：厘米）

器号	重量（克）	通高	甬高	舞宽	铣宽	备注
11-1	1940	32.3	8.8	14.2	18	
11-2	1580	31.1	9.1	14.7	19.1	
11-3	1360	28.9	9	13.7	16.5	
11-4	1100	27.4	8.4	12.4	16.6（变形）	
11-5	800	23.8	8	10	12	
11-6	800	21.2	6.4	8.8	10.05	
11-7	880	19.4	6.1	7.7	9.4	
11-8	421.38	16.4	4.4	7.7	9.1	
11-9						残甚

表 4　　　　　　　　　　　　　　　M673 出土石磬尺寸　　　　　　　　　　（单位：厘米）

器号	通长	通高	倨孔径	鼓上边	股上边	鼓博	股博	鼓下边＋股下边
23-1	54.2	20	1.4～1.55	35.7	21.4	9.8	14	42.2
23-2	50.1	19.2	1.6～1.8	34	19.6	9.3	12.8	40.02
23-3	46.8	18.7	1.4～1.6	31.3	18.5	9.1	13.5	36.5
23-4	44.5	17.8	1.7	28.9	18.8	8.8	12.2	35.8
23-5	38.2	16.2	1.55～1.65	24.9	15.5	9	12	28.2
23-6	36.5	15.5	1.35～1.5	24.4	15	8.3	11	28.5
23-7	31	13.2	1.35～1.4	19.4	13.7	7.9	10.3	23.4
23-8	30.05	13.5	1.45～1.55	19.5	12.4	8.1	10.2	23.2
23-9	26	11.8	1.45～1.5	16.35	11.2	6.9	8.9	19.9
23-10	23.9	11.4	1.45～1.5	15.7	10.5	7	8.5	18.55

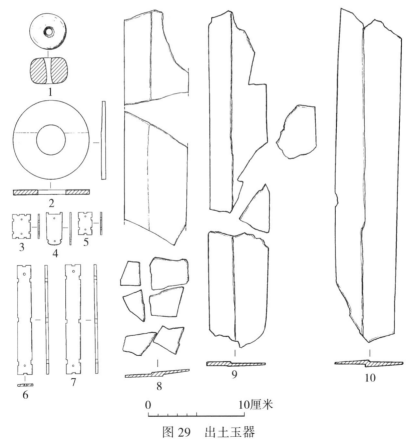

0　　　　　　　　　　　10厘米

图 29　出土玉器

1.珠（M673：51）　2.璧（M673：55）　3～5.小玉片（M673：40、52）　6、7.长条形玉片（M673：47、48）　8～10.璋（M673：45、46、49）

玉柱　2件。M673：53、54，青绿色，磨制光洁。圆柱状。直径3.2～3.3、高2.4～2.5厘米（图版一〇，5）。

玉璋　数量很多，破碎严重。M673：45、46、49，白褐色。两边磨光，中间有切割时的断碴（棱）。最长34、宽5～6.3、厚0.3～0.6厘米（图29，8～10；图版一〇，2）。

小玉片　50余件。M673：40、52，青绿色。薄片状，多呈不规则方形或兽面形，有些两头有缺口。上面有1个或2个孔，长宽介于2～3厘米，一般厚0.1厘米（图29，3～5；图版九，2）。

玉珠　1件（M673：51）。青绿色。圆形，中间钻一孔。直径3.6、高2.8厘米（图29，1；图版一〇，1）。

漆器　残甚。M673：59，仅余一小堆漆皮，上面可见红色几何纹图案（图版一〇，4）。

墓内还有一些无法复原器形的碎铜片等遗存。

此外，M673墓主存部分下颌骨及20余枚牙齿（图版一〇，6）。

三、M88

（一）墓葬形制

M88为中型积石积炭木椁墓。墓圹为长方形竖穴土圹，长5、宽4、底距地表深10米。墓圹营建同M674、M673组。棺椁及尸骨都腐烂成泥。墓室东边附曲尺形车马坑一座，已发掘，发掘记录同墓葬平面图均无存。

（二）随葬遗物（附表4）

1. 铜器

器形有鼎5件、鬲1件、敦1套、豆6件、壶2件、盘1件、瓶1件、鉴1件，此外，还有一些碎铜片。

A型盖鼎　5件。大小相次成列，形制、纹饰相同。M88：3，覆盘形盖，盖面上有三个桥形钮，钮上有圆饼形饰。鼎唇微敛，鼓腹，圜底，附耳，档部低矮，三蹄足。盖面作两圈蟠龙纹，再外圈为蟠螭纹。附耳正面饰S形蟠螭，侧面为素面。鼎上腹饰牛首式双身蟠龙纹和蟠螭纹，以细密涡云纹填充，下腹饰蟠螭纹。纹饰均为单层浅浮雕式。口径26、高约28、耳间距34.2、壁厚0.1～0.2厘米，重5780克（图30；图版一一，1、2）。M88：4，体量大。口径42、复原高45、耳间距58、壁厚0.1～0.2厘米。

鬲　1件（M88：14）。敛口，平折沿，厚唇微上翘，束颈，腹微鼓，平底，

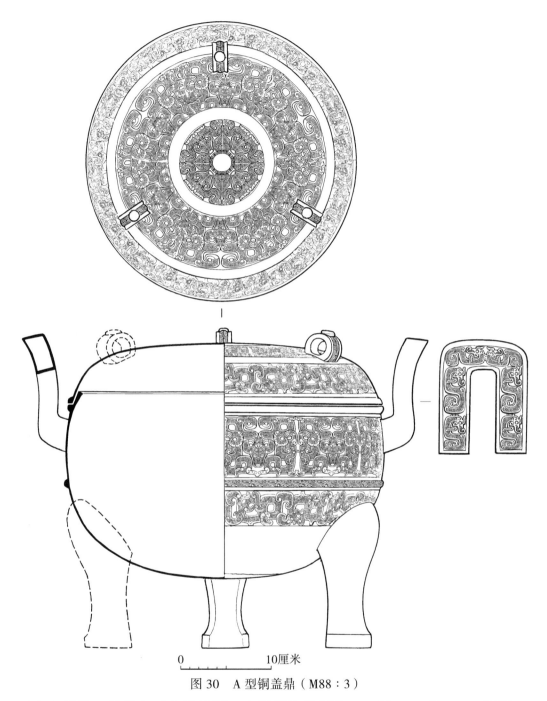

图30　A型铜盖鼎（M88：3）

三空心蹄足，肩部有三个凸棱耳。上腹部饰几何纹。口径14、高11.5、壁厚0.1厘米，重980克（图31；图版一二，5）。

敦　1套（M88：15）。由上下两个完全相同的碗扣合在一起，各有圈足

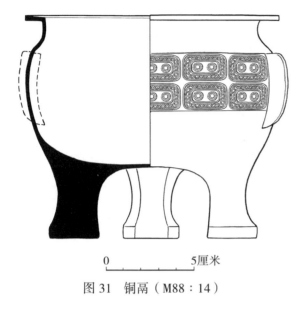

图31 铜鬲（M88：14）

和环耳。口沿、圈足、环耳和腹部分别饰斜角云纹和几何纹。口径17.6、通高15、壁厚0.1～0.2厘米（图32，1；图版一一，3、6）。

云纹盖豆　2件。形制、大小、纹饰均相同。M88：6，覆盆状盖，圆捉手，盖与身以子母口相扣。豆唇内敛，腹部两侧有一对扁圆耳，小平底，下接喇叭形柄，柄内有隔层。口沿饰几何纹，盖面及豆身各饰一条斜角云纹。口径16.8、通高17.8、耳间距22.6、壁厚0.1厘米（图32，2；图版一一，5）。

蟠螭纹盖豆　2件。形制、大小、纹饰均相同。M88：16，覆碗状盖，上有三个截面呈方形的环，盖身以子母口扣合。豆唇内敛，腹两侧有一对环耳，小圆底，下接喇叭形圈足。盖面有三周细密蟠螭纹，环耳饰两道斜线纹和一道贝纹，豆腹部饰两周细密网状蟠螭纹，两周纹饰之间有一周凸弦纹。出土时豆内有炭化的黍。口径16.9、通高20.2、耳间距24.9、壁厚0.1厘米（图33；图版一二，3、4）。

方座豆　2件。形制、大小相同。素面。M88：13，直口，厚唇微外斜，肩部外接四个环形耳，小平底，下接喇叭方形底座。腹部饰一周凸弦纹。口径16.4、底座宽14.2、座高2.2、通高16.4、耳间距22、壁厚0.2厘米（图34；图版一一，4）。

鸟兽纹壶　2件。形制、大小、纹饰均相同。M88：9，盖残，仅剩盖圈，从残断痕迹判断，盖为六瓣莲瓣式，小口微敛，溜肩，鼓腹，圜底，下腹内收下接圈足。颈部两侧有铺首衔环。铺首为大耳兽面，圆环上饰斜角云纹。壶周身饰嵌错鸟兽纹、云纹和几何纹。颈部第1层为鸟纹，第2～5层为龙纹，其中第4、5层龙纹的角似鹿角，在第4层中间有一团涡云纹，第5层和圈足上为云纹，各组花纹之间和各层之间的分界以及圈足上为几何纹。所有纹饰均由红铜错嵌而成。口径13.6、腹径29.8、通高45.2厘米（图35；图版一三，1）。

盘　1件（M88：10）。硬折内斜口沿，直壁，平底，附耳，三蹄足。腹

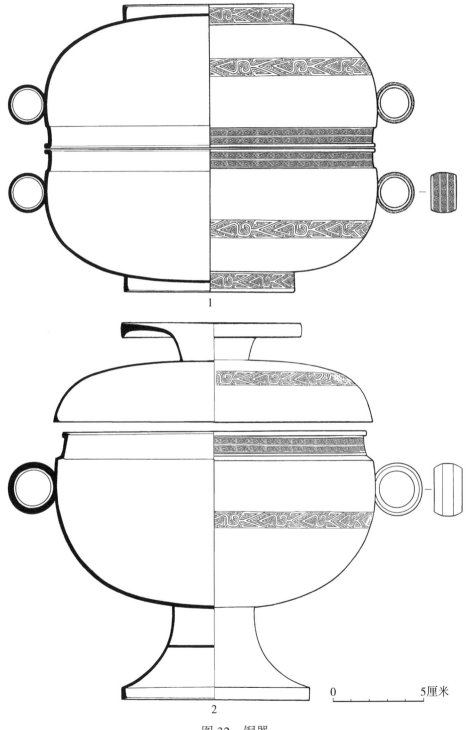

0   5厘米

图 32   铜器
1.敦（M88：15）   2.云纹盖豆（M88：6）

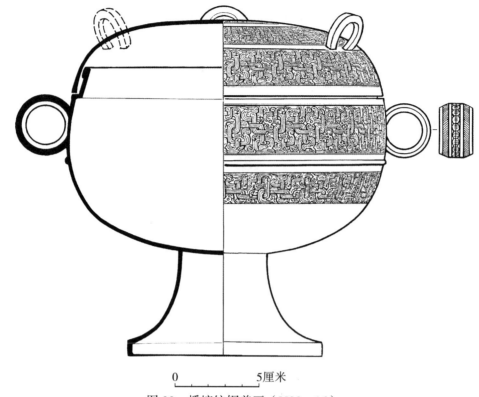

0　　　　5厘米

图33　蟠螭纹铜盖豆（M88：16）

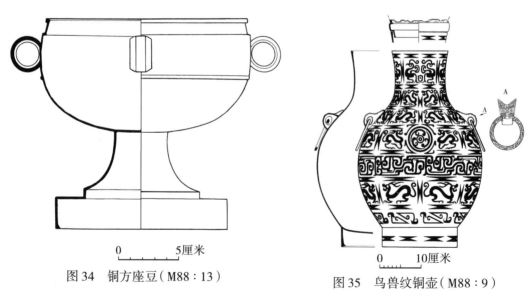

0　　　5厘米

图34　铜方座豆（M88：13）

0　　10厘米

图35　鸟兽纹铜壶（M88：9）

饰二方连续的波曲式蟠螭纹一周，足根饰兽面。复原口径32.5、腹深4.7、高11.5、壁厚0.1～0.2厘米（图36）。

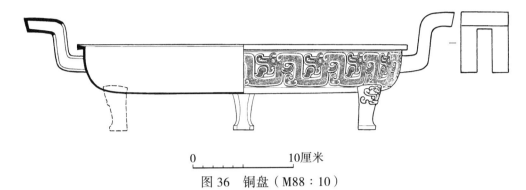

图 36　铜盘（M88：10）

甒　1件（M88：19）。甒残甚，鬲略完整。鬲足残，肩部有一对铺首衔环。腹部饰一周凸弦纹。口径13.2、残高18、壁厚0.1～0.2厘米。

鉴　1件（M88：18）。残碎。一对兽面形耳。体饰蟠螭纹，腹部饰一周瓣形绚纹。复原口径约50厘米。

2. 其他

有乐器、工具、车马器等。

铜钮钟　9件（M88：27～35）。形制、纹饰相同，大小依次成列。器体轻薄，制造粗糙，花纹简陋，钟腔内范芯未掏，为明器（表5）。除2件较完整外，其余均破碎。M88：33，舞呈椭圆形，钟体呈合瓦形，鼓间呈较大弧形，枚为菌形。鼓部和篆带饰散虺纹。复原舞宽9.5、铣宽11.4、通高22.5、壁厚0.1～0.2厘米（图37；图版一二，1）。

铜构件　42件（片）。多残碎。M88：20-1，弯管形，两端有箍，弯管弯折朝上处有一孔径2.5厘米的不规则方孔，弯折部分呈六棱形，上下各有一个长2.5厘米的实体弯钩。孔径2.7、高11.8厘米（图38，1；图版一三，2）。

铜车害　约17件。依据形制差异，可分为两型。

A 型：2件。形状、大小均相同。M88：

图 37　铜钮钟（M88：33）

器号	通高	甬高	舞宽	铣宽
表5		M88出土铜钮钟尺寸		（单位：厘米）
27	28.2（残高）	3（残高）	17.2	20.2
28	24.3（残高）	1.5（残高）	15.5	17.8
29	25.8（残高）	4.9（残高）	14.2	16.5
30	25（残高）	8.8	13.2	无法测量
31	22.1（残高）	4.5（残高）	11.8	13.6（残宽）
32	18.9（残高）	2.8（残高）	10.5	12.2
33	22.5	8.2	9.5	11.4
34	15.6（残高）	2（残高）	9.1	10.2
35	18.7	6.3	7.8	9.3

21-1，作直壁覆盆敞口式，軎筒衡端细，有向内折沿，呈半封闭状，口缘端大，宽厚沿，軎筒壁近沿处两侧向外凸起成宽腹壁，肩部圆弧，凸起部分两侧有方形辖孔。辖置于孔内。辖呈长条形，方尾，两头都有穿孔。底径9、高9.4

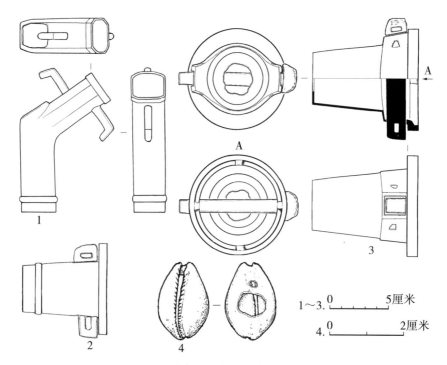

图38 出土遗物

1.铜构件（M88：20-1） 2.B型铜车軎（M88：26-1） 3.A型铜车軎（M88：21-1）
4.海贝（M88：25）

厘米（图38，3；图版一二，2）。

B型：约15件。形状、大小均相同，部分完整。M88：26-1，害筒衡端细，筒底大，衡端有凸弦纹箍，底部有方形辖孔。辖置于孔内。辖呈长条形，两头都有穿孔。底径7.7、衡径3.8、高7.3厘米（图38，2）。

海贝　262余枚（M88：25）。有穿孔可串连（图38，4；图版一三，3）。

四、M656

（一）墓葬形制

M656为中型积石积炭木椁墓。墓圹为长方形竖穴土圹，长4.5、宽3.6米，墓底距地表深11米。墓室营建同上述3座墓。发掘近墓底时，墓壁曾发生过塌方，故棺椁及墓主葬式不明。

（二）随葬遗物（附表5）

1.铜器

可辨器形有鼎、豆、壶、甗、筒形器、戈、剑、镞、矛、镈、车害、马衔等。

B型盖鼎　3件。均残，形制、纹饰相同，大小相次成列。M656：1，覆盘形盖，附耳，圆腹，圜底，三蹄足，附耳外侧饰蟠螭纹，侧面饰绚纹，盖面有三个装饰几何纹的拱桥形钮。盖及周身饰C形蟠螭纹，其中上腹部共四行，腹中部饰一周凸弦纹，足根饰由蟠螭组成的饕餮。复原口径38.8、高38.4、耳间距49、壁厚0.1~0.2厘米（图39；图版一三，4、5）。

豆　残甚。M656：4，约2件，似为方座豆。

圆壶　2件。大小、形制、纹饰相同。M656：6，壶口平沿，颈部内收，溜肩，鼓腹，下腹内收到圆底，下接喇叭口圈足，颈部有一对铺首衔环。颈部和上下腹部饰三周辬形绚纹。其中1件壶有倒扣的浅盘式盖，盖沿上有一个扁凸用于卡牢壶盖。口径13.4、腹径23.4、高38.2、壁厚0.1~0.2厘米（图40，1；图版一四，1）。

甗　1件（M656：8）。甑，厚平口，颈部内收，上腹部略鼓，下腹部内收，平底。底有放射状长条箅孔，上腹部有一对套环耳。颈部和腹部饰C形蟠螭，其中腹部蟠螭纹为倒置。鬲，鼓腹，肩部有一对套环耳，钝锥形足。腹径最大处饰一周凸弦纹。口径33、甑高22.3、鬲高24、通高44.8、壁厚0.1~0.2厘米（图40，2；图版一四，4）。

筒形器　1件（M656：9）。甚薄，高度不详，残破的筒壁上有一环。盖上

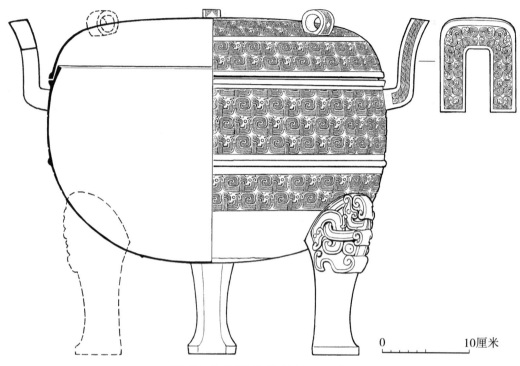

图 39 B 型铜盖鼎（M656：1）

和环上饰细密绚纹、贝纹和圆点纹，其他部分为素面。弧形盖，盖沿宽 2 厘米，平底，底面有一圈窄边，底与筒壁似锤揲连接。复原直径 12.3 ～ 12.6 厘米（图 41，4）。可能是量器。

戈 5 件（M656：34、36 ～ 39）。均残缺（图版一四，2）。M656：34，残援，长方形短内上有一穿，胡上有三穿，脊扁平，截面呈菱形，刃部锋利。锈蚀严重。残长 10.2 厘米（图 41，2）。

剑 1 件（M656：72）。剑首正面凹作同心圆，茎上有二圆箍，茎为扁圆体，截面呈圆形，有格，剑身呈柳叶形，中脊凸起，截面呈扁菱形。残长 19、茎长 9.5、格宽 4.2 厘米（图 41，1）。

镞 完整者 6 件。M656：55，锥柱形，有三道翼，另一头有长 3 厘米的铤。长 5 厘米（图 41，3；图版一五，4）。

矛 2 件。残。M656：50、72，残长分别为 6 和 8.7 厘米（图版一五，6）。

镈 2 件。M656：33、35，截面呈扁圆形，上端有箍。1 件为素面，1 件饰云纹。长度分别为 7.2、6.8 厘米（图版一四，5）。

环首刀 1 件（M656：51）。椭圆形环首，长柄，柄的截面为上宽下窄的倒梯形，刀身截面上宽下窄，刃部锋利（图版一六，4）。

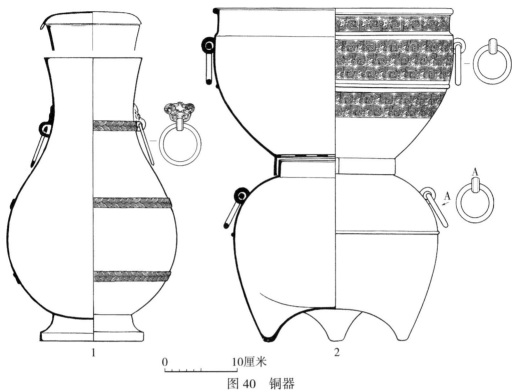

图40 铜器
1.圆壶（M656：6） 2.瓿（M656：8）

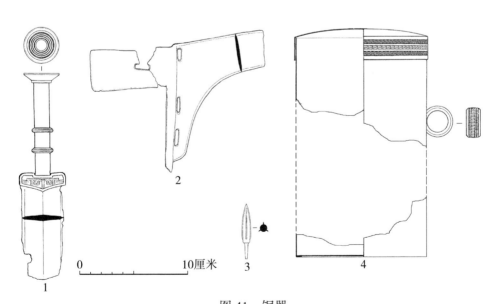

图41 铜器
1.剑（M656：72） 2.戈（M656：34） 3.镞（M656：55） 4.筒形器（M656：9）

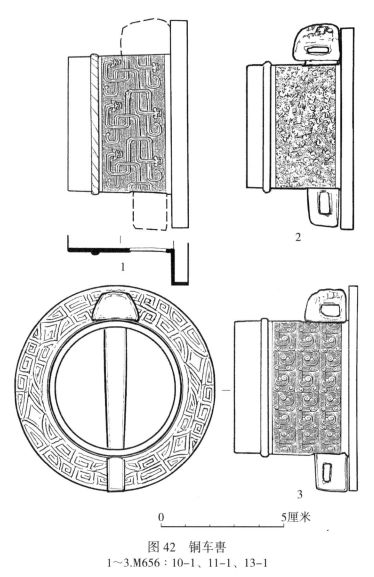

图 42　铜车軎
1～3.M656：10-1、11-1、13-1

车軎　6件。依据纹饰可分为三对。M656：10-1，軎的外壁饰散虺纹，辖头作兽状，两头有两个方形穿（图42，1）。长4.5、宽8.2厘米。M656：11-1，外面纹饰作三角回纹和羽纹。长8、宽8.2厘米（图42，2）。M656：13-1，外面饰虺纹。长8.8、宽4.9厘米（图42，3）。

马衔　8件。大小相同。M656：62-1、2，两端有扁圆形环，中间小环互套。铸时先成一节，第二次破模套入，破接痕迹明显。长20厘米（图43，6）。M656：62、63（图版一五，5）。

鸭形带扣　3件。鸭形头，带方框。M656：54-1，器长4.7、宽5.5、厚2.6、扣长2.2厘米（图43，3）。M656：21、54（图版一五，1）。

当卢　1件（M656：18）。残宽7.6、厚0.3厘米（图版一五，2）。

环　6件。大小不等。M656：23、24，直径3～6、环径0.3～0.6厘米（图43，4、5）。

泡　2件。圆饼状。M656：57-1，正面弧形，背面中间有一穿。正面中间有两周圆点纹，边上饰一周虺纹。直径3.5厘米（图版一四，3）。

合页　15件。均残。M656：59-1，长方形，四边有孔，一端中间有长1

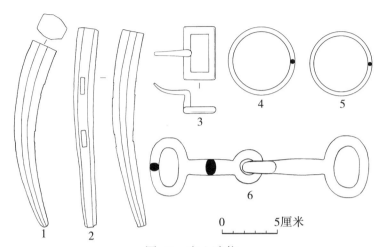

图 43 出土遗物
1、2.骨镳（M656∶15-1、2） 3.铜鸭形带扣（M656∶54-1）
4、5.铜环（M656∶23、24） 6.铜马衔（M656∶62）

厘米的插轴。长 3、宽 3.5 厘米（图版一五，3）。

贝 锈蚀严重。M656∶103、106，约 230 枚，为长 2 厘米的椭圆形凹片状，中间有条形孔（图版一四，6）。

2．其他

有玉器、骨器、漆器等。

玉璧 M656∶98，青绿色，玉质差，局部残。两边有对称的 4 个小孔。直径 8.2、孔径 2.7、厚 0.2 厘米（图 44，1；图版一六，2）。

玉璜 4 件。2 件完整。M656∶65，青绿色。磨制较精。通体刻纹。长 4.8、厚 0.3 厘米（图 45，2；图版一六，3 下）。M656∶64，青绿色。两端微残，一端有一孔，另一端有两孔。磨制光滑。长 8.3、厚 0.2 厘米（图 45，5；图版一六，3 上）。M656∶66，残半，一端有一圆孔，外圆和内圆相似。磨制光滑。残长 8、宽 3.2、厚 0.2 厘米（图 44，2）。

条形玉佩 1 件（M656∶67）。青白色。长条形，呈节状，刻云纹。长 10.2、宽 1.6、厚 0.3 厘米（图 45，1）。

圆形玉佩 2 件。M656∶74-1，青白色。呈不太规则的圆形，两端有孔。刻云纹。直径 1.8、孔径 1.5、厚 0.2 厘米（图 45，3；图版一六，6）。

玉刻纹珑 2 件。1 件残断，1 件完整。M656∶75，黄白色。低头翘尾，身刻云纹，前端嘴部有一孔。长 5.5、厚 0.2 厘米（图 45，4；图版一六，7）。

玉素面珑 4 件。造型、大小相同。青白色。M656∶84-1、2，背部各有一个小孔。长 9、宽 1.6、厚 0.2 厘米（图 44，3、4；图版一六，5）。

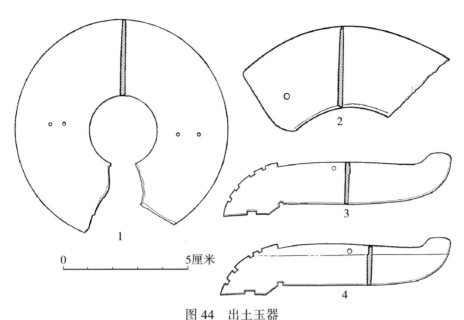

图 44 出土玉器
1.璧（M656：98） 2.璜（M656：66） 3、4.素面珑（M656：84-1、2）

有孔玉片 50余片。方形或长方形，有的无孔，多数有孔，孔数 1～4 个不等，都很薄。M656：30、31，长 1～3、厚约 0.1 厘米（图 46，1～5）。

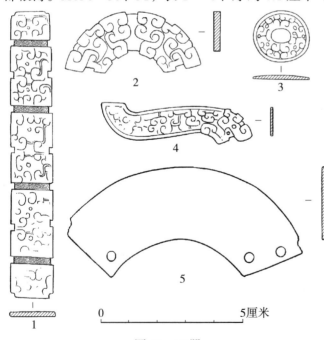

图 45 玉器
1.条形佩（M656：67） 2、5.璜（M656：65、64） 3.圆形佩
（M656：74-1） 4.刻纹珑（M656：75）

玉泡 圆扁形，中部平。M656：36，长 2.8、宽 1 厘米（图 46，7）。

骨镳 12件。8件稍完整，出土时大都附于铜衔。M656：15-2，弯角六棱锥形，上下端都有小平面，在内外面上有长 1.5、宽 0.5 厘米两个长孔。素面。M656：15-1、2，长 16.5～17.5 厘米（图 43，1、2；图版一六，1）。

骨贝 102 枚。M656：102，橄榄形，上面鼓起，背面中间有一道槽，沿槽有两个圆孔。刻 7～8 条

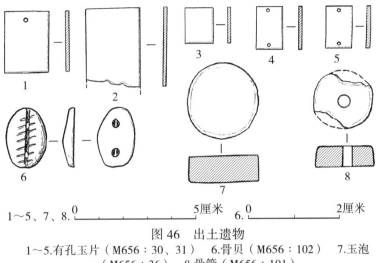

图 46　出土遗物
1～5.有孔玉片（M656：30、31）　6.骨贝（M656：102）　7.玉泡
（M656：36）　8.骨管（M656：101）

平行线纹。长 1.5～2 厘米（图 46，6）。

骨管　2 件。M656：101，刻方折雷纹。直径 3.3～3.6 厘米（图 46，8）。另
1 件素面。直径 2 厘米。

金箔　一撮（M656：159）。已成碎片，与某种漆器的漆皮混杂在一起。

此外，墓内还有一些无法识别和复原器形的碎铜片及碎石圭等遗物。

三、结　　语

（一）时代和墓主

关于这批墓葬的时代，我们认为在春秋末战国初，其绝对年代约当公元前
490～前 450 年，墓主应是晋卿赵简子的主要臣僚，理由如下。

这批墓葬所出铜器风格总体上与 1987 年发掘的 M251 所出基本一致。M251
墓主为晋卿赵简子，死于公元前 475 年前后[4]。M674 出土的 4 只饕餮衔凤纹圆壶，
造型和纹饰与大英博物馆藏的赵孟庎壶极似。赵孟庎壶铭文记述了公元前 482 年
晋吴黄池之会，据考是晋卿赵简子家臣司马寅用吴王夫差赏赐给他的"吉金"所
铸[5]，时代在公元前 482 年后不久，是一件典型的有铭断代标准器。M673 出土
一对吴王夫差鉴，此前已知各地所见吴王夫差鉴还有 5 件，加这次所出共 7 件[6]，
主要可分两种，M673 所出两件属于时代稍早者。上述 7 件除首都博物馆藏 1 件
出土地点不太清楚外，其余 6 件全部出自春秋时期的晋国境内。另外，M673 和
M674 两墓均有器形完全相同的春秋末吴式盖鼎，其时代亦当春秋战国之际。

这 4 座铜器墓位于距赵简子墓（M251）百步左右的东侧坡下，与赵简子

墓属于同一处有机联系的墓地，其下葬时间与赵简子实难分先后。历年来发掘的晋地东周铜器墓中，与金胜村这4座墓在时代上最为接近的还有长治分水岭M126和M127[7]、长子县牛家坡M7[8]，以及浑源李峪铜器群[9]，它们的绝对年代都介于公元前490年～前450年之间。至于其铜器产地，侯马晋国铸铜工场的可能性最大。但考虑到太原近年曾出土过一块这一时期的铸铜陶范[10]，所以其具体细节还有待进一步发现和研究。

这4座墓葬都属于积石积炭的中型贵族墓，墓向均为南北向，说明墓主与赵氏不同家族，应为赵氏陪臣（嬴姓赵氏墓向均为东西向）。随葬铜鼎虽然因残破而无法精确统计，但总体看，单个墓葬随葬的鼎不超过14件（M674）。从随葬列鼎情况看，M673、M674和M88约为五鼎，M656约为三鼎。特别是M674，除有一套5件的列鼎外，还有1件大镬鼎和三套共8件的陪鼎，此外还有1件特镈和1件建鼓座，可见墓主地位非比寻常。再看另外3座墓。M673除了一套5件列鼎外，还有3件陪鼎；M88只有一套5件的列鼎。由此可以看出，虽然都是所谓的五鼎墓，但其地位有明显区别，即地位高者会多出数量不等的陪鼎[11]，甚至大镬鼎和建鼓，还有规模不等的车马坑。而M656则是单纯的三鼎之士。从这些现象能够看出晋国等级制在随葬品方面的具体差异。《左传》记哀公二年（公元前493年），赵简子率军迎战增援范氏、中行氏的郑国军队时宣布誓言："克敌者，上大夫受县，下大夫受郡，士田十万，庶人工商遂，人臣隶圉免！"由此可以推测，M674、M673墓主当为上大夫级，M88墓主可能是下大夫级，M656墓主应该是上士一级贵族。M88墓内没有发现兵器之属，若此，则墓主为女性的可能性很大。

再看这四墓规模都在5米×7米左右，而M251为9.2米×11米的多重棺椁墓，出土铜鼎多达27件，其中除了一套7件的列鼎外，还有多套陪鼎和特大镬鼎，随葬铜器更多达1400多件，含兵器近800件，并有规模可观的车马坑，墓主身份当为列比诸侯的卿大夫。根据文献和考古资料分析，墓主为能征惯战，赫赫有名的晋卿赵简子当无疑问，因为那个时代这个地方也只有赵简子才配得上这种规模[12]。这4座墓从规模到随葬品都反映出，其墓主应是M251的主要臣僚。

（二）墓葬出土铜器反映的晋吴关系

前文述及M674和M673出土有吴国铜器，特别是一对吴王夫差鉴。此外，M674所出虺纹兽耳盖豆（M674：32）也值得注意。该豆盖顶的圆心花纹为两周雷纹包裹的云纹，云纹内填雷纹，其余部分及豆腹饰S形纹，豆顶的云纹常见于晋式铜器，而S形纹则是春秋吴国铜器最典型的纹饰之一，而且这种形制的豆实属罕见，应当是一种南北文化融合的产物。将晋吴两地的铜器纹饰混合在同一件器物上的例子还有山西原平刘庄出土的1件舟[13]（图47）。这种形制的舟及其耳部的纹饰为典型的晋式，而腹部所饰却是典型的吴国铜器纹饰。

图47 山西原平刘庄出土铜舟

晋地屡有吴器出土，如万荣庙前村出土的王子于戈[14]、原平峙峪出土的吴王光剑[15]、榆社城关村出土的吴王姑发剑[16]，以及前文述及的7件吴王夫差鉴等。金胜村M674和M673出土吴国铜器多达8件，包括2件吴王夫差鉴、6件吴国列鼎。晋、吴之间通过会盟、聘使、婚嫁、赠送等方式互相传输物资定有不少。

总之，金胜村东周铜器墓的发掘，为晋文化、晋国历史及晋吴关系等问题的研究提供了重要资料。

附记：金胜村4座铜器墓的整理工作始于20世纪90年代初。2007年，因一场人事变故，墓地所有原始发掘记录及图文、照片等均遭焚毁，整理工作被迫停止。2014年，整理工作又重新启动，主要依靠参与发掘者的回忆推进，故无法提供各墓平面图等详细信息。墓中出土的器物绝大多数都未经修复，文中的线图均为复原图。另外，出土的文物资料经多次搬迁，大量标本的原始标签和记录多有遗失，因此简报中难免有错漏。

参与墓地发掘和整理的人员有山西省考古研究院陶正刚、侯毅、李夏廷、李建生、张红旗、张奎、田进明、张俊才，以及太原市考古研究所渠川福，芮城永乐宫保管所岳国强等，重新启动的整理工作主要由陶正刚、李夏廷、李建生、张红旗、张奎等完成，其中李建生、张红旗、张奎负责拍照，李夏廷负责绘图并最后完成统稿，山西博物院厉晋春则为本简报补充了部分器物照片，山西博物院保管部也参与了部分铜器的修复。

当年的发掘工作曾得到国家文物局、山西省文物局、太原一电厂和山西省考古所领导的重视，同时得到学术界有关学者多方指导并提出宝贵意见。本简报经北京大学考古文博学院刘绪教授、山西大学考古系谢尧亭教授审核并提出许多宝贵意见，在此一并深表谢忱！

执笔者　陶正刚　李夏廷

注　释

[1] 东周时期等级较高的贵族墓旁才会有车马坑随葬,所以该车马坑附近很可能有大墓。

[2] 侯毅:《试论太原东太堡类型》,见《山西省考古学会论文集》(二),山西人民出版社,1994年。

[3] 山西省考古研究所、太原市文物管理委员会:《太原晋国赵卿墓》第242页,文物出版社,1996年。

[4] 山西省考古研究所、太原市文物管理委员会:《太原晋国赵卿墓》,文物出版社,1996年。关于赵简子卒年,因《史记》和《左传》等文献记载不同,故而有多种说法,有公元前477、前475、前462等,前后相差十多年,目前比较通行也比较可信的是公元前475年。

[5] 张崇宁:《对"盟"字以及赵孟称谓之认识》,《华夏考古》1994年第1期。

[6] 李夏廷:《太原出土春秋吴国铜器及相关问题》,《上海文博》2010年第3期。

[7] 李夏廷、李建生:《也谈长治分水岭东周墓地》,《中国国家博物馆馆刊》2012年第3期。

[8] 山西省考古研究所:《山西长子县东周墓》,《考古学报》1984年第4期。

[9] 商承祚:《浑源彝器图》,金陵大学中国文化研究所,1936年。

[10] 太原市考古研究所:《晋阳古城遗址2002~2010年考古工作简报》,《文物世界》2014年第3期。

[11] 周代贵族用鼎格外讲究,使用中有所谓正鼎和陪鼎之别。正鼎即常规用鼎,最多用九鼎;陪鼎也叫加鼎,一般用三鼎,是宴飨时正菜之外的加菜之鼎。《左传》昭公五年:"宴有好货,飨有陪鼎。"杜预注:"陪,加也。加鼎所以厚殷勤。"这种做法也用于丧葬或祭祀,以显示身份等级。

[12] 山西省考古研究所、太原市文物管理委员会:《太原晋国赵卿墓》,文物出版社,1996年。

[13] 山西忻州地区文物管理处:《原平刘庄塔岗梁东周墓》,《文物》1986年第11期。

[14] 张颔:《万荣出土错金鸟书戈铭文考》,《文物》1962年第4、5期。

[15] 戴尊德:《原平峙峪出土的东周铜器》,《文物》1972年第4期。

[16] 晋华:《山西榆社出土一件吴王肵发剑》,《文物》1990年第2期。

附表1　金胜村东周铜器墓出土主要铜器及石磬一览表(仅为器形、数量明确者)

墓号 \ 器名	鼎				鬲	豆	壶	鉴	盘	匜	罍	甗	敦	编钟	特镈	石磬	建鼓座	筒形器
	镬鼎	立耳鼎	A、B型盖鼎	C型盖鼎														
M674	1	3	7	3	1	4	8	2	1	1	2			10	1	10	1	
M673			5	3		4	2	2				2		9		10		
M88			5		1	6	2	1	1			1	1	9				
M656			3			2	2					1						1

附表2 　　　　　　　　　　　　　**M674 出土遗物登记表**

序号	器名	器号	质地	数量	保存状况	重量（克）
1	镬鼎	50	青铜	1	残甚，足缺损	
2	立耳鼎	5	青铜	1	完整	22820
3	立耳鼎	9	青铜	1	残破	
4	立耳鼎	26	青铜	1	残破	
5	A 型盖鼎	1	青铜	1	盖残缺	
6	A 型盖鼎	8	青铜	1	残破	
7	A 型盖鼎	11	青铜	1	破碎	
8	A 型盖鼎	17	青铜	1	残破	
9	A 型盖鼎	36	青铜	1	残破	
10	B 型盖鼎	10	青铜	1	完整	6490
11	B 型盖鼎	16	青铜	1	残破	
12	C 型盖鼎	3	青铜	1	残破	
13	C 型盖鼎	6	青铜	1	残破	
14	C 型盖鼎	2	青铜	1	残破	
15	鬲	20	青铜	1	残破	
16	环耳盖豆	32	青铜	1	残破	
17	环耳盖豆	30	青铜	1	残破	
18	兽耳盖豆	31	青铜	1	残破	
19	兽耳盖豆	33	青铜	1	残破	
20	A 型盖壶	21	青铜	1	残破	
21	A 型盖壶	24	青铜	1	完整	12740
22	B 型盖壶	4-1	青铜	1	完整	
23	B 型盖壶	4-2	青铜	1	完整	
24	圆壶	22	青铜	1	完整	3830
25	莲盖壶	7-1	青铜	1	完整	
26	莲盖壶	7-2	青铜	1	完整	
27	扁壶	29	青铜	1	完整	2890
28	三足盘	37	青铜	1	残破	
29	匜	21	青铜	1	完整	970
30	鉴	13	青铜	1	完整	

续附表2

序号	器名	器号	质地	数量	保存状况	重量（克）
31	鉴	23	青铜	1	残破	
32	罍	27	青铜	1	完整	6680
33	罍	28	青铜	1	残破	
34	建鼓座	18	青铜	1	完整	86000
35	杆头	25	青铜	1	完整	920
36	器盖	19	青铜	1	完整	610
37	特镈	14	青铜	1	完整	
38	编镈	53	青铜	1	完整	
39	编镈	54	青铜	1	完整	
40	编镈	55	青铜	1	完整	
41	编镈	56	青铜	1	完整	
42	编镈	57	青铜	1	完整	
43	编镈	58	青铜	1	完整	
44	编镈	59	青铜	1	完整	
45	编镈	60	青铜	1	完整	
46	编镈	61	青铜	1	完整	
47	编镈	62	青铜	1	完整	
48	磬	63～72	石	10	断裂破碎	26918.77
49	戈	40	青铜	1	残	
50	勺	35	青铜	3	完整	1270
51	环带扣	49-1	青铜	1	完整	
52	鸭形方扣	49-2	青铜	1	完整	
53	泡	34-1、2	青铜	2	完整	
54	合页	49-3	青铜	1	完整	
55	管件	42-1～5	青铜	5	略残	870
56	构件	39-1～6	青铜	6	略残	
57	雁	94	青铜	1	完整	480
58	杯	12	玉	1	残缺	240

附表 3　　　　　　　　**M673 出土遗物登记表**

序号	器名	器号	质地	数量	保存状况	重量（克）
1	B 型盖鼎	13	青铜	1	完整	7010
2	B 型盖鼎	14	青铜	1	残	
3	B 型盖鼎	15	青铜	1	残	
4	B 型盖鼎	18	青铜	1	残	
5	B 型盖鼎	21	青铜	1	残	
6	C 型盖鼎	3-1、2	青铜	1	残	
7	C 型盖鼎	31	青铜	1	残	
8	C 型盖鼎	33	青铜	1	残	
9	盖豆	6-1	青铜	1	残	
10	盖豆	6-2	青铜	1	残	
11	盖豆	6-3	青铜	1	残	
12	盖豆	6-4	青铜	1	残	
13	圆壶	4-1	青铜	1	残	
14	圆壶	4-2	青铜	1	残	
15	吴王夫差鉴	1	青铜	1	完整	
16	吴王夫差鉴	2	青铜	1	残	
17	甗	5-1	青铜	1	残	
18	甗	5-2	青铜	1	残	
19	编钟	11-1	青铜	1	完整	1940
20	编钟	11-2	青铜	1	完整	1580
21	编钟	11-3	青铜	1	完整	1360
22	编钟	11-4	青铜	1	完整	1100
23	编钟	11-5	青铜	1	完整	800
24	编钟	11-6	青铜	1	完整	800
25	编钟	11-7	青铜	1	完整	880
26	编钟	11-8	青铜	1	完整	421.38
27	编钟	11-9	青铜	1	残	
28	磬	23-1 ～ 10	石	10	多残	
29	环首刀	41	青铜	1	残	
30	璧	55	玉	1	完整	

续附表3

序号	器名	器号	质地	数量	保存状况	重量（克）
31	长条形玉片	47、48	玉	2	完整	
32	柱	53、54	玉	2	完整	
33	璋	45、46、49	玉	3	残	
34	小玉片	40、52	玉	50余（两小堆）	略残	
35	珠	51	玉	1	完整	
36	漆器残片	59	漆	一小堆	残片	

附表4　　　　　　　　　　**M88 出土遗物登记表**

序号	器名	器号	质地	数量	保存状况	重量（克）
1	A 型盖鼎	3	青铜	1	完整	5780
2	A 型盖鼎	4	青铜	1	残	
3	A 型盖鼎	5	青铜	1	残	
4	A 型盖鼎	2	青铜	1	残	
5	A 型盖鼎	7	青铜	1	残	
6	鬲	14	青铜	1	完整	980
7	敦	15	青铜	1	完整	1300
8	云纹盖豆	6	青铜	1	残	
9	云纹盖豆	12	青铜	1	残	
10	蟠螭纹豆	16	青铜	1	残	
11	蟠螭纹豆	17	青铜	1	残	
12	方座豆	11	青铜	1	残	
13	方座豆	13	青铜	1	完整	1660
14	鸟兽纹壶	8	青铜	1	残	
15	鸟兽纹壶	9	青铜	1	略残	
16	三足盘	10	青铜	1	残	
17	瓿	19	青铜	1	残	
18	鉴	18	青铜	1	残	
19	钮钟	27	青铜	1	略残	
20	钮钟	28	青铜	1	略残	
21	钮钟	29	青铜	1	略残	

续附表4

序号	器名	器号	质地	数量	保存状况	重量（克）
22	钮钟	30	青铜	1	残	
23	钮钟	31	青铜	1	略残	
24	钮钟	32	青铜	1	略残	
25	钮钟	33	青铜	1	完整	
26	钮钟	34	青铜	1	略残	
27	钮钟	35	青铜	1	完整	
28	铜构件	20-1～42	青铜	42	少数完整	
29	A型车軎	21-1、2	青铜	2	完整	
30	B型车軎	26-1～15	青铜	15	完整	
31	海贝	25	贝	262余	大多完整	

附表5   **M656 出土遗物登记表**

序号	器名	器号	质地	数量	保存状况	重量（克）
1	B型盖鼎	1	青铜	1	残	
2	B型盖鼎	2	青铜	1	残	
3	B型盖鼎	3	青铜	1	残	
4	豆	4	青铜	1	残	
5	豆	5	青铜	1	残	
6	圆壶	6	青铜	1	完整	3830
7	圆壶	7	青铜	1	残	
8	甀	8	青铜	1	完整	8120
9	筒形器	9	青铜	1	残	
10	戈	34、36～39	青铜	5	残	
11	剑	72	青铜	1	残	
12	镞	55、68-1～5	青铜	6	残	
13	矛	50、72	青铜	2	残	
14	镈	33、35	青铜	2	完整	
15	环首刀	51	青铜	1	残	
16	车軎	10-1、2，11-1、2，13-1、2	青铜	6	完整	

续附表5

序号	器名	器号	质地	数量	保存状况	重量（克）
17	马衔	12、19、27、31、62-1、2、63-1、2	青铜	8	残	
18	镳	15-1～12	骨	12	残	
19	鸭形带扣	21，54-1、2	青铜	3	2完整 1残	
20	当卢	18	青铜	1	残	
21	环	17-1～3、23～25	青铜	6	少数残	
22	泡	57-1、2	青铜	2	完整	
23	合页	59-1～15	青铜	15	残	
24	璧	98	玉	1	残	
25	龙纹璜	65、78	玉	2	1完整 1残	
26	素面璜	64、66	玉	2	略残	
27	条形佩	67	玉	1	完整	
28	素面条形佩	78	玉	1	完整	
29	圆形佩	74-1、2	玉	2	完整	
30	刻纹珑	29	玉	1	残	
31	刻纹珑	75	玉	1	完整	
32	素面珑	84-1～4	玉	4	完整	
33	小片	30、31（两堆）	玉	50余	略残	
34	柱	32	玉	1	完整	
35	泡	36	玉	1	完整	
36	管	56	骨	1	完整	
37	刻纹管	101	骨	1	完整	
38	贝	102（一堆）	骨	102	略残	
39	贝	103、106（两堆）	铜	约230	完整	
40	金箔	159	金	数片	残	

Brief Report on the 1989–1993 Excavation of Eastern Zhou Tombs with Bronzes at Jinsheng Village in Taiyuan City

Shanxi Provincial Institute of Archaeology

KEYWORDS: Taiyuan   Jinsheng Village   Eastern Zhou   Tomb with Bronzes   State of Jin

ABSTRACT: Following the excavation of Zhao Jianzi's (the prime minister of the State of Jin during the late Spring and Autumn period) tomb at Jinsheng Village in Taiyuan in 1987, four other contemporary middle-sized tombs with bronzes were excavated from 1989 to 1993 at the foot of the slope to the east of Minister Zhao's tomb. The data sorting of these four tombs was interrupted for a time, and this brief report was compiled by the excavators mainly relying on their memory when the original excavation records were missing. These four tombs are all middle-sized noblemen's tombs filled with pebbles and charcoal. They belong to the same cemetery as Zhao Jianzi's tomb, but the tombs orient in different directions, indicating that the tomb occupants probably belong to different families from the Zhao family, and are likely Zhao Jianzi's subordinates. More than 100 bronze ritual musical instruments, alongside a large number of bronze chariot and horse accoutrements, weapons, stone/jades, etc., were unearthed from these four tombs. In particular, tomb nos. 673 and 674 yielded a pair of bronze basins inscribed with "Wu Wang Fu Chai" and two sets of bronze *ding* tripods of Wu style, which provides important data for the studying of the Jin culture as well as the relationship between Jin and Wu.

（特约编辑　新　华）

河南鹤壁市后营汉代墓地发掘简报

鹤壁市文物工作队　上海大学文化遗产与信息管理学院

关键词： 鹤壁市　后营　汉墓

内容提要： 20世纪90年代上半期，鹤壁市文物工作队在位于现鹤壁市山城区的后营村一带发掘清理100多座汉墓，墓葬形制包括竖穴土坑墓、平顶空心砖墓、拱券顶墓、穹隆顶墓等，随葬品有陶器、铜器、铁器等793件器物和559枚铜钱。墓葬年代可分为西汉中期、西汉晚期、新莽至东汉早期、东汉中晚期四个阶段。墓葬内涵具有与中原墓葬相一致的特点，同时又具有所处豫北地区自身的区域特征。作为中原汉墓区的组成部分，后营汉墓的发掘补充了此前较为欠缺的汉代河内郡北部的考古资料。

鹤壁市地处河南北部太行山东麓与华北平原的过渡地带。1990～1995年，鹤壁市文物工作队为配合基本建设，在位于现鹤壁市山城区的后营村一带发掘清理战国、两汉至宋元墓葬200余座，其中两汉墓葬达183座，数量最多（图1）。本文将1990年度、1991年度、1994年度、1995年度发掘的103座汉墓资料（附表）简报如下。

一、墓葬形制

20世纪90年代发掘的鹤壁汉墓，以带竖穴墓道的洞室墓为主，墓室的构建既有土圹墓室，也有以砖铺地或封门，以及砖砌墓室等不同情况，均为中原地区汉代墓葬的常见形制。不带墓道的竖穴土坑墓、平顶空心砖墓、前堂后室穹隆顶墓、多室墓等不同结构与特点的墓葬同时存在。总体上看，鹤壁地区汉代墓葬形制多样，

图1　墓地位置示意图

既涵盖中原地区常见的墓葬类别，又有自身的突出特点。现根据墓葬结构与墓顶形态的不同，将能够辨别形态的89座墓葬分为竖穴土坑墓、平顶空心砖墓、拱券顶墓、穹隆顶墓加以介绍。另有14座墓损毁严重，墓形不辨（表1）。

表1　　　　　　　　　　　　　　　墓葬形制统计表

墓葬形制	数量	墓号
竖穴土坑	6	90HlM57，91HlM77～80、140
平顶空心砖	2	94HlM244、95HlM263
拱券顶小砖	69	90HlM55、56、58、59、63，90HHM1，91HlM72～76、81～83、86、93～96、99～104、106、107、109、110、112～117、119、121、122、124～129、131、132、139、143、144，94HlM234～243、249～253，95HlM257～261
穹隆顶小砖	12	90HlM54、60，91HlM98、105、120、134、135、138、142，95HlM254、255、256
形制不明	14	90HlM64～67，91HpM11，91HlM87、97、108、118、123、130、136、141，95HlM262
总数	103	

（一）竖穴土坑墓

该类墓为无墓道的长方形竖穴土坑，数量不多，仅发现6座。90HlM57，位于前进路中段东侧。墓葬开口于表土层下，距地表深0.2米，方位角2度。墓口至墓底深1.61米，墓壁陡直。墓口、墓底均为大小相同的长方形，长2.4、宽1.8米。墓内发现2具尸骨，均仰身直肢，头向北，朽烂较甚。西侧尸骨位于墓室西部，其底用长0.32、宽0.13、厚0.05米的蓝色陶砖砌就棺床；东侧尸骨下则仅在黄灰土墓底上撒了一层草木灰。推测为夫妻合葬墓，西侧尸骨为男性，东侧尸骨为女性。随葬品仅有3件，均置于东侧尸骨处，其头部东北放置1件陶罐，臀部东侧出土2枚铜钱，但字迹不辨（图2）。91HlM79，墓壁平直，墓底平整。墓室长2.2、宽1.1、深1.7米。墓内未见任何尸骨、葬具遗痕，仅出土若干碎陶片及五铢钱1枚，可能为迁葬墓（图3）。

（二）平顶空心砖墓

空心砖墓在这批汉墓中数量很少，仅有2座，形制比较简单，可分为长方形单室墓和多室墓两类。

单室墓　95HlM263，位于鹿楼乡政府家属院东侧。方位角10度。墓道为长方形竖井式，长2.8、宽0.88米，上口深0.3、下口深1.8米。墓道南壁掏挖长方形单墓室，长3.1米，墓顶距地表深0.92、墓底距地表深1.8米。墓室略宽于墓

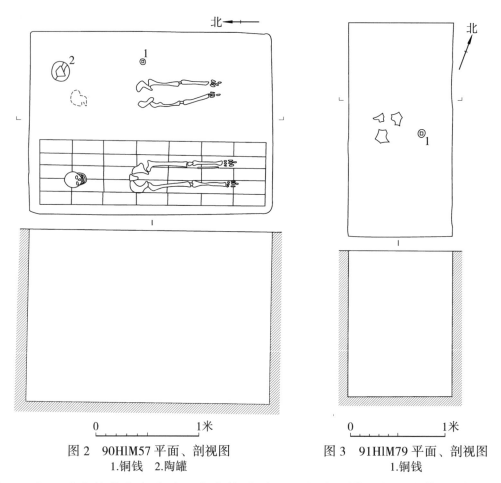

图 2　90HlM57 平面、剖视图
1.铜钱　2.陶罐

图 3　91HlM79 平面、剖视图
1.铜钱

道，以空心砖砌筑墓底与墓壁。墓内扰乱严重，人骨不详。出土随葬品6件，包括陶壶1件、小瓮1件、鼎1件、敦2件、器盖1件（图4）。

多室墓　94HlM244，位于朝霞街东段，鹿楼乡政府家属院东约50米。方位角347度。墓道为长方形竖穴式，长2、宽0.98米，上口距地表深0.35、下口

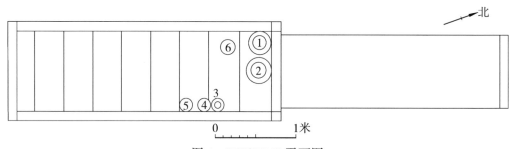

图 4　95HlM263 平面图
1.陶壶　2.陶小瓮　3.陶鼎　4、5.陶敦　6.陶器盖

距地表深3.7米。墓室略宽于墓道，长4.06、宽1.2米。墓室之北用长0.32、宽0.13、厚0.05米的小砖以人字形砌成1.32米高的封门。墓顶塌毁，根据塌毁状推测为用方柱状空心砖并排砌成，四壁以宽板状大型空心砖竖立铺砌，墓底则用13块窄板状空心砖并排铺砌。墓室东壁前部向东构筑一间东西向侧室，平面略呈梯形，东西长2.98、南北宽0.94～1.36米，以小砖铺地。主墓室与东侧室之间用两块宽板状空心砖竖立成一南一北两扇门状，中间留0.95米空间相通，门上各有一铺首衔环。东侧室西部与主墓室相接部位的南北两壁各侧筑一耳室。北耳室大体呈东西向长方形，长1.52、宽0.76米；南耳室则呈略偏西的南北向长方形，长约1.97、宽约1.18米。东侧室及耳室均以小砖铺地，主要放置随葬器物，未见人骨遗痕。出土器物有陶量1件、瓮1件、鼎1件、壶3件、仓3件及五铢钱1枚（图5）。

（三）拱券顶小砖墓

拱券顶墓在这批汉墓中数量最多，达69座。其根本特点是在长方形竖穴墓道的一侧向内掘建墓室，墓室顶部不论以小砖砌成还是以土洞构筑，均为拱券弧形。该类墓形制多样，在墓室数量、结构等方面变化丰富。现根据墓室数量的不同，初步将其分为单室墓、多室墓两大类，后者指的是建构有两个及以上墓室的形制。

单室墓 根据耳室的数量不同，又有单耳室与双耳室之别。90HHM1，位于集乡毕吕寨村东，为单耳室墓，方位角15度。墓道已遭破坏。墓室长4.3、宽1.7、高1.68米。墓底距地表深3.5米，为顺缝单砖砌成的拱券弧形顶；墓底距地表深5.18米，以单砖错缝东西横向平铺成；

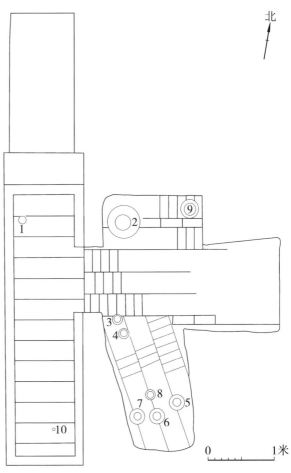

图5 94HlM244平面图
1.陶量 2.陶瓮 3.陶鼎 4、8、9.陶壶 5～7.陶仓
10.铜钱（五铢）

墓壁亦为单砖错缝平砌。墓室北端东部开一长方形耳室，耳室口有一单砖拱券门，再往东则仅有生土而无砖。人骨朽烂几无存，有棺木灰痕迹及棺钉。随葬品有陶器、铜镜、铁器23件，另有铜钱40枚，均散置在墓室及耳室内（图6）。

91H1M74，位于煤管局家属院东侧，为双耳室墓，方位角4度。长方形竖穴式墓道，长2.44、宽0.9米，上口距地表深0.3、下口深3.66米。墓道南壁为平面呈长方形的单券砖室，长3.38、宽1.83米，墓底距地表深3.36米。墓门及墓顶已塌，墓底以长短不一的青砖平铺而成。墓室东西两壁的前部各侧出一耳室，东耳室大致呈圆形，西耳室形状不甚规整，耳室门皆砌单层砖券。随葬陶器6件，包括壶1

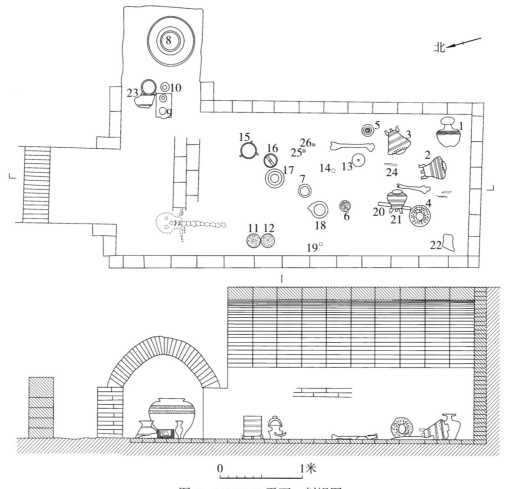

图6　90HHM1平面、剖视图

1、10、18、22、23.陶壶　2～4、21.陶仓　5.铜镜　6、7、11～13.陶器盖　8.陶瓮　9.陶灶　14.小陶釜　15.陶樽　16.陶井　17.陶博山炉　19、25.铜钱（五铢）　20.铁剑　24.铁棺钉　26.铜钱（货泉）

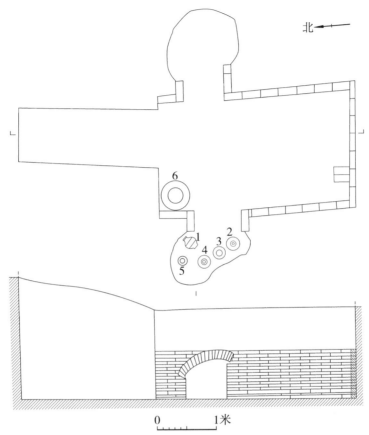

图 7　91HlM74 平面、剖视图
1.陶壶　2、4.陶仓　3、5.陶罐　6.陶瓮

件、罐2件、仓2件、瓮1件。其中陶瓮置于墓室西北角，另5件均置于西侧耳室内（图7）。

　　多室墓　91HlM76，位于朝霞街东段煤管局家属院东侧，为长方形双室墓，方位角356度。长方竖井式墓道，长2.2、宽0.92米，上口距地表深0.3、下口深2.24米。墓道南端为平面大致呈梯形的墓室，长3.2、宽2.1、深2.24米。弧形土洞墓顶已塌落，墓室中间偏西处以青砖砌就一堵隔墙，将墓室分为东侧的主墓室与西侧的侧墓室。铺地砖并非满地铺，仅从墓室南端向北铺至2.15米处，隔墙亦如此。墓室西壁北端向西掏挖一生土耳室，形状不规则。葬具与尸骨均朽烂无存，墓内发现随葬品仅有陶灶、壶各1件（图8）。

　　（四）穹隆顶小砖墓

　　共有12座。穹隆顶墓是指建构墓顶时，从墓室四壁向上逐渐内收，形成顶端尖、四面弧形的墓室顶。后营这批汉墓还有个别四角攒尖顶，也一并归入该

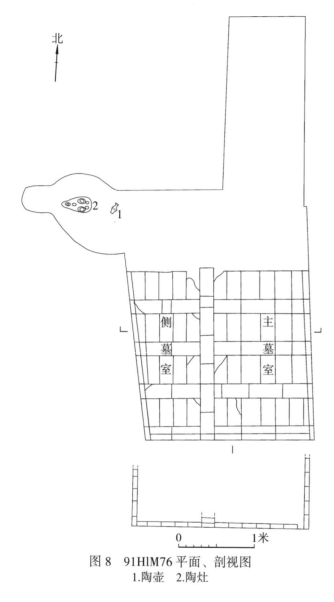

北

图8 91HlM76平面、剖视图
1.陶壶 2.陶灶

类墓。从形制上看，可以分为单室墓、前堂后室墓、双穹隆顶墓三种类型。其中单室墓为单墓室、单穹隆顶，前堂后室墓为前堂穹隆顶与后室拱券顶相组合，双穹隆顶墓则前后室均为穹窿顶。

单室墓 95HlM254，位于铁西路西侧，为长方形单穹隆顶墓，方位角10度。墓道因建筑物阻碍未清理，其南端为墓门，通过甬道与墓室相通。墓室为长方形，长2.46、宽2.09米。墓底距地表深3米，以小砖南北对缝平铺而成。出土罐、盒、托盘、壶、耳杯、井等陶器18件（图9）。

前堂后室墓 91HlM105，位于前进路建材局工地，为带侧室的前堂后室单穹隆顶砖室墓，方位角100度。墓道因压在建筑物下未清理，其东端为墓门，宽0.8、高1.14、厚0.3米，顶部为双砖拱券门楣。墓门内有甬道与前室相连。甬道长0.9米，宽与墓门同。前室略呈方形，长2.65、宽2.54、高2.8米。墓顶以小砖砌成穹隆形，距地表深0.9米；墓底以砖铺地，距地表深4.04米；墓壁高1.64米，为平砖错缝叠砌。后室位于前室西端，长2.4、宽1.9米，顶部为拱券弧形，高1.7米。前室南壁侧出一室，与前室相接处也用小砖砌成双砖拱券门楣，长1.88、宽1.28米，顶部亦为拱券弧形，高1.5米，应为由耳室演变而成的侧室。后室有棺木灰与朽骨，侧室亦有朽骨痕，均朽烂较甚。出土器物有陶耳杯、圆形陶案、陶方盒、铁魁等（图10）。90HlM60，位于鹿楼乡

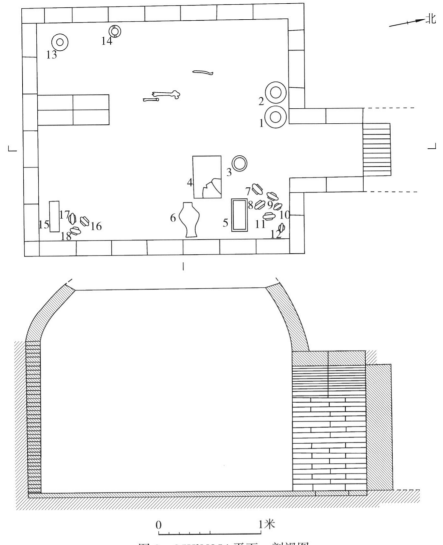

图9　95H1M254平面、剖视图
1、2.陶罐　3、5、15.陶盒　4.陶托盘　6.陶壶　7～12、16～18.陶耳杯　13.陶
盘　14.陶井

朝霞街东段，为前堂斜双后室大字形墓，方位角1度。前堂方形，长2.38、宽
2.32、高1.28～1.6米，残存墓顶距地表深2.3～3.5米，四角攒尖，厚0.14米。东
西壁中部各开一长方形耳室，东耳室长1.5、宽0.96、高1米，西耳室长1.27、宽
0.9、高1米。两后室左右对称，西室南端向西倾斜，东室南端向东倾斜。东室
长2.38、宽0.86～0.89、高1.2～1.27米。该墓扰甚，尸骨、葬具、随葬品均无存
（图11）。

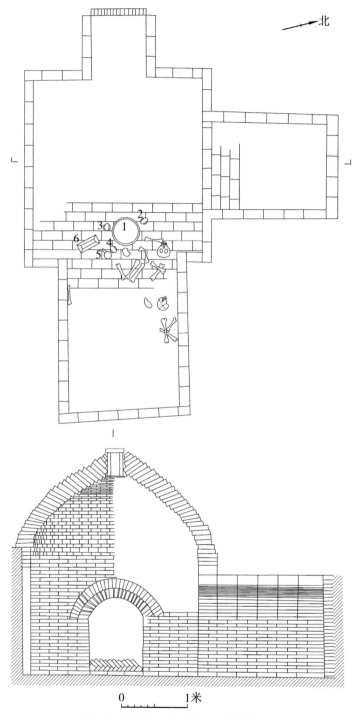

图 10　91HlM105 平面、剖视图
1.陶案　2～4.陶耳杯　5.铁魁　6.陶方盒

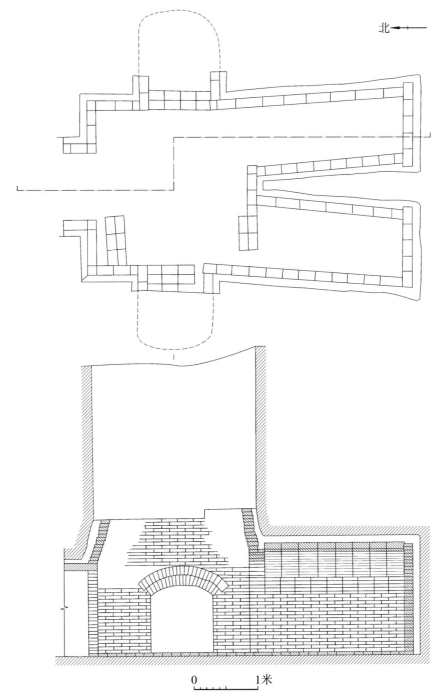

图 11　90HlM60 平面、剖视图

双穹隆顶墓　95HlM255，位于银海冶金第二有限公司基建工地，为前堂后室双穹隆顶砖室墓，方位角350度。墓道受建筑物阻碍未发掘，其南端为墓

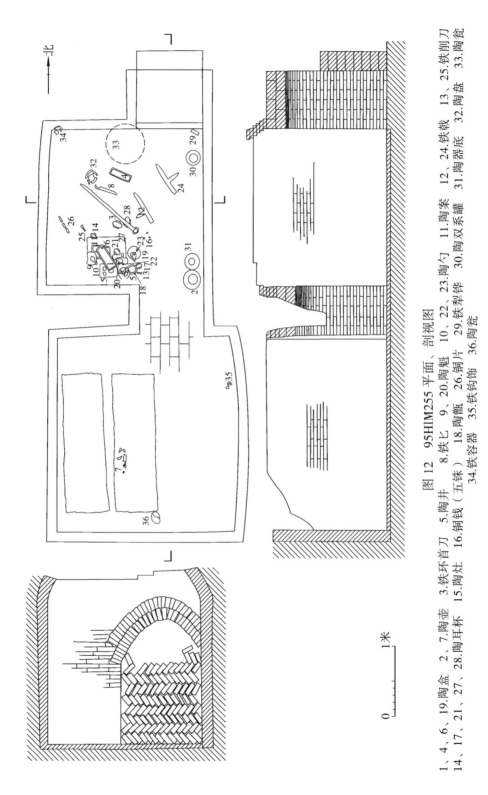

图12 95HIM255 平面、剖视图

1、4、6、19.陶盒 2、7.陶壶 3.铁环首刀 5.陶井 8.铁匕 9、20.陶魁 10、22、23.陶勺 11.陶案 12、24.铁戟 13、25.铁削刀 14、17、21、27、28.陶耳杯 15.陶灶 16.铜钱（五铢） 18.陶甑 26.铜片 29.铁犁铧 30.陶双系罐 31.陶器底 32.陶盘 33.陶瓮 34.铁容器 35.铁钩饰 36.陶瓮

门，宽1、高1.5、厚0.84米。墓门以甬道与前室相通，甬道长0.68、宽0.96、高1.38米，位于前室东侧，其东壁与前室东壁平齐。前室长2.24、宽2.3、残高2米，后室长2.82、宽2.7、残高1.8米，墓底距地表深2.9米。两室之间亦以一长0.72、宽0.96米的甬道相通，且此甬道东壁亦与前室东壁平齐，位于后室北壁中部偏东侧。前、后室均为穹隆顶，已坍塌。后室西侧有两具棺灰线，在靠近中间的棺灰线外发现头骨。出土陶器、铁器、铜器34件及五铢钱4枚，大多出自前室。其中1件直颈双系陶罐被有意打破，上半部放置于墓门甬道后部，下半部置于前后室之间的甬道前部。另经核对，发掘器物登记表仅登记35件出土器物，但现场绘制墓葬平面图上则标记有36件出土器物。今依原始记录发表。（图12）。95HlM256，位于银海冶金第二有限公司基建工地，为双攒尖顶墓，方位角355度。长方形竖井斜坡式墓道，长2.26、宽0.9米，上端口深0.6、下端口深3.2～3.55米。墓有前、后两室，前室较后室面积小，呈"吕"字形。前室长2.36、宽2.03、高2.5米，东西两壁略弧，壁上各用砖砌成上下两直棂窗，

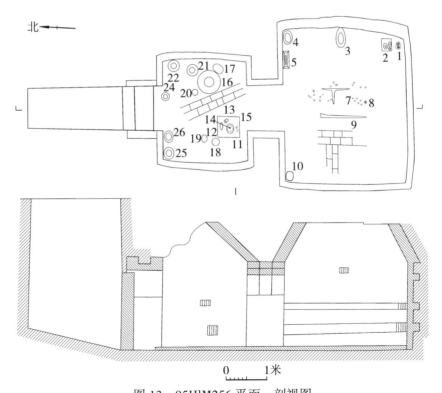

图13 95HlM256平面、剖视图

1.陶井 2.陶灶 3、4、23、25、26.陶罐 5.陶盉 6.铁戟 7.陶瓮 8.铜钱 9.铁环首刀 10、18、19.陶魁 11.陶案 12、13、15.陶耳杯 14.陶盘 16.陶瓮 17.铁锅 20.铜釜 21、22.陶壶 24.陶熏炉

两直棂窗位置稍错开。后室面积较大，长3.6、宽3、残高2.5米。东西南三壁均略弧，三壁各有一个用砖竖砌成的直棂窗。墓顶距地表深1.05、厚0.29米，两室均为穹隆顶，部分塌毁。墓底距地表深3.55米，弧边方形，厚0.05米。随葬品散乱置于前、后室内，出土陶器20件、铁器4件、铜器1件及五铢钱30枚。另经核对，发掘现场绘制墓葬平面图上即缺6、8、23号器物（其中8号可能是铜钱），而随葬品登记中缺7号器物。今依原始记录发表（图13）。

二、随葬遗物

初步统计，103座墓葬随葬陶器、铜器和铁器793件，另外还有铜钱559枚。其中铁器出土数量不多且基本朽烂，因此本文只介绍陶器和铜器。

（一）陶器

出土陶器均为泥质陶，质地细腻，烧成温度高。其中以泥质灰陶为多，部分壶、鼎、樽、器盖等为泥质红陶。制法以轮制为主，部分器物或部件如器盖、灶、鼎耳、铺首等为模制，俑则为手制。纹饰多素面，也见有少量弦纹、绳纹、戳印纹、方格纹、附加堆纹等。彩绘多见于壶上，常位于肩颈与腹部处，以红彩或黄彩的三角纹、卷云纹为主，亦有绿、白彩。器类有壶、小壶、罐、鼎、瓮、盆、器盖、仓、灶、井、樽、耳杯、魁、俑、炉、方盒、案、勺等。

壶 以泥质灰陶为主，也有一部分泥质红陶和泥质红胎釉陶，均为轮制。91H1M106：13，泥质灰陶。宽敞口，细长颈，溜肩，圆鼓腹略扁，假圈足。肩、腹部分别饰二周凹弦纹，颈部绘白彩云纹，下腹部彩绘三角纹。口径15.5、圈足径11.2、高35.7厘米（图14，2）。91H1M120：30，泥质灰陶。敞口，平沿，束颈，溜肩，圆鼓腹，矮圈足稍外张。腹部最鼓处设对称铺首，肩部及腹部偏下部位各饰二周凸弦纹。口径12、圈足径12.9、高30厘米（图14，3）。91H1M122：9，泥质红陶。敞口，斜沿，长束颈，溜肩，圆鼓腹，假圈足较矮。两肩设对称铺首衔环，颈肩交接处彩绘一周仰三角纹，肩部上、下端各饰二周绳纹，之间填以彩绘卷云纹。口径13.5、圈足径14.7、高30厘米（图14，1）。

罐 有折腹与圆腹两种。91H1M131：5，泥质灰陶。轮制。敞口，平沿，细短颈，斜溜肩，折腹，平底。口径13.5、底径20.6、高30厘米（图14，5）。90HHM1：1，泥质灰陶。敞口，束颈稍直，溜肩，圆鼓腹，平底。颈部与鼓腹部饰平行凹弦纹。口径14.9、底径18、高35.6厘米（图14，4）。

小壶 分泥质灰陶和泥质红陶，烧制火候高，外表细腻发亮。91H1M107：

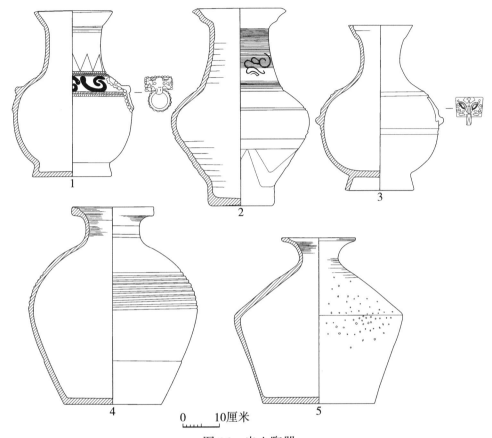

图 14 出土陶器

1~3.壶（91HlM122：9、91HlM106：13、91HlM120：30） 4、5.罐（90HHM1：1、91HlM131：5）

26，泥质红陶。稍敞口，斜沿，束颈，溜肩，圆鼓腹稍垂，圈足稍矮。颈、腹部各饰一周凸弦纹。口径7.8、圈足径8.8、高16.7厘米。附一拱形盖，顶部略平，亦饰多周凹弦纹。直径7.7、高2.3厘米（图15，1）。91HlM122：18，泥质红陶。敞口，平沿，细颈，溜肩，圆鼓腹，假圈足较矮。肩腹部饰一周凹弦纹，通体施黄釉。口径8.9、圈足径7.3、高19.3厘米（图15，2）。90HHM1：10，盘口，平沿，束颈，溜肩，鼓腹弧收，假圈足。颈饰锯齿纹兼重圈纹，肩、腹、底各饰一周锯齿纹。口径10.6、圈足径7.4、高21厘米（图15，3）。

鼎 出土数量不多，分泥质灰陶和泥质红陶，制作较为精致，外表磨光发亮。91HlM122：17，泥质红陶。圆敛口，圆溜肩略折，圆鼓腹较深，鼓腹处立两对称附耳，耳稍外撇，其中一耳失，腹底平，下接三蹄形足，较粗壮。鼓腹处饰二周凸弦纹。口径13.4、高15厘米（图15，5）。91HlM128：22，泥质灰陶。子口，无耳，鼓腹下收，平底，底部接三蹄形足，腹部饰一组三周凸弦

图 15 出土陶器

1~3.小壶（91HlM107：26、91HlM122：18、90HHM1：10） 4、5.鼎（91HlM128：22、91HlM122：17）

纹。口径8.9、底径8.9、高14.7厘米（图15，4）。

瓮 91HlM106：11，泥质灰陶。轮制。直口，斜沿，圆鼓肩，弧腹斜内收，平底。腹部饰两周宽条带方格纹。口径25.5、底径26.8、高38.9厘米（图16，1）。94HlM237：6，残。夹砂红陶。轮制。敞口外卷，短颈，鼓腹，平底。口径15.4、高46.7厘米（图16，2）。

灶 90HHM1：9，泥质灰陶。全器为长方体，前壁有半圆形火门和梯形遮烟檐，灶面有二火眼，其上各置一陶釜，后壁有烟道。灶面沿四周饰戳印凹点纹。灶长29.5、宽20.2、高10.3厘米。陶釜一，口径4.8、高4.7厘米；陶釜二，

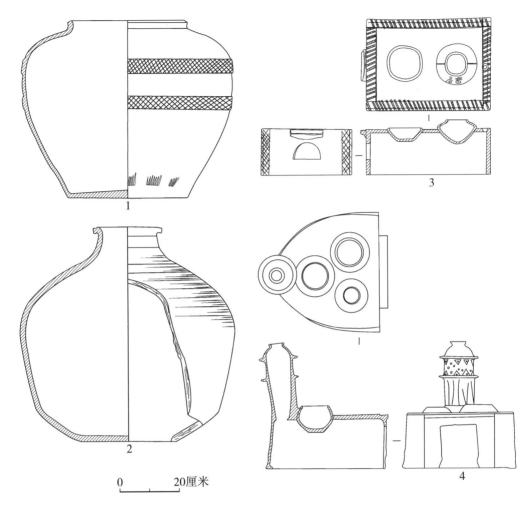

图16　出土陶器
1、2.瓮（91HlM106∶11、94HlM237∶6）　3、4.灶（90HHM1∶9、91HlM124∶3）

口径7.7、底径3.8、高2.5厘米（图16，3）。91HlM124∶3，泥质灰陶。模制。半圆形，前为长方形火门和梯形挡火墙，后立一圆筒形烟囱，顶部有亭状盖，灶面有三火眼，其上各置一釜。灶长26、宽24、高27.5厘米，釜口径6、底径3、高5.8厘米（图16，4）。

　　盆　91HlM119∶7，泥质灰陶。轮制。敞口，斜沿，浅弧腹，矮圈足。口径13.5、圈足径6、高4.7厘米（图17，2）。

　　器盖　大多数为与陶壶配套的器盖，也有一些是陶仓盖。材质为泥质灰陶、泥质红陶及泥质红胎釉陶。均为轮制。91HlM122∶7，圆形，弧隆顶，顶面中心为一圆形钮，围绕圆形钮均匀分布4个心形彩绘，外围饰二组、每组

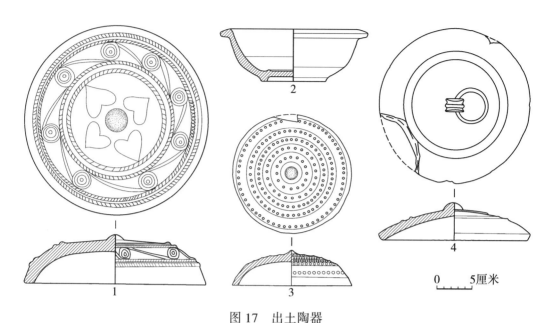

图 17　出土陶器
1、3、4.器盖（91HlM122：7、90HHM1：7、91HlM117：4）　　2.盆（91HlM119：7）

二周凸起弦纹，两组弦纹中间饰一周相互勾连的卷云纹。直径17、高4.4厘米
（图17，1）。90HHM1：7，泥质灰陶。轮制。隆顶，顶部略平，正中有圆形
钮，盖面遍饰多周凸弦纹，弦纹间饰以圆泡纹。直径10.5、高3.1厘米（图17，
3）。91HlM117：4，泥质红陶。轮制。隆顶，顶部有半圆形钮穿一圆环。外饰
二周凸弦纹。盖面施釉，略残。直径13.8、高3.4厘米（图17，4）。

仓　均为泥质灰陶。轮制。91HlM81：11，圆口，圆肩，直腹稍内收，平
底，三兽形足。腹部饰三组、每组三周凸弦纹。口径8.5、底径17.8、高29.5
厘米（图18，3）。91HlM82：4，内斜沿，短颈，平折肩，微鼓腹斜下收，
平底。腹部饰两周凹弦纹。口径9.4、腹径20.3、高25.6厘米（图18，1）。
91HlM95：17，圆口，圆溜肩，斜弧腹下收明显，平底。腹部饰二组、每组三
周凸弦纹。口径8、底径10.9、高23.6厘米（图18，2）。

井　90HlM55：8，泥质灰陶。模制。圆筒形井栏，栏口宽沿，上设拱
形井架，架顶正中有一辘轳。栏径12、底径9.5、高17.5厘米（图19，5）。
91HlM132：2，泥质灰陶。模制。圆筒形井栏，井口有宽沿，上有四阿亭顶，
平底内凹。口径13.5、底径12.6、高26.3厘米（图19，6）。

樽　分泥质灰陶和泥质红陶，有些外壁饰彩。均为轮制。91HlM118：1，
泥质灰陶。直口，直腹稍内斜，平底下有三蹄形足。腹上、下部分别饰二周凹
弦纹。口径19.5、高18.3厘米（图19，9）。91HlM122：3，泥质红陶。直口，

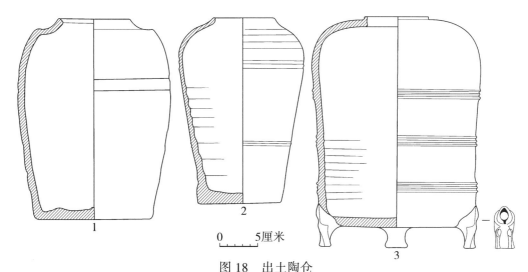

图 18　出土陶仓
1. 91HlM82：4　2. 91HlM95：17　3. 91HlM81：11

直腹稍内斜，平底下有三蹄形足。腹上、下部施黄彩。口径20、底径19.4、高16.3厘米（图19，8）。

　　耳杯　出土数量多，分泥质灰陶和泥质红陶。均为模制。型式比较统一。91HlM106：4，泥质灰陶。口呈扁圆形，两侧有长圆形耳，浅腹，平底，壁较厚。口长径12.9、短径11.8、高4厘米（图19，2）。91HlM122：14，泥质红陶。内外施釉。形制同前者。口长径10.9、短径9.7、高3.8厘米（图19，1）。

　　魁　91HlM119：6，泥质灰陶。手制。敞口，浅弧腹，平底。一侧有鸭头形把。口径10.5、底径5.5、高4.4厘米（图19，4）。

　　博山炉　出土数量不多。泥质红陶。模制。91HlM142：15，由底座和炉盖组成。盖呈圆锥状，其上模印仙山，间有小孔洞，子母口与豆形底座相扣合。炉盖直径11.5、高7.8、底座圈足径10.5、高12厘米（图19，3）。

　　勺　91HlM81：13，泥质灰陶。手制。勺身呈深圆形，直柄。通长16、高13.6厘米，勺身长7.4、宽6.8厘米（图19，7）。

　　方盒　泥质灰陶。模制。91HlM144：6，盒体长方，腹较深，平底。其上扣合长方盖，顶部为覆斗形，顶面有长条形浅凹槽。盒体长30、宽10、高7厘米，盖长33.6、宽13、高11.5厘米（图20，1）。

　　案　有方、圆两种。多为泥质红陶。94HlM241：3，泥质红陶。模制。平面呈长方形，四边缘有高起宽沿。正面施红釉，以白彩绘出长方形纹样。长37.4、宽25.1、高2厘米（图20，2）。

　　俑　种类较丰富，分人俑与动物俑两类。

0   5厘米

图 19　出土陶器

1、2.耳杯（91HlM122：14、91HlM106：4）　　3.博山炉（91HlM142：15）　　4.魁（91HlM119：6）　　5、6.井（90HlM55：8、91HlM132：2）　　7.勺（91HlM81：13）　　8、9.樽（91HlM122：3、91HlM118：1）

　　人俑　分站立俑和跪坐俑两类。手制。91HlM99：21，站立俑。泥质灰陶。头顶发挽起，双手平置于胸前，着长袍，面目不清。身高15.6、肩宽5厘米（图

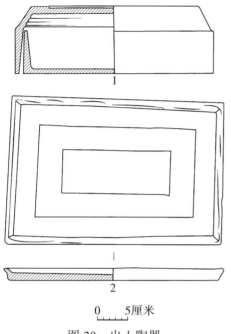

图 20 出土陶器
1.方盒（91HlM144：6） 2.方案（94HlM241：3）

21，1）。91HlM99：22，跪坐俑。泥质灰陶。头戴冠帽，面朝前方，双臂下垂，袖管宽大，着长袍，裙裾拖于身后。底边长18、宽12、高34.6厘米（图21，2）。

动物俑 泥质灰陶或泥质红陶。手制，制作精细。91HlM95：31，泥质灰陶。牛俑，四腿直立，低头向前，体形健壮，尾残。长34、高21厘米（图21，3）。91HlM142：12，泥质红陶。鸱鸮俑，头部略呈三角形，双耳竖立，大眼圆睁，目视前方，鹰嘴前伸略下勾。脖颈以子母口插入胖锥形躯体内，双翅收于身后，两足前撑。周身施釉。宽10、高14.5厘米（图21，4）。

（二）铜器

主要为镜和带钩，还有残朽严重的釜、洗等。

1.镜

12枚，以小圆镜为主，也有直径超过15厘米的大圆镜，大部分完整。种类较为丰富，有日光镜、昭明镜、星云镜、雏鸡镜、枝叶镜、连弧纹镜等。

日光镜 90HlM59：18，日光连弧纹镜。圆锥形钮，圆形钮座饰内向连弧纹，座外饰两周射线纹带，纹带间有铭文"见日之光，天下大明"，字体方正，字与字之间以"の""菱形纹"间隔。直径7.5、厚0.3厘米（图22，4；图23，1；图版一七，1）。91HlM107：3，日光螺旋纹镜。圆形钮，连珠纹座。连珠纹3个1组，共12个，每组之间以斜向矮栏间隔。镜身以三周突起较高的宽围栏作为分隔线，有内、外两重铭文，字形大小不同，但内容一致，均为"见日之光，长毋相忘"，字体舒展，字与字之间以重螺旋纹间隔。直径15.5、厚0.4厘米（图22，1；图23，7；图版一七，3）。

昭明镜 90HlM55：1，圆形钮，连弧纹钮座，两道射线纹间铸刻铭文"内清以昭明，光象夫日月"，字体方正，字与字之间以"而"间隔。直径8.9、厚0.3厘米（图23，3；图版一七，2）。91HlM104：9，圆形钮，钮座内圈为连珠、外圈为连弧纹。内外两周射线纹间铸有铭文"内清则以昭明，光辉夫兮日月，心忽扬而愿忠，然雍而不泄"，字体舒展，宽平素边。直径11、厚0.4厘米

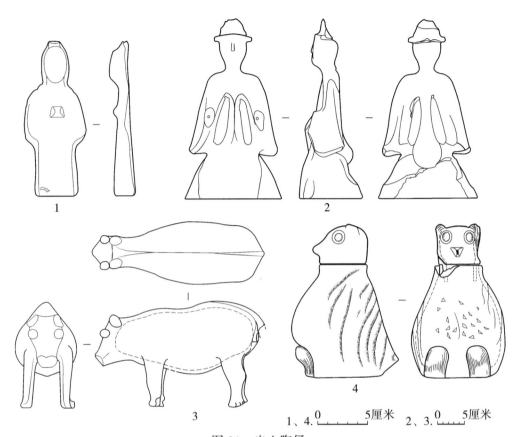

图 21　出土陶俑

1.站立人俑（91HlM99：21）　2.跪坐人俑（91HlM99：22）　3.牛俑（91HlM95：31）
4.鸱鸮俑（91HlM142：12）

（图23，6；图版一八，2）。

星云镜　91HlM120：14，残。博山炉形钮，连弧纹底座，外围饰一周由立体大小圆锥纹组成的纹带，每个纹饰单元由一个大圆锥与三个小圆锥组成，外缘亦饰连弧纹。直径10.9厘米（图23，5；图版一七，4）。

五乳雏鸡镜　91HlM96：17，圆钮，圆形底座，外围有五只雏鸡，雏鸡之间以乳丁纹间隔。其外依次饰射线纹、锯齿纹。直径7.9、厚0.4厘米（图22，2；图23，2；图版一八，3）。

五乳枝叶镜　91HlM105：5，圆钮，圆钮座素面，外饰一周以五个枝叶纹和五个圆饼乳丁纹相间组成的纹带，再外依次饰以射线纹和三角锯齿纹，最外为窄平素边缘。全器呈银白亮色，仍光鉴照人。直径7.8、厚0.3厘米（图22，3；图23，4；图版一八，1）。

云雷连弧纹镜　91HlM134：12，圆形钮，柿蒂纹底座，蒂纹间篆书铭文

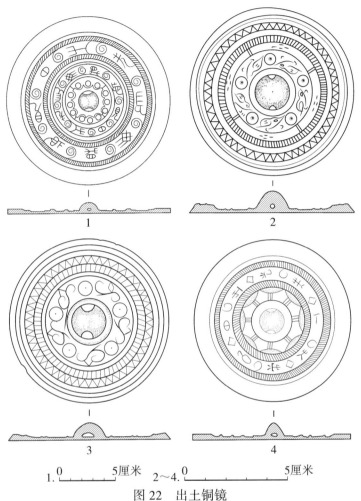

图22　出土铜镜
1、4.日光镜（91HlM107：3、90HlM59：18）　2.五乳雏鸡镜
（91HlM96：17）　3.五乳枝叶镜（91HlM105：5）

隐约可辨为"长宜子孙"四字，外饰射线纹、窄平素边、内向连弧纹，弧间以山字纹和叶脉纹补白，再外在两周射线纹间饰由螺旋纹和斜三角纹组成的纹饰带。直径18.2、厚0.4厘米（图23，8；图版一八，4）。

2.带钩

3件。形制较为单一。94HlM250：16，整体略呈琵琶形，兽首形钩首，体曲鼓，尾端背部有立柱形圆钮。外表粘连纺织品痕迹。通长10厘米（图版一七，5）。

（三）钱币

出土铜钱500多枚，可辨认的有五铢、大泉五十、大布黄千、货泉等。

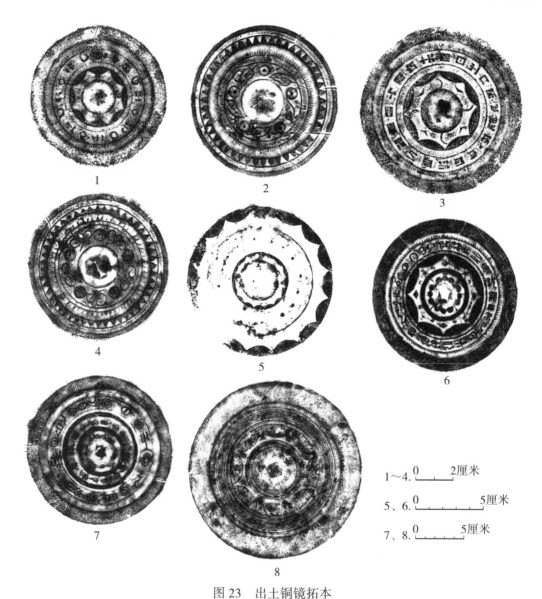

图23 出土铜镜拓本

1、7.日光镜（90H1M59：18、91H1M107：3） 2.五乳雏鸡镜（91H1M96：17） 3、6.昭明镜（90H1M55：1、91H1M104：9） 4.五乳枝叶镜（91H1M105：5） 5.星云镜（91H1M120：14） 8.云雷连弧纹镜（91H1M134：12）

五铢 多为直径2.6、穿边长1厘米，重1.8～3.6克。91H1M82：6，五字交叉两笔较直，金字头呈三角形，朱字头圆折略方（图24，3）。90HHM1：9，五字两笔交叉较直略弯，金字头呈三角形，四点较长，朱字头方折，金字略高于朱字，笔画粗细一致（图24，1）。90HHM1：25，五字两笔交叉较弯，末端稍内收，金字头三角形较小，稍低于朱字头，朱字头略圆折（图24，2）。

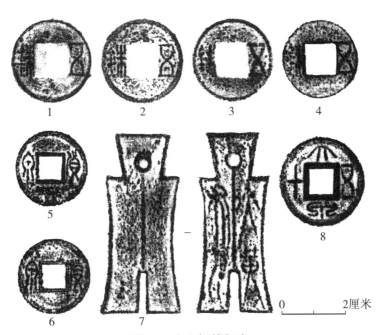

图24　出土铜钱拓本

1～4.五铢（90HHM1∶9、90HHM1∶25、91HlM82∶6、95HlM255∶
16）　5、6.货泉（90HHM1∶26-1、2）　7.大布黄千（91HlM106∶
17）　8.大泉五十（91HlM106∶18）

95H1M225∶16，剪轮五铢，外郭磨去，铢字漫灭不清，五字交笔弯曲。外径
2.45、穿边长0.9、厚0.1厘米（图24，4）。

大泉五十　91H1M106∶18，钱之边缘有郭，宽0.3厘米。正方形穿，穿之上
下有篆文"大泉"两字，左右有"五十"两字。直径2.8、穿边长0.7、厚0.25厘
米（图24，8）。

大布黄千　91H1M106∶17，钱的正面有篆文"大布黄千"四字。通长
5.65、足枝长1.41、首宽1.8、厚0.21厘米（图24，7；图版一八，5）。

货泉　90HHM1∶26-1，有内外两郭。正方形穿之左右有篆文的"货泉"
两字，笔画较细。钱径2.3、穿边长0.7、厚0.19厘米（图24，5）。90HHM1∶
26-2，内郭四条边均为双细线（图24，6）。

三、墓葬年代

后营汉墓中，未发现有明确纪年的文字材料，而铜镜和铜钱常常是两汉墓
葬年代排序中指向性比较明确的遗物。因此本文在前人研究基础上，主要依据
铜镜和铜钱的年代特征，结合墓葬形制与随葬陶器等特点，将这批墓葬初步分

为四期。

（一）西汉中期

数量不多，以90H1M57、91H1M82、91H1M107为代表。前者为竖穴土坑墓，后二者为小砖铺地的拱券土洞墓。91H1M82出土五铢钱的五字稍瘦，相交两笔较直，金字头略呈箭镞形，朱字头圆折，为西汉中期及稍后的特点。该墓出土陶仓与洛阳烧沟Ⅰ型②式仓[1]、新乡李大召M7：5[2]同类器相近，亦为西汉中期偏晚之器。91H1M107出土一枚日光镜，日光镜的流行年代虽然主要在西汉晚期，但其在西汉中期偏晚的时候就开始出现，且该镜铭文秀美舒展，显示其早期形态。同墓还出土一件泥质红陶鼓腹小壶，与烧沟汉墓Ⅰ型①式壶[3]相似，亦属于西汉中期形态。因此判断该期年代为西汉中期偏晚阶段，大概在宣帝前后。

（二）西汉晚期

以91H1M104、91H1M120、91H1M131为代表。其中M104所出昭明镜的铭文修长舒展，为西汉晚期流行样式。M120出土星云镜，一般认为流行于武帝、昭帝、宣帝时期[4]，但该墓所出星云镜的乳丁纹已经稍变形而成为圆锥体，且该墓形制为前堂后室砖室墓，随葬陶器除了鼎、壶、瓮之外，还有仓、耳杯、勺、井、案等西汉晚期以后才大量出现的器物组合，其中陶壶与烧沟汉墓Ⅱ型①式壶[5]形制相似，也属西汉晚期流行样式。91H1M131出土的折腹罐与新乡李大召M29：1[6]相似，大罐与烧沟汉墓Ⅲ型①式罐[7]相似，都流行于西汉晚期。综合各方面因素推断，该期墓葬应属西汉晚期，大体在元帝至新莽之前。

（三）新莽至东汉早期

该期墓葬数量最多，以90H1M54、90H1M55、90H1M59、90H1M63、90HHM1、91H1M106、91H1M122、91H1M134、95H1M258等为代表。墓葬形制以长方形拱券小砖墓为多，前堂后室的穹隆顶墓也已出现。墓葬出有"大泉五十""大布黄千""货泉"等新莽时期铜钱，所出五铢钱"五"字相交两笔弯曲，"金"字头为三角形，"朱"字头圆折。"日光镜"和"昭明镜"字体方正，连弧纹镜在长连弧之间还保留有云雷纹，属烧沟汉墓所分Ⅷ型①式云雷纹连弧纹镜[8]。90H1M54所出陶瓮直口、束颈、圆肩、鼓腹、平底略内凹，器形与淇县大马庄M45：1、M49：26[9]相似。90H1M55所出陶井为束腰式井栏、提梁式井架，与新乡东同古M3：28[10]相类；90HHM1所出陶仓可以与烧沟汉墓Ⅱ型①式仓[11]对比；91H1M106所出陶瓮器形较大，底微内凹，与焦作白庄M51：4[12]相似，大壶形制与烧沟汉墓Ⅲ型①式壶极为接近；91H1M122所出陶鼎附耳立在鼓腹之上，与烧沟汉墓Ⅰ型②式陶鼎[13]相类，彩绘壶与小壶分别与烧沟汉墓的Ⅱ型①式、Ⅲ型②式壶[14]相似。以上特征都显示出新莽至东汉早期的时代特点。

（四）东汉中晚期

以91H1M79、91H1M96、91H1M105、91H1M124、95H1M255、95H1M256等为代表。该期墓葬所出五铢钱总体材质不好，许多字形涣散甚至漫灭不清；字体较大，五字交笔弯曲，金字头呈三角形，朱字头圆折，为五铢钱的晚期形态。91H1M96出土五乳雏鸡镜，属"多乳禽鸟纹"镜类，主要流行于东汉中晚期[15]；91H1M105出土五乳枝叶纹镜，虽五乳之间间隔的是枝叶而非禽鸟，但其形态、大小乃至材质均与前器相类，应为同时代之器。91H1M124出土陶灶为平面呈前方后圆的马蹄形，与侯马房管局商品房基地M16：6[16]基本一致，有研究者认为可能是关中地区迁徙而来的人群所用，年代在东汉晚期桓帝至献帝间[17]。该期墓葬应属东汉中晚期。

四、结　语

鹤壁在汉代属于司隶校尉部辖下"三河"之一的河内郡。"三河"属于中央政府直接控制的京城周围地区，人口众多，经济繁荣，是当时的政治与经济中心。《史记·货殖列传》言："三河在天下之中，若鼎足，王者所更居也，建国各数百千岁，土地小狭，民人众，都国诸侯所聚会。"汉末建安十七年，鹤壁所属荡阴县随同朝歌、林虑二县自河内郡析出归属魏郡，而此前从汉初至汉末，河内郡政区地理几无变化[18]。因此两汉之时鹤壁始终在"三河"的政区范围内，在汉代政治经济地理中处于相当重要的地位。

考古学上，"三河"地区亦属以洛阳为中心的"中原汉墓区"的核心地带[19]。鹤壁后营汉墓位于河内郡的北部，地理上既属于三河地区，又距离洛阳中心较远，其文化内涵与中原汉墓既有相同之处，又有部分差别。从墓葬形制和随葬品组合及器物形态来看，后营汉墓总体上与以洛阳地区为代表的中原汉墓相一致。竖穴土坑、弧顶洞室、穹隆顶前堂后室墓葬的出现与流行时间从早到晚与中原地区汉墓发展节奏基本同步；合葬墓非常流行，并且大部分是同穴合葬，其中不少夫妻合葬墓以不同形式体现"男尊女卑"的观念。随葬品从早期的鼎、壶类礼器组合，到灶、井、仓，再到晚期盒、案、勺、杯、斗等日用器组合，显示汉代逐步"生活化"的丧葬观念的发展演变。

但与此同时，一些独特的墓葬与器物形态的存在，也表明其具有一定的区域特征。例如这批汉墓中弧顶洞室墓发达，而少见前堂横列式；双后室斜向相聚呈"大"字形及前堂后室"吕"字形墓的形制也很特别。随葬品中变形星云镜、五乳枝叶纹镜都少见或不见于他处;陶礼器组合中少见敦;陶楼和一些动物俑如鸡、犬等少见,但鸱鸮俑极富地域特色,还多见牛拉车俑;器物形态中博山炉不见浅盘形底座,特色鲜明。这些特点在附近安阳、新乡等地的汉墓中也能见到。可见作为中原汉墓区的组成部分,后营汉墓在表现出与中原相一致特点的同时,又带有所处豫北地区自身的区域特征。

已有的汉代河内郡墓葬材料中,比较集中的是位于中部与南部的现新乡、济源、焦作一带的墓葬,数量已达上千座;而河内郡北部的汉墓则比较零散,目前仅有鹤壁浚县、淇县、安阳市郊等地不到百座的汉墓[20]。因此,20世纪90年代清理鹤壁后营的这批百余座汉墓,不仅补充了汉代河内郡北部地区的新资料,为鹤壁及其周边汉墓分期提供编年参照,而且为进一步完善关于汉代丧葬习俗、文化内涵、年代序列乃至区域之间相互关系等方面的认识也提供了重要信息。

附记:参加发掘的人员有鹤壁市文物工作队张长安、霍保臣、司玉庆、牛合兵。线图由鹤壁市文物工作队司玉庆、霍保臣、程珊珊,上海大学历史系穆友江山、汪露、杨谦、曹峻等绘制,拓本由穆友江山、程珊珊、赵晓瑞制作,照片由蔡强拍摄。

执笔者　曹　峻　牛合兵　赵晓瑞

注　释

[1] 洛阳区考古发掘队:《洛阳烧沟汉墓》第113页,科学出版社,1959年。

[2] 郑州大学历史学院考古系:《新乡李大召:仰韶文化至汉代遗址发掘报告》第348页,科学出版社,2006年。

[3] 洛阳区考古发掘队:《洛阳烧沟汉墓》第102页,科学出版社,1959年。

[4] 孔祥星、刘一曼:《中国古代铜镜》第66页,文物出版社,1984年。

[5] 洛阳区考古发掘队:《洛阳烧沟汉墓》第102页,科学出版社,1959年。

[6] 郑州大学历史学院考古系:《新乡李大召:仰韶文化至汉代遗址发掘报告》第339页,科学出版社,2006年。

[7] 洛阳区考古发掘队:《洛阳烧沟汉墓》第97页,科学出版社,1959年。

[8] 洛阳区考古发掘队:《洛阳烧沟汉墓》第169页,科学出版社,1959年。

[9] 河南省文物局:《淇县大马庄墓地》第119页,科学出版社,2013年。

[10] 河南省文物局、郑州大学历史学院考古系等:《新乡老道井墓地》第86页,科学出版社,2011年。

[11] 洛阳区考古发掘队:《洛阳烧沟汉墓》第112页,科学出版社,1959年。

[12] 焦作市文物工作队等：《河南焦作白庄M51汉墓发掘简报》，《中国国家博物馆馆刊》2012年第7期。

[13] 洛阳区考古发掘队：《洛阳烧沟汉墓》第115页，科学出版社，1959年。

[14] 洛阳区考古发掘队：《洛阳烧沟汉墓》第102、103页，科学出版社，1959年。

[15] 孔祥星、刘一曼：《中国古代铜镜》第86页，文物出版社，1984年。

[16] 山西省考古研究所侯马工作站：《山西侯马东周、两汉墓》，《文物季刊》1994年第2期。

[17] 朱津：《三河地区汉墓研究》第87页，郑州大学博士学位论文，2015年。

[18] 周振鹤：《西汉政区地理》第129页，人民出版社，1987年。

[19] 中国社会科学院考古研究所：《中国考古学·秦汉卷》第392页，中国社会科学出版社，2010年。

[20] 据朱津博士学位论文所列资料统计。参见朱津：《三河地区汉墓研究》第19～23页，郑州大学博士学位论文，2015年。

附表　1990年度、1991年度、1994年度、1995年度发掘的103座汉墓登记表

序号	资料号	名称	时代	形制	墓向（度）	人骨、头向	随葬器物（件）	备注
1	134	90H1M54	东汉早期	穹隆顶前堂双后室	15	无存	陶瓮2、罐2、灶1	
2	135	90H1M55	东汉早期	拱券顶长方形土坑	355	2具，头北足南	陶量1、盘1、奁1、魁1、俑1、井2、缸2、瓮1、仓1，铜镜1，铜钱80	
3	139	90H1M56	东汉早期	拱券顶长方形单室	未清理	3具，头北足南	陶灶1、罐1、仓3、甑1	
4	140	90H1M57	西汉中期	长方形竖穴土坑	359	2具，头北足南	陶罐1，五铢铜钱2	
5	141	90H1M58	不明	拱券顶长方形单室	不明	无存	不明	扰甚
6	142	90H1M59	东汉早期	拱券顶长方形单室	北	2具	陶瓮1、俑1、壶3、鼎1、仓5、奁1、量1、盘2、耳杯1、釜1，铜镜1，铁环首刀1	
7	143	90H1M60	东汉早期	前堂弧顶，前室四角攒尖，双斜后室	1	无存	不明	扰甚
8	146	90H1M63	新莽	拱券顶多室	北	头北足南	陶罐1、耳杯1、盘1、猪圈1、灶1、壶1、缸1，铜钱2	
9	148	90H1M64	不明	不明	不明	无存	不明	残甚

续附表

序号	资料号	名称	时代	形制	墓向（度）	人骨、头向	随葬器物（件）	备注
10	149	90H1M65	汉代	不明	不明	无存	陶碗1、罐1、甑1、釜1	残甚
11	150	90H1M66	不明	不明	不明	无存	不明	残甚
12	151	90HHM1	东汉早期	拱券顶长方形单室	15	碎乱	陶器20，铜镜1，铜钱40，铁剑1，棺钉1	
13	152	90H1M67	不明	不明	不明	无存	不明	残甚
14	180	91H1M72	东汉	拱券顶长方形土洞	351	无存	陶器4，铁剑1，五铢铜钱6	
15	181	91H1M73	东汉	拱券顶长方形土洞	357	无存	陶壶1、罐1、瓮1，铁剑1	
16	182	91H1M74	东汉	拱券顶长方形单室	4	无存	陶壶1、罐2、仓2、瓮1	
17	183	91H1M75	不明	拱券顶长方形土洞	355	无存	不明	残甚
18	184	91H1M76	不明	拱券顶长方形双室	356	无存	陶灶1、壶1	残甚
19	185	91H1M77	汉代	长方形竖穴土坑	347	无存	陶瓮、罐残片	
20	186	91H1M78	汉代	长方形竖穴土坑	南北	无存	残陶罐1	
21	187	91H1M79	东汉中晚期	长方形竖穴土坑	340	无存	碎陶片3，五铢铜钱1	
22	188	91H1M80	不明	长方形竖穴土坑	不明	无存	不明	残甚
23	189	91H1M81	东汉	拱券顶长方形单室	0	无存	陶仓4、壶3、罐4、鼎1、井1、熏炉1、勺1、盆1、瓮1	
24	190	91H1M82	西汉中期	拱券顶长方形砖室	南北	头北足南	陶小盆1、仓3、坐俑1、瓮1（瓮破碎未收集），铜钱3	
25	191	91H1M83	东汉	拱券顶长方形单室	南北	头北足南	陶高领罐1、仓2、罐4、灶1、小壶1（仅收集罐2、小壶1）	
26	194	91H1M86	东汉	拱券顶长方形土坑	东西	无存	陶器3，未收集	
27	195	91H1M87	不明	不明	不明	不明	不明	残甚

序号	资料号	名称	时代	形制	墓向（度）	人骨、头向	随葬器物（件）	备注
28	202	91HlM94	东汉早期	拱券顶长方形单室	5	3头骨，其中一头骨下为四肢骨叠放于脊椎位置。另2头骨其一位于前头骨东侧，另一位于墓室南端	陶壶5、钵1	
29	203	91HlM93	东汉	拱券顶刀字形墓室	90	无存	陶魁1、瓮1、耳杯1，五铢铜钱10	
30	204	91HlM95	东汉	拱券顶长方形单室墓	352	1具，头北足南	陶三足罐1、井1、灶1、釜2、器盖4、耳杯2、奁1、仓10、盘1、瓮1、罐1、俑4、车1、牛3、犁1、水桶1	
31	205	91HlM96	东汉中晚期	拱券顶长方形单室	357	无存	陶耳杯3、瓮1、钵2、鼎1、灶1、壶5、井1、盆1、熏炉1、熏炉托盘1、罐2、器盖1，铜镜1，铜钱1	
32	206	91HlM97	不明	不明	不明	无存	不明	残甚
33	207	91HlM98	王莽至东汉早期	穹隆顶前堂后室	北	无存	扰乱填土内发现饰有白色彩绘的陶案、壶、仓残片	
34	208	91HlM99	东汉晚期	拱券顶长方形土洞	5	1具，不明	陶灶（釜）1、井（桶）1、甑1、瓢1、量1、牛3、罐3、樽1、魁1、俑6、车1、鼎1、釜1、仓4、钵1、犁1	
35	209	91HpM11	不明	不明	不明	无存	不明	残甚
36	210	91HlM100	东汉中晚期	拱券顶长方形单室	5	无存	陶灶1、壶1，壶内有谷（粟）粒	
37	211	91HlM101	东汉	拱券顶长方形土洞	350	无存	陶仓等残片	
38	212	91HlM102	东汉中晚期	拱券顶长方形土洞	0	2具，头北足南	陶灶1、瓮1、盘2、耳杯2、仓4、壶2、量1、甑1	
39	213	91HlM103	东汉早中期	拱券顶长方形土洞	358	1具，朽蚀严重	陶罐1、仓1	

续附表

序号	资料号	名称	时代	形制	墓向（度）	人骨、头向	随葬器物（件）	备注
40	214	91H1M104	西汉晚期	拱券顶长方形土洞	350	2具，朽蚀严重	陶罐2、三足罐1、鼎1、灶1、奁1、小壶1、小瓢1、铜镜1	
41	215	91H1M105	东汉中晚期	穹隆顶前堂后室	100	2具	陶耳杯3、案、方盒，铁魁1	
42	216	91H1M106	东汉早期	拱券顶长方形单室	340	无存	陶瓮2、厕所1、耳杯5、器盖1、鼎1、小罐1、三足仓1、壶2、樽1、井1，铁环首刀3，铜钱7（大布黄千3、大泉五十4）	
43	217	91H1M107	西汉中期	拱券顶长方形土洞	15	2具，不明	陶彩绘盆1、盆1、耳杯3、樽1、量1、鼎1、壶3、仓4、仓盖1、壶盖1、罐1、勺2、瓢1、甑1、铜带钩1、镜1、五铢铜钱5，铁匕1	
44	218	91H1M108	不明	不明	不明	无存	不明	残甚
45	219	91H1M109	不明	拱券顶长方形砖室	13	无存	不明	残甚
46	220	91H1M110	东汉	拱券顶长方形单室双耳室，平面呈中（十）字形	13	无存	陶钫1、罐1、灶1	
47	222	91H1M112	西汉中晚期	拱券顶长方形单室双耳室	10	2具，不明	陶罐5、脂盒2、量1、鼎足2，铜钱1	
48	223	91H1M113	东汉	拱券顶长方形单室	8	无存	陶小壶1、罐7、壶5、小盅1、耳杯1、瓢1、钵1、鼎1、瓮4、灶1、盆1、勺1、三足罐1、魁1、猪圈1、井栏1、仓6,铜壶1,饰件若干,铁帐钩1	
49	224	91H1M114	东汉	拱券顶长方形单室	18	无存	陶樽1、盘2、仓5、壶2、瓮2、灶1、鼎1、井1，铜钱27	
50	225	91H1M115	汉	拱券顶长方形单室双耳室	18	无存	陶罐5、壶1、瓮1，铜釜1，铜钱数枚	

续附表

序号	资料号	名称	时代	形制	墓向（度）	人骨、头向	随葬器物（件）	备注
51	226	91HlM116	不明	拱券顶与土洞结合	0	无存	陶壶2、罐4、仓4，铜钱13	
52	227	91HlM117	东汉	拱券顶长方形单室	5	无存	陶量1、樽1、瓮1、器盖1、盘1、仓1	
53	228	91HlM118	不明	不明	不明	无存	不明	残甚
54	229	91HlM119	东汉早期	拱券顶长方形单室	8	2具，头北足南	陶罐1、仓2、案1、耳杯1、魁1、盆1、盘3、壶2	
55	230	91HlM120	西汉晚期	穹隆顶前堂后室	5	2具，头北足南	陶瓮2、灶1、甑1、壶4、仓3、魁1、灯1、熏炉1、盘4、器盖5、耳杯2、奁1、量1、勺1、盆1、鼎2、樽1、洗1、案1、井1，铜带钩1、镜1、釜1，铁环首刀1、钩1	
56	231	91HlM121	汉代	拱券顶长方形单室	5	1具，不明	陶壶2、瓮1、罐1、樽1、耳杯1、灶1、鼎1、盘1、器盖1，铁剑1	
57	232	91HlM122	东汉早期	拱券顶，双后室斜向并拢于前堂	16	2具，不明	陶仓2、樽1、案1、壶5、器盖2、罐2、量1、盒1、耳杯2、缶1、鼎1、灯1、鸥鹈俑1，铁环首刀1	
58	233	91HlM123	不明	不明	不明	无存	不明	残甚
59	234	91HlM124	东汉中晚期	拱券顶，平行双后室	5	3具，其中儿童遗骨位于东耳室口	陶罐2、灶1，铁环首刀1	
60	235	91HlM125	汉代	拱券顶长方形土洞	15	无存	陶灶1、碗1、瓮3	
61	236	91HlM126	西汉中晚期	拱券顶长方形土洞	15	2具，头北足南	陶瓮2、大罐3、高领罐2、小罐1、仓2	
62	237	91HlM127	东汉早期	拱券顶长方形单室	15	2具，头北足南	陶罐2、壶2、灶1、仓1、小仓2，铁环首刀1	

续附表

序号	资料号	名称	时代	形制	墓向（度）	人骨、头向	随葬器物（件）	备注
63	238	91HlM128	东汉早期	拱券顶长方形单室	20	3具，不明	陶壶6、瓮2、罐3、仓4、盘2、杯1、耳杯2、奁1、井1、灶1、鼎1，铜钱19	
64	239	91HlM129	东汉早期	拱券顶长方形土洞	15	1具，头北足南	陶俑2、耳杯2、量1、奁1、罐2、井1、灶1、甑2，铜钱3	
65	240	91HlM130	不明	不明	不明	无存	不明	残甚
66	241	91HlM131	西汉晚期	拱券顶长方形单室	10	无存	陶小罐1、大罐1、瓮1、折腹罐3	
67	242	91HlM132	不明	拱券顶长方形单室	13	无存	不明	残甚
68	244	91HlM134	东汉早期	穹隆顶前堂后室	15	1具，头北足南	陶罐1、仓3、博山炉1、壶4、盉2、托盘1，铜镜1，铜钱13	
69	245	91HlM135	东汉	穹隆顶前堂后室	12	无存	不明	残甚
70	246	91HlM136	不明	不明	不明	无存	不明	残甚
71	248	91HlM138	东汉	穹隆顶前堂后室	5	无存	铜钱9	
72	249	91HlM139	东汉	拱券顶长方形土洞	350	1具，头北足南	陶罐4、瓮1、井1、灶1	
73	250	91HlM140	不明	竖穴土坑	5	1具，头北足南	不明	残甚
74	251	91HlM141	不明	不明	不明	无存	不明	残甚
75	252	91HlM142	东汉早期	前堂穹隆顶，并列双后室为弧顶	5	2具，不明	陶器21，铁器4，铜钱若干	
76	254	91HlM143	不明	拱券顶大字形双室	不明	2具，头北足南	陶器8，五铢铜钱18	
77	255	91HlM144	东汉早期	拱券顶长方形单室	13	2具，不明	陶器8，铜钱40	
78	368	94HlM234	东汉早期	拱券顶双墓道双墓室	350	无存	陶罐1、小罐3、灶1、仓7、樽1、甑2、仓盖1、鼎1、三足小罐1、器盖2、盆1、瓢1	

序号	资料号	名称	时代	形制	墓向（度）	人骨、头向	随葬器物（件）	备注
79	369	94HlM235	不明	拱券顶长方形土洞	98	无存	陶罐1	
80	370	94HlM236	东汉	拱券顶长方形单室	265	无存	不明	残甚
81	371	94HlM237	东汉早期偏晚	拱券顶长方形土洞	355	无存	陶樽1、耳杯1、瓢1、耳杯1、壶1、大罐1	
82	372	94HlM238	东汉	拱券顶长方形单室	10	无存	陶仓2、罐1	
83	373	94HlM239	东汉早期或稍早	拱券顶长方形单室	357	1具，不明	不明	残甚
84	374	94HlM240	东汉中晚期	拱券顶土洞，异穴双墓室、双墓道	358	无存	陶仓1、鼎1、灶1、碗1，铁剑1	
85	375	94HlM241	不明	拱券顶双墓室、单墓道	350	无存	陶壶1、扁壶1、托盘1、器盖1、罐1、奁盘3、耳杯1、灶1、勺1、甑3、铁釜2、锅1、剑1、环首刀1、五铢铜钱250	
86	376	94HlM242	西汉中晚期	拱券顶双墓室、双墓道	80	无存	陶罐1、釜1、铜洗1	
87	377	94HlM243	西汉	拱券顶长方形单室	10	无存	不明	残甚
88	378	94HlM244	东汉早期	平顶空心砖	347	无存	陶器9，五铢铜钱1	
89	380	94HlM249	东汉早期	拱券顶长方形单室	5	2具，头北足南	陶小仓4、井1、水罐1、灶1、樽1、俑1、量1、罐1、仓5、壶1、小瓮1、牛3、车1、俑1、铜镜1，五铢铜钱30	
90	381	94HlM250	不明	拱券顶长方形单室	10	无存	陶瓮2、仓4、壶1、罐1、鼎1、井1、灶1、盘1、铜镜1、带钩1、铁剑1、环首刀1	
91	382	94HlM251	东汉	拱券顶长方形单室	15	无存	陶壶1、盆1、盖1，五铢铜钱1	

序号	资料号	名称	时代	形制	墓向（度）	人骨、头向	随葬器物（件）	备注
92	383	94HlM252	东汉	拱券顶长方形单室	10	无存	陶车1、牛2、井1、罐4、大罐1、仓5、鼎1、量1、坐俑1、小瓮2、耳杯2、灶1、碗1、勺1、俑1	
93	384	94HlM253	东汉	拱券顶长方形单室	5	无存	陶壶3、瓮2、井1、罐2、仓3、俑1、托盘1、耳杯1	
94	390	95HlM254	东汉	穹隆顶单室	10	无存	陶罐2、盒3、托盘1、壶1、耳杯9、盘1、井1	
95	391	95HlM255	东汉中晚期	双穹隆顶前堂后室	350	散乱碎骨，朽甚。后室西侧发现两具棺灰线，靠近中间的棺灰线外发现头骨	陶器24，铁器9，铜器1，五铢铜钱4	
96	392	95HlM256	东汉中晚期	双穹隆顶前堂后室	355	无存	陶器20，铁器3，铜器1，五铢铜钱30	
97	397	95HlM257	不明	拱券顶长方形单室	5	无存	不明	残甚
98	398	95HlM258	东汉早期	拱券顶长方形单室	5	无存	灶1、鼎1、小仓2、井1、小罐3、盘2、耳杯3、瓮2、仓3、小瓮1、壶3，铜钱2	
99	399	95HlM259	东汉前期	拱券顶长方形土洞	10	无存	陶器5	
100	400	95HlM260	不明	拱券顶长方形单室	6	无存	不明	残甚
101	401	95HlM261	不明	拱券顶长方形土洞	南北	无存	不明	残甚
102	402	95HlM262	不明	不明	不明	无存	不明	残甚
103	403	95HlM263	西汉晚期	平顶空心砖	10	无存	陶器6	

Brief Report on the Excavation of Han Dynasty Cemetery at Houying in Hebi City, Henan

Hebi City Cultural Relics Working Team and School of Cultural Heritage and Information Management, Shanghai University

KEYWORDS: Hebi City   Houying   Han Tomb

ABSTRACT: In the first half of the 1990s, the Hebi City Cultural Relics Working Team excavated more than 100 Han tombs in Houying Village, Shancheng District, Hebi City. Tomb types include pit tombs, flat-roofed hollow-brick tombs, arched brick tombs, and vaulted brick tombs. In total 793 grave goods made of pottery, bronze and iron along with 559 bronze coins were retrieved. These tombs date to four periods ranging from the middle Western Han, late Western Han, Xin Dynasty through the early Eastern Han to the mid-late Eastern Han. Tomb cultural attributes are identical with those in the Central Plains, and meanwhile, show the regional characteristics in the northern Henan. As an integral part of the Central Plains Han tomb region, the excavation of the Houying Han tombs has filled the gap of archaeological data in the northern part of Henei Commandery during the Han Dynasty.

（特约编辑　新　华）

北京市房山广阳城遗址调查勘探简报

北京市文物研究所

关键词： 北京　广阳城　城址　汉代

内容提要： 广阳城遗址是北京房山区一座重要的古代城市遗址。2018年8月，利用广阳城遗址内各种建设形成的取土坑壁、断面修整的考古地层，再结合已有的发掘资料等，有针对性地进行调查、勘探，确定了广阳城的具体位置，对城垣四至进行了准确测量定位，厘清了城址的范围与高程，以及城垣形制与夯层结构，并勘探出部分护城河遗迹。另外，还确定了城内东西、南北两条主干道，为明确各城门位置及形制结构提供了信息。采集到筒瓦、板瓦及瓦当等建筑材料，陶釜、罐、豆、盆等日用器，以及陶纺轮、陶范、铜镞、铜弩机、五铢钱等遗物。同时，城外墓葬区、城内外水井、道路等其他遗迹的发现，为今后广阳城的保护、发掘和研究提供了重要参考。

广阳城遗址位于北京市房山区良乡镇广阳城村，在哑叭河和九子河交汇处略西南，小清河从遗址东北及东侧流经，中心地理坐标为北纬39°44′46.60″、东经116°10′59.34″（图1）。20世纪50年代、60年代和90年代，北京市文物部门曾对广阳城遗址进行过考古调查[1]。1997年，对广阳城西城门进行了发掘[2]。2006年，大葆台汉墓博物馆对广阳城进行过专题调查[3]。2018年8月，为配合广阳城遗址区域的相关工程建设，北京市文物研究所再次对其进行了调查、勘探，在前几

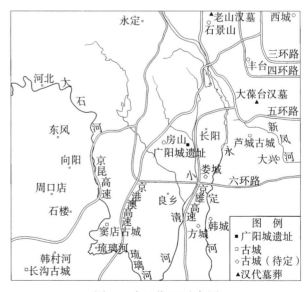

图1　遗址位置示意图

次工作成果的基础上，充分利用各种建设形成的取土坑壁、断面，结合原有资料进行了有针对性的调查、勘探，厘清了部分城垣走向与结构、地层与堆积关系，绘制了城址平面图，采集了部分遗物，现将调查勘探结果简报如下。

一、调查勘探情况

遗址范围现为道路、村庄、取土坑和渣土堆场，其间伴有杂草和树木，中部为南广阳城村民房。地表几乎不见遗物，但取土坑内散落较多各类遗物，坑壁可见文化堆积与遗物。

地表已无城墙遗迹。勘探表明，现地表下0.5～2.1米处可见城垣夯土，于第2层下，墙基底距地表深1.7～4.5米。城址平面近方形，北为长阳路，东距小清河边60～185米，西邻长于大街。四周城垣皆有发现，但不完整，勘探查明

图2　遗址调查勘探平面图

城垣夯土共6段，包括东垣中段、西垣北段和西垣南段、南垣西段和南垣中段偏东部、北垣西段南侧一部分（图2）。勘探结果与此前报道数据有些出入，城墙上宽3.2～17.8、底宽19.6～23米，西垣1号剖面墙基高程41.7752～41.8437、东垣剖面墙基高程40.4046～41.0883米，地形大致平坦，西北略高、东南稍低。城垣基本上为正方向，略偏西1～2度（附表1）。结合20世纪90年代考古勘探成果，复原出广阳城东垣长670、西垣长680、南垣长660、北垣长660米，周长2670米。

（一）城垣

东垣　东临小清河，北段近长阳路、绿化带和硬化路面未勘探，南段为渣土堆场，未勘探。仅探出东垣中段，位置在北距长阳路110米处，长235、宽20.2～22.5、夯土墙高1.05～1.9米。

西垣　紧邻长于大街，与北垣转角处为长阳路占压，未勘探，中段有南广阳城村民房，未勘探。仅勘探出西垣北段和南段。北段长260、宽20.5～22.8、夯土墙高1.7～2.2米，南段长125、宽21～23、夯土墙高1.7～2米。未发现角楼遗迹。

南垣　位于南广阳城村南约70～110米处，中段和东段被渣土覆盖。勘探出南垣西段和中段偏东部分。南垣西段长290、宽20.6～22.5、夯土墙高1～2.4米，中部偏东段长40、宽21～22.4、夯土墙高1～2.5米。

北垣　被长阳路及其南侧绿化带占压，未能全面勘探，仅在绿化带中探出北垣西段一段，长45、宽4米（仅为北垣的一部分，因城墙体在长阳路下，城墙宽度未能探明）、夯土墙高1.3～2.1米。

本次调查勘探，利用取土坑壁刮出城垣剖面3处，其中东垣1处、西垣2处。

东垣剖面　城垣上部宽11.7、底宽20.8、夯土层厚1.1～1.8米，夯层22层（图3）。夯层厚薄不一，最厚0.18、最薄0.04米。有较分散的夯窝，最大径0.1、一般径0.05、深0.05～0.06米（附表2）。夯层中多含有碎陶片、礓石颗粒等。

西垣剖面　分别为1号和2号剖面。1号剖面显示，城垣上宽4.8、底宽21.2、夯土墙高0.5～1.92米，夯层19层。夯层厚薄不一，最厚0.25、最薄0.04米。有夯窝迹象，较分散，最大径0.08、一般径0.05～0.06、深0.05～0.06米。夯层中有碎陶片和炭粒等（图4；附表3）。2号剖面显示，城垣上宽3、底宽21.3、夯土墙高0.1～1.94米，夯层19层。夯层厚薄不一，最厚0.32、最薄0.04米。有夯窝迹象，较分散，最大径0.08、一般径0.05、深0.05～0.06米。夯层中多有碎陶片、礓石颗粒等（图5；附表4）。

（二）城门

广阳城的城门，因东、南两面城门处堆有渣土，西、北两面墙被地铁站和广阳路占压，故未发掘。参考《图说北京史》"广阳城复原图"[4]及此前资料，结合城内两条主干道位置及走向，似可寻到城门的线索。

西城门曾于1997年进行过发掘[5]，位于西垣中部，所在位置已建广阳城地铁站，城内东西向干道直通西门即可为证。东城门情况不明，东西向干道被取土坑破坏，无法指示准确位置。南北向干道指示南城门和北城门的位置，在南城门内、外发现的道路遗迹可帮助判断南城门所在位置，但由于该处堆有渣土，城门形制及保存情况等未能查清。北城门因有干道直接通往，判断干道与城垣结合处即是北城门所在位置。由于北城门地处长阳路及绿化带中，城门形制及保存情况等亦暂不可知。

（三）护城河

护城河的发现是本次勘探的重要成果之一，仅在西垣南段和南垣西段外侧发现有护城河遗迹，全长310米。其中西垣南段外护城河长110、河道宽10～21、深6～8.3米，河口距西垣外侧27～31米。南垣西段外护城河长200、河道宽12～22、深6～8.2米，河口距西垣外侧28～32米。护城河内填土有黑色淤泥土，含少量碎陶片、木炭粒。城外四周是否存在绕城一周的护城河，有待今后究明。

（四）道路

城内发现汉代道路3条（L1、L3、L5）、汉代踩踏面2处、晚期道路2条（L2、L4），分别叠压在L1、L3之上。

L1　东西向主干道，位于城内中部。南边线距南城垣外墙310～340米，从西城门向东直线延伸，长350、宽15～19、深2.6～3.1、厚0.5米，内有碎陶片。

L3　南北向主干道，位于城内中部，已探明南、北两段，中段在南广阳城村，未探。西边线距西城垣外墙350～360米。北段长约320、宽12～18、深2.7～3、厚0.3米，南段长约58、宽12～18、深2.6～3.1、厚约0.3米，内有碎陶片。

L5　南北向不规则道路，位于城内东北部，首尾皆不明。东端起点距东垣外墙145～170米，长118、宽6～9、深3.2、厚0.1～0.3米。

此外，在城墙西南转角两侧发现有断续踩踏面，厚0.12米，在西垣2号剖面东端夯土层下发现1处踩踏面，厚约0.1米，范围不明。

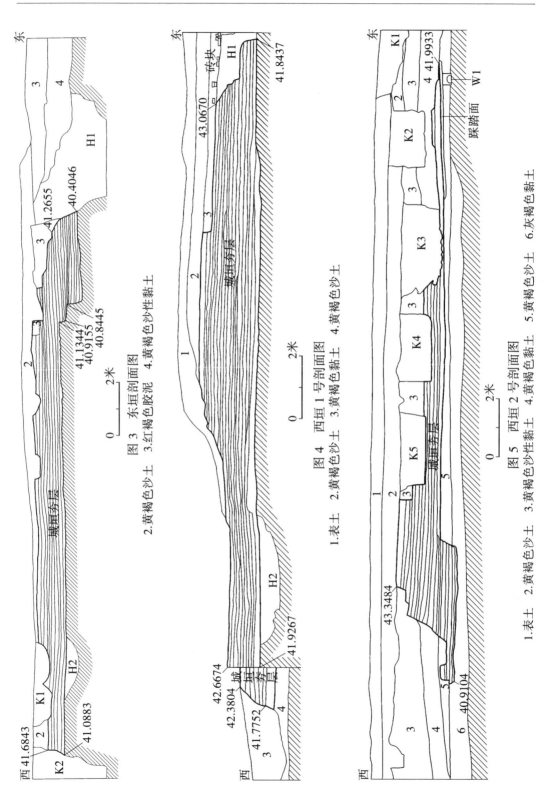

图 3　东垣剖面图
2.黄褐色沙土　3.红褐色胶泥　4.黄褐色沙性黏土

图 4　西垣 1 号剖面图
1.表土　2.黄褐色沙土　3.黄褐色黏土　4.黄褐色沙土

图 5　西垣 2 号剖面图
1.表土　2.黄褐色沙土　3.黄褐色沙性黏土　4.黄褐色黏土　5.黄褐色沙土　6.灰褐色黏土

晚期（明清）道路2条。

L2　东西向道路，叠压在L1之上，长340、宽9～15米，分两层，上层深0.3～1.2、下层深1～1.7、厚皆0.3～0.5米，内含砖渣、瓷片。

L4　南北向道路，叠压在L3之上，分为南、北两段，北段长330、宽9～15、深1.4～1.6、厚0.1～0.3米，南段长56、宽14～16、深1.3～1.6、厚0.1～0.3米，内含砖渣。

（五）水井

发现汉代水井4眼。J1位于城内中部，开口距地表深4、直径1.5、深7米，未见底，内填黑色淤泥。J2位于城内西北部，开口距地表深3.5、直径3.5、深7.5米，内填黑色淤泥。J3位于城内东部取土坑东南，悬挂于取土坑壁，为砖券井，直径1.2米，内含少量碎陶片。J4位于城内东部取土坑东南，直径0.8米，地面见陶井圈，井圈外壁饰绳纹。

（六）其他遗迹

在西垣2号剖面处发现瓮棺1座，开口距地表深2.4米，南北向，瓮棺长1.6、宽0.4米，为三釜套接，内有少量人骨。此外，在广阳城遗址内勘探出晚期水井2眼、灰坑6个、窑址5座、明清墓葬1座等。

考古勘探出向南出城道路一段，为南北向主干道南向延伸段，长约27、宽17～19、深2.6～3.1、厚约0.3米。

二、地层堆积

遗址范围内有数个规模不等的取土坑和多处断面，我们刮铲出城址西垣北段、东垣中段和城内东北部等3处断面，寻找到有关道路叠压关系的1处剖面，堆积状况如下。

（一）西垣北段（见图4；图5）

第1层：表土，灰褐色，疏松，内含大量植物根系及现代建筑垃圾。厚0.5～0.6米。

第2层：黄褐色沙土，较疏松，内含少量现代建筑垃圾。厚0.3～0.6米。城垣夯土，黄褐色，致密，内含少量碎陶片等。厚0.1～1.94米。

第3层：黄褐色沙性黏土，较致密，内含碎砖块及烧土粒。厚0.3～1.9米。

第4层：黄褐色黏土，较致密，内含碎陶片、砖渣等。厚0.02～0.74米。踩踏面，浅褐色，致密。厚0.08～0.1米。踩踏面下发现瓮棺葬1座。

第5层：黄褐色沙土，较致密，内含少量碎砖渣等。厚0.2～0.36米。

第6层：灰褐色黏土，较致密，内含少量灰陶片。厚0.45～1.1米。

该层下为生土。

（二）东垣中段（见图3）

第1层：表土，青灰褐色，疏松，内含植物根系与建筑垃圾，部分区域被揭取。厚0.1～0.6米。

第2层：黄褐色沙土，较疏松，有明显淤积现象。厚0.08～0.8米。城垣夯土，黄褐色，较致密，内含礓石颗粒、炭粒等。厚1.1～1.8米。城垣夯土下发现灰坑1个。

第3层：红褐色胶泥，致密，分多层淤积而成。厚0.06～1.08米。胶泥层间有多层厚0.01～0.03米带水锈的黄色沙土。

第4层：黄褐色沙性黏土，较致密，内含大量碎陶片、礓石粒、烧土粒、炭粒等，堆积较均匀。厚0.28～1.14米。此层下发现1个灰坑。

该层下为生土。

（三）城内东北部（图6）

第1层：表土，灰褐色，疏松，内含植物根茎和建筑垃圾。厚0.1～0.2米。

第2层：灰褐色沙土，疏松，内含少量植物根茎，偶见碎瓦砾。深0.2～1.3、厚1.1～1.2米。

第3层：深灰色黏性沙土，较致密，内含少量瓷片、釉陶片和灰陶片。深1.3～1.7、厚0.3～0.4米。

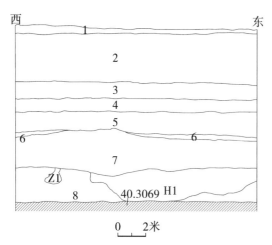

图6 城内东北部取土坑剖面（P1）图
1.表土 2.灰褐色沙土 3.深灰色黏性沙土 4.灰褐色黏土 5.黄褐色沙土 6.红褐色胶泥 7.灰褐色黏土 8.深灰色黏土

第4层：灰褐色黏土，较致密，内含少量瓷片、陶片。深1.7～2、厚0.28～0.32米。

第5层：黄褐色沙土，较疏松。深2～2.6、厚0.4～0.6米。

第6层：红褐色胶泥，致密，呈块状，内含少量烧土粒、白灰粒等。深2.6～2.7、厚0.02～0.12米。

第7层：灰褐色黏土，较致密，颗粒粗大，内含碎砖块、陶片、石子、木炭等。深2.7～3.3、厚0.62～1.1米。此层下发现陶灶1个、灰坑1个。

第8层：深灰色黏土，致密，内

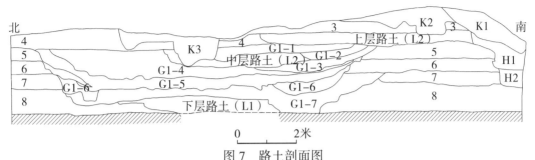

图7 路土剖面图
上层.灰褐色路土 中层.灰褐色路土 下层.青灰色、黄褐色路土

含大量陶片、筒瓦、板瓦，少量碎石块、木炭粒、烧土粒等。深3.3～4.1、厚0.6～0.8米。

该层下为生土。

（四）路土剖面

位于城内西部，距西垣约50米，共有3层（图7）。

上层对应L2，距现地表深0.2～0.9、南北宽7.2、厚0.12～0.3米。路土，灰褐色，较硬，致密，内含少量碎砖块、瓷片、烧土粒等。表面不平，部分被破坏，有6道车辙痕。车辙宽0.2～0.3、深0.1～0.15米。

中层对应L2，距现地表深1～1.5、南北宽4.95、厚0.2～0.5米。路土，灰褐色，较硬，内含少量碎砖块、陶片、瓷片、烧土粒、炭粒等，路面有起伏。

下层对应L1，为汉代东西向主干道。距现地表深2.9～3、南北宽5.5、厚0.15～0.55米。上为青灰色土、下为黄褐色土，较硬、致密，内含少量碎陶片、石块、料礓石等，路面有起伏，分布6道车辙痕。车辙间距1.4、宽0.1～0.16、深0.12～0.18米。

三、遗 物

此次调查，采集到一些遗物。在城内东北部取土坑剖面地层中拣选出部分遗物，多为筒瓦、板瓦及瓦当等建筑材料，其次为陶釜、罐、豆、盆等日用器，另有陶纺轮、陶范、铜镞、铜弩机、五铢钱和瓷碗等。采集标本编号为"C：1"等，剖面地层中的标本编号为"P1"，如"P1H1：3"等。采集典型纹饰陶片8件，有间断绳纹（图8，1、4、6）、几何纹（图8，2）、绳纹（图8，3、5、8）、网格纹（图8，7）等。

板瓦 1件（C：41）。泥质灰陶。模制。凸面饰绳纹和凸弦纹，凹面饰方格纹。残长43.3、残宽25、胎厚2厘米（图9，3；图版一九，6）。

筒瓦　8件。泥质灰陶7件。C：1，手制兼轮制。凸面饰规整间断绳纹，凹面为素面。残长24.5、宽12.6、厚1.2厘米（图9，1；图10，4；图版二〇，3）。C：2，模制。凸面上部为素面，下部饰竖向粗绳纹，凹面饰布纹，烧制

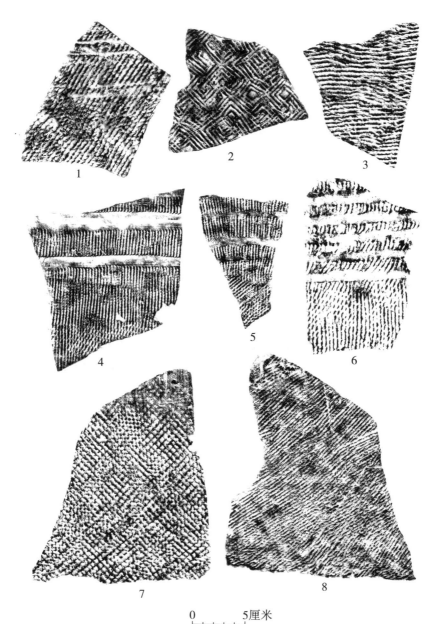

0 _____ 5厘米

图 8　采集陶器纹饰拓本

1、4、6.间断绳纹（C：43、C：46、C：48）　2.几何纹（C：44）　3、5、
8.绳纹（C：45、C：47、C：50）　7.网格纹（C：49）

粗糙。残长22.5、宽12.2、厚1.4厘米（图9，4；图10，1；图版一九，5）。
C：4，模制。残存上沿，方唇。凸面上部为素面，下部饰竖向绳纹。残长
13.6、宽7.2、厚1.5厘米（图9，2）。C：19，手制兼轮制。凸面饰间断绳纹，
有指压和磨平痕，凹面饰布纹。残长15、宽12.5、厚1.4厘米（图9，10；图
10，5）。C：20，手制兼轮制。凸面饰竖向绳纹，多被抹平，凹面饰布纹。残
长22、宽14.3、厚1.6厘米（图9，12）。C：21，手制兼轮制。凸面饰绳纹，绳

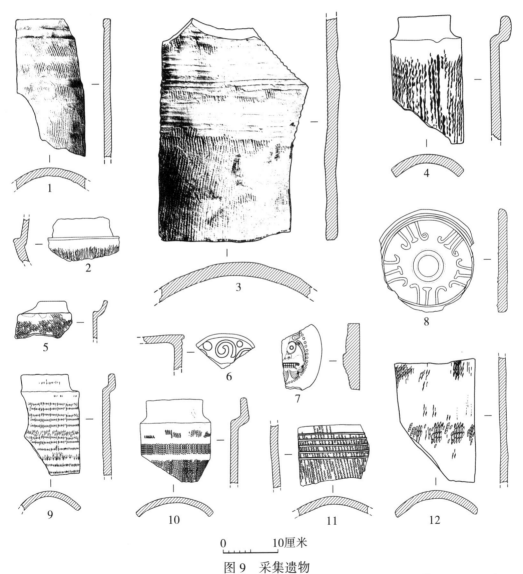

0   10厘米

图9　采集遗物

1、2、4、5、9～12.筒瓦（C：1、C：4、C：2、C：14、C：21、C：19、P1⑧：7、C：20）
3.板瓦（C：41）　6～8.瓦当（C：3、C：26、C：15）

纹被多次抹断，凹面为素面，有指印。残长18.5、宽10.4、厚1厘米（图9，9；图10，2）。P1⑧：7，模制。凸面饰规整的间断绳纹，凹面上部饰三道弦纹，下部饰绳纹。残长12.5、宽11、厚1.5厘米（图9，11；图10，3）。夹云母灰陶1件（C：14），手制兼轮制。残存上部，凸面滚印交错绳纹，凹面为素面，有指印，胎厚薄不匀。残长10、宽7、厚1.3厘米（图9，5）。

瓦当 3件。泥质灰陶。模制。C：3，残，近扇形，当面饰凸起的卷云纹，卷云纹两侧各饰一枚凸起的乳丁。瓦当面长11、宽6、胎厚1.2厘米（图9，6）。C：15，残，边廓一周饰凸弦纹，当面饰花瓣状简化卷云纹，当心有凸出的圆泡。残长17、残宽15.6、胎厚1.5厘米（图9，8；图版二○，4）。C：26，残存右半部。兽面，口、鼻等凸起，口中露獠牙，眉较小，眼凸出，自眼角至下颌刻画有须，胡须较长，分别向两侧卷曲。兽面外侧饰一周乳丁纹。厚1.5厘米（图9，7）。

陶釜口沿 6件。夹砂红陶5件，轮制。C：5，敞口，勾沿，尖唇，斜弧腹。腹饰绳纹。口径35.6、残高13.5厘米（图11，2）。C：6，侈口，勾沿较宽，尖唇，筒形腹，胎体厚薄不均。沿上饰绳纹，有抹平痕迹，腹饰规整绳纹。口径35.6、残高12.5厘米（图11，5；图版一九，3）。C：27，直口，仰折沿，圆唇，筒形腹。素面，烧制粗糙。口径33、残高15厘米（图11，3）。C：31，敞口，折沿，圆唇，溜肩，弧腹。肩饰数道凸弦纹。口径31.5、残高13.3厘米

图10 采集筒瓦纹饰拓本
1、2.绳纹（C：2、C：21） 3～5.间断绳纹（P1⑧：7、C：1、C：19）

（图11，8）。C：34，侈口，仰折沿，唇部残，直腹。腹满饰绳纹。残长13.6、宽11.5厘米（图11，7）。夹云母红陶1件（P1H1：4），手制兼轮制。敛口，折沿，圆唇，溜肩，直腹略弧。肩饰数周凸弦纹，腹饰绳纹不清晰。内壁素面，有指印。胎厚薄不均。口径28.2、残高17.7厘米（图11，6；图版一九，1）。

陶罐　5件。轮制。C：9，夹砂灰陶。残存口沿。直口，圆唇，矮领，弧腹。颈部饰数周凸弦纹，腹饰间断绳纹。口径26.6、残高8.5厘米（图11，1；图版一九，4）。C：17，夹砂红陶。残存口沿。侈口，卷沿，方唇，溜肩。素面。口径48.7、残高9.5厘米（图11，9）。C：35，夹砂红陶。直口，平折沿，尖唇，短颈，圆肩，弧腹。素面。口径28.4、高11.5厘米（图11，11）。C：36，泥质红陶。侈口，平折沿，圆唇，短颈，斜腹。素面。口径22.4、高5厘米（图11，10）。C：10，泥质灰陶。残存器底。平底，器身及底部饰绳纹。底径5.5、残高4厘米（图11，4）。

陶盆　6件。泥质灰陶。轮制。C：8，胎体较厚，残存口沿。敞口，折沿，方唇，斜弧腹。腹饰数周凸弦纹。口径43.6、残高10厘米（图12，7）。C：24，口略敞，平折沿，方唇，沿面有一道浅槽，筒形腹下收，底残。上腹

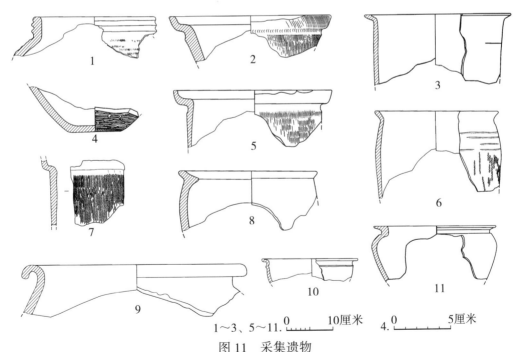

图11　采集遗物
1、4、9～11.陶罐（C：9、C：10、C：17、C：36、C：35）　2、3、5～8.陶釜口沿（C：5、C：27、C：6、P1H1：4、C：34、C：31）

饰凸弦纹，下腹为素面。内壁刻划一条鱼形纹样，鱼头部残失，仅见部分鱼身、尾和鳍等。口径36.9、残高23.5厘米（图12，1）。C：28，残存器底。下腹内收，平底。素面。底径25、残高7.5厘米（图12，4）。P1⑦：2，敞口，仰折沿较宽，方唇，斜弧腹下收。腹部有数道轮旋痕。口径47、残高13.5厘米（图12，6；图版一九，2）。 P1⑧：5，残存口沿。敞口，窄沿，叠唇，溜肩。肩部饰凸弦纹。残高5.5厘米（图12，9）。P1⑧：6，残存口沿。敞口，仰折沿较宽，叠唇，斜腹。腹部有轮旋痕。残高4.5厘米（图12，8）。

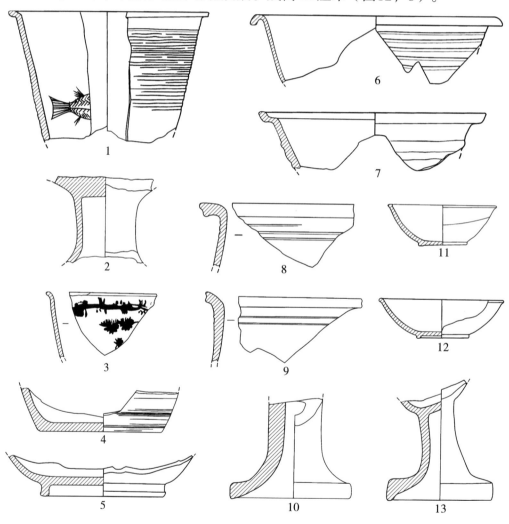

1、4、6、7、11、12. ⊢0————10厘米   2、3、5、8～10、13. ⊢0————5厘米

图12 采集遗物

1、4、6～9.陶盆（C：24、C：28、P1⑦：2、C：8、P1⑧：6、P1⑧：5） 2、10、13.陶豆（C：13、C：18、C：23） 3、11.瓷碗（P1⑤：1、C：22） 5.陶碗（C：25） 12.釉陶碗（C：12）

陶豆　3件。夹砂灰陶。轮制。素面。C：13，残存柄及部分盘，矮粗柄。残高6.4厘米（图12，2）。C：18，残存柄和圈足。柄略高，喇叭形圈足。圈足径8、残高9厘米（图12，10）。C：23，残存柄和圈足。喇叭形圈足。圈足径9.2、残高7.7厘米（图12，13）。

瓷碗　2件。轮制。C：22，敞口，尖圆唇，弧壁，折腹较深，假圈足。腹施透明釉，饰数道浅凸弦纹，下部素烧，内壁施全釉，底有叠烧痕。口径23.8、圈足径10、残高7厘米（图12，11）。P1⑤：1，残存口沿。侈口，圆唇，斜弧腹。薄胎淡釉，釉色泛灰，饰花卉纹。残高5厘米（图12，3）。

釉陶碗　1件（C：12）。泥质红陶。轮制。敞口，圆唇，弧腹微鼓，低矮圈足。外侧施半釉，内侧施釉。口径20.4、圈足径9、高7.4厘米（图12，12）。

陶碗　1件（C：25）。夹砂红陶。轮制。斜弧腹，圈足。薄胎。圈足径10、残高3.5厘米（图12，5）。

陶纺轮　4件。C：7，夹云母灰陶。形状不规整，中间有一圆孔，一面有轮旋痕，另一面有磨痕。直径4.5、厚1.3、孔径1.5厘米（图13，2）。C：11，泥质红陶。由瓦片改磨制成。中间有一圆孔，一面有轮旋痕，另一面有磨痕，残留绳纹。直径6.2、厚0.9、孔径1.1厘米（图13，1；图版二〇，1）。C：16，泥质灰陶。由瓦片改磨制成。中间有一圆孔，一面有轮旋痕，另一面有磨痕，残留绳纹。直径2.8、厚1.2、孔径0.5厘米（图13，6）。C：29，夹云母褐陶。由瓦片改磨制成。中间有一圆孔，一面有轮旋痕，另一面有磨痕，残留绳纹。直径3.9、厚1.4、孔径0.9厘米（图13，5）。

陶范　2件。C：30，泥质灰陶。模制。残存半块，平面似梯形，表面平整光滑，周壁有削痕，截面呈不规则形，内有多个凹面，上部横向，两侧竖向，竖向凹窝对称分布，凹窝底各有一突出的乳丁，中部为浅曲面。残长11、宽8.1、高4厘米（图13，8）。P1H1：3，泥质红陶。仅存长方形残块。器形不明，表面不平，横向每列至少有5个圆孔（仅存4个完整孔），竖向至少3排圆孔（皆残），孔为圆锥体，口大底小，每孔口部有略高的泥凸，底有铸造翻砂遗留的痕迹，推测应是与铸范有关的器具。残长13.4、残宽6.5、厚4.1、孔径2.2～2.5厘米（图13，4）。

带符号陶片　1件（C：40）。泥质灰陶。模制。疑是板瓦残片。凸面饰绳纹，凹面凸起两个疑似文字的符号，似"宁"字，其旁有类叶脉纹饰，字为模板上刻划，模印而成。残长6.8、残宽6.4、厚1.1厘米（图13，9；图版二〇，

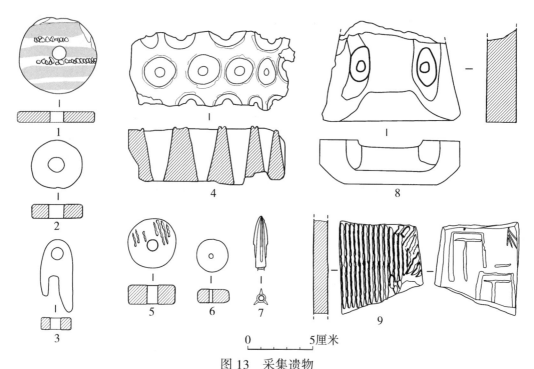

图 13　采集遗物

1、2、5、6.陶纺轮（C：11、C：7、C：29、C：16）　3.铜弩机构件（C：33）　4、8.陶范
（P1H1：3、C：30）　7.铜镞（C：32）　9.带符号陶片（C：40）

6）。

铜镞　1件（C：32）。铤作三棱锥状，头部尖锐，尾部圆钝。长4.2、宽0.8厘米（图13，7；图版二〇，2）。

铜弩机构件　1件（C：33）。为弩机构件钩心，似钩状，前端有一圆孔，曲面。长5.5、宽3、厚0.9厘米（图13，3；图版二〇，5）。

铜钱　4枚。C：42，半两。锈蚀严重，无外郭，边缘有破损。钱径约2.4厘米。从形制与文字风格看，应为西汉"四铢半两"。C：38，货泉。锈蚀严重。钱径约2.3厘米。为新莽时期货币。C：37，五铢钱。锈蚀。钱径约2.6厘米。C：39，钱径2.62厘米。从形制与文字风格看，均为东汉五铢。

四、结　语

长期以来，房山"广阳城"被认为是汉"广阳县城"，史书所载"广阳"，实有"广阳国"、"广阳郡"和"广阳县"之分，其年代、等级、辖地等皆不同。检索文献，"广阳国"仅见于西汉，且因政治变迁与"燕国"多次易名；"广阳郡"则几度兴废，秦时设立，汉初不存，自汉昭帝再设，至王莽时更名，后复名延至魏晋。这里仅提出"广阳县"的问题，供参考。

《房山区志》载："秦始皇二十三年，于燕地置广阳郡，辖县二：蓟、良乡。"[6]其时未见"广阳县"。"西汉高祖六年，置广阳县"[7]，可认为是"广阳县"的设置之始，后虽有更变，但作为县名一直存在。至"北齐文宣帝天保七年，省良乡、广阳二县，并入蓟"[8]。到"北齐后，再无广阳县建置"[9]。隋唐时期，"广阳"之名仍见[10]，但已不是县级以上的政区名称。参考文献记载和以往研究成果，补论如下。

第一，关于广阳县的地理位置，《水经注·圣水》记载较详："圣水又东，广阳水注之。水出小广阳西山，东径广阳县故城北，又东，福禄水注焉。水出西山，东南径广阳县故城南，东入广阳水，乱流东南，至阳乡县，右注圣水。"[11]《水经注·漯水》又载："漯水又东，径广阳县故城北，谢承《后汉书》曰：世祖与铫期出蓟，至广阳，欲南行，即此城也，谓之小广阳。"[12]郦道元所载"圣水"即今琉璃河，"广阳水"即今小清河，"福禄水"即今哑叭河。"小广阳"则指的是广阳县故城[13]。《水经注》记载表明，汉广阳县故城在哑叭河与小清河之间，两河南流交汇，形成"Y"形，城址正当"Y"间。调查表明，广阳城现位于哑叭河和九子河交汇处稍西南，即"Y"的西南部、小清河西岸，与文献记载略有出入。位置出现些许偏差，可能是河流后期改道所致，或许今后的工作可以弄清这个问题。

第二，房山及其周边，已发现三座与广阳城时代相近的城址，其中窦店古城，时代为战国至西汉，分大城和小城，大城平面近方形，东西长1230、南北宽1040米，小城在大城西北部，平面近方形，长、宽约440米[14]。据考其战国为燕中都，汉为良乡县城[15]。长沟古城时代属汉魏，平面呈刀形，南宽北窄，南北长500、东西宽360米[16]，据考其汉为西乡县城[17]。芦城古城属汉代，平面为长方形，长约299、宽143米[18]，据考其汉为阴乡县城[19]。另外，河北怀来县大古城（沮阳故城）[20]，亦由大小城构成，虽已残毁，但面积仍达45万平方米（东西500、南北900米），沮阳城为上谷郡治，规模定大于县治，亦可作为广阳城的对比参照。

第三，结合以往资料，加上本次调查，在广阳城遗址内发现的同时期遗迹如水井等很少，较之被认为是汉代"蓟"城（亦或汉"广阳郡"或"广阳国"治所）的宣武门至和平门一带的考古发现[21]，显然不在一个量级，说明其不符合县级城市以上之规制。因此，广阳城遗址为广阳县治更为合理。

关于广阳城的年代，其实不乏文献记载。《汉书·地理志下》即有"广阳国"，注曰："高帝燕国，昭帝元凤元年为广阳郡，宣帝本始元年更为国，莽曰广有。"县四：蓟，方城，广阳，阴乡。此后，《后汉书·郡国志》《宋书·州郡志》《魏书·地形志上》等也都有关于汉广阳城的记述。不过，《水经注·漯水》却另有一条"秦始皇二十三年，灭燕，以为广阳郡"[22]，钱穆先生认为"其识卓矣"[23]。这提示我们"广阳郡"在秦代就应该存在，而并非始于汉。

《读史方舆纪要》载："……春秋战国时为燕国。秦为上谷、渔阳二郡地。汉初为燕国，又分置涿郡。元凤初，改燕国为广阳郡。本始初，更为广阳国。东汉省广阳入上谷。永平八年，复置广阳郡，郡治蓟。又幽州亦治此。魏晋皆因之"[24]。

不过，上引文献中仅一处涉及"广阳县"，余皆是"广阳国"和"广阳郡"的记载，实不属本文讨论的对象。而"广阳县"的明确记载为西汉高祖六年（公元前201年）始置[25]，至北齐文宣帝天保七年（公元556年）并入蓟[26]，跨越两汉，前后存在了757年。

城内地层堆积共有8层，其中第1～5层夹杂有淤沙层，包含物以青花瓷片、碎陶片为主，为明清时期文化层。第6层为胶泥，无明显文化堆积。第7层包含有白釉瓷片、碎陶片等，是唐代至辽金时期的文化层。第8层最厚，包含物最为丰富，有大量灰陶、夹砂红陶片等，为汉代文化层。西垣、东垣断面显示，城垣为黄褐色素土夯筑，夯土墙上覆盖有近现代及明清时期堆积，其中西垣2号剖面夯土层下有厚约0.1米的踩踏面，在踩踏面下发现1座战国时期瓮棺。东垣剖面夯土墙上叠压有辽金时期的文化层。

采集标本有陶釜、盆、罐、豆、板瓦、筒瓦、瓦当以及大量夹云母红陶、泥质灰陶片等。其中C∶6与窦店古城W1∶2陶釜近似，年代大致在战国晚期[27]。P1H1∶4与窦店古城W3∶2陶釜相似，C∶31与窦店古城H21∶1陶釜相似，年代大致在西汉时期[28]。广阳城遗址采集的瓦，多为泥质灰陶，偶有夹砂陶，胎厚薄均匀，部分内壁满印布纹，有的凸面粗绳纹较深，间断绳纹较规整。瓦当的卷云纹、中心凸出的圆泡等具有西汉时期的特点。P1⑧∶7与窦店古城的05筒瓦，均为泥质灰陶，外表有规整的间断绳纹，二者极为相似[29]。C∶2与河北怀来大古城HD∶16筒瓦内壁有布纹，外饰粗绳纹颇为相似[30]。C∶15与大古城HD∶19瓦当较为近似[31]。C∶24与大古城HD∶18陶盆相似，年代可能在西汉晚期至东汉时期[32]。

本次工作的主要收获，一是在过去工作基础上进一步确定了广阳城的具体位置，对城垣四至给予了准确的测量定位，基本查清了城址的范围与高程；二是初步厘清了城垣形制与夯层结构；三是勘探出部分护城河遗迹，为全面了解广阳城的护城河奠定了基础；四是确定了城内东西、南北两条主干道，为查找各城门位置及形制结构提供了信息；五是充分利用坑壁、断面，刮铲出清晰地层，采集了部分遗物标本，为判明城址年代提供了依据；六是城内外水井、道路等其他遗迹的发现，为今后广阳城的保护、发掘与研究提供了重要参考。

城址的调查勘探与发掘、研究是一个相当复杂的问题，由于时间仓促，仍有许多问题未能究明，如四周城垣的马面、城门、城内环状道路，以及护城河是否绕城等问题，这些仍须进一步工作加以探明。此外，对于城垣的形制结构、确切的地层关系等仍有待科学发掘；有关城市的布局等，还须在做好规划的前提下加强重点勘探。

附记：参加本次调查的人员有韩鸿业、于璞，本文插图由封世雄绘制，照片由王宇新拍摄。

执笔者　韩鸿业

注　释

[1] a.刘之光、周桓：《北京市周口店区窦店土城调查》，《文物》1959年第9期。

b.郭仁：《北京房山县考古调查简报》，《考古》1963年第3期。

c.程利：《房山汉广阳城》，见《中国考古学年鉴（1996年）》第92页，文物出版社，1998年。

[2] 北京市文物局：《北京文物地图集》第302页，科学出版社，2009年。

[3] 周正义：《北京地区汉代城址调查与研究》第243～257页，北京燕山出版社，2009年。

[4] 齐心：《图说北京史》第87页，北京燕山出版社，1999年。

[5] 北京市文物局：《北京文物地图集》第302页，科学出版社，2009年。

[6] 北京市房山区志编纂委员会：《北京市房山区志》第8页，北京出版社，2017年。

[7] 北京市房山区志编纂委员会：《北京市房山区志》第8页，北京出版社，2017年。

[8] 北京市房山区志编纂委员会：《北京市房山区志》第10页，北京出版社，2017年。

[9] 另载"后魏属燕郡，北齐省入蓟县"。（清）顾祖禹撰，贺次君、施和金点校：《读史方舆纪要》卷十一"北直二"第450页，中华书局，2005年。

[10] a.《隋书·地理志中》载："后魏置广阳郡，领大兴、方城、燕乐三县。后齐废郡，以大兴、方城入焉。"

b.《旧唐书·地理志二》载："来苏，自徐州还寄于良乡县之古广阳城，为县。归义，在良乡县之古广阳城，州所治也。来远，旧县在营州界。州陷契丹，移治于良乡县之故广阳城。"

[11] （北魏）郦道元撰，陈桥驿校证：《水经注校证》卷十二"圣水""巨马水"第288页，中华书

局，2013年。

[12] （北魏）郦道元撰，陈桥驿校证：《水经注校证》卷十三"漯水"第312页，中华书局，2013年。

[13] a.《后汉书·耿弇传》载："从追至容城、小广阳、安次，连战破之。"李贤注："广阳国有广阳县，故曰小广阳。"

b.《日知录》亦考证："广阳国不治广阳，治蓟，故书广阳县为'小广阳'。"（清）顾炎武撰，栾保群、吕宗力点校：《日知录》卷二十第1158页，上海古籍出版社，2006年。

[14] 北京市文物局：《北京文物地图集》第302页，科学出版社，2009年。

[15] 周正义：《北京地区汉代城址调查与研究》第109～118页，北京燕山出版社，2009年。

[16] 北京市文物研究所：《北京考古四十年》第96页，北京燕山出版社，1990年。

[17] 周正义：《北京地区汉代城址调查与研究》第102～108页，北京燕山出版社，2009年。

[18] 周正义：《北京地区汉代城址调查与研究》第87～93页，北京燕山出版社，2009年。

[19] 王安宇：《良乡、广阳二县两汉隶属、县界考》，《中国史研究》2017年第1期。

[20] 李维明等：《河北怀来县大古城遗址1999年调查简报》，《考古》2001年第11期。

[21] 北京市文物研究所：《北京考古四十年》第89页，北京燕山出版社，1990年。

[22] （北魏）郦道元撰，陈桥驿校证：《水经注校证》卷十三"漯水"第312页，中华书局，2013年。

[23] 钱穆：《秦三十六郡考》，见《古史地理论丛》第213页，生活·读书·新知三联书店，2004年。

[24] （清）顾祖禹撰，贺次君、施和金点校：《读史方舆纪要》卷十一"北直二"第439页，中华书局，2005年。

[25] 北京市房山区志编纂委员会：《北京市房山区志》第8页，北京出版社，2017年。

[26] 北京市房山区志编纂委员会：《北京市房山区志》第10页，北京出版社，2017年。

[27] 叶学明、陈光：《北京市窦店古城调查与试掘报告》，《考古》1992年第8期。

[28] 叶学明、陈光：《北京市窦店古城调查与试掘报告》，《考古》1992年第8期。

[29] 叶学明、陈光：《北京市窦店古城调查与试掘报告》，《考古》1992年第8期。

[30] 李维明等：《河北怀来县大古城遗址1999年调查简报》，《考古》2001年第11期。

[31] 李维明等：《河北怀来县大古城遗址1999年调查简报》，《考古》2001年第11期。

[32] 李维明等：《河北怀来县大古城遗址1999年调查简报》，《考古》2001年第11期。

附表1　　　　　广阳城遗址城垣GPS测量数据信息

位置	坐标系	东南角	东北角	西南角	西北角
东垣中段	东经（E）	116°11′14″	不详	116°11′13″	116°11′13″
	北纬（N）	39°44′46″	不详	39°44′46″	39°44′53″
	海拔（m）	42.5116	不详	42.1254	43.2983
	测量点	墙基	不详	墙基	地面

位置	坐标系	东南角	东北角	西南角	西北角
西垣北段	东经（E）	116° 10′ 47″	116° 10′ 47″	116° 10′ 46″	116° 10′ 46″
	北纬（N）	39° 44′ 48″	39° 44′ 56″	39° 44′ 48″	39° 44′ 48″
	海拔（m）	41.8437	43.3272	42.1598	43.1598
	测量点	墙基	地面	墙基	地面
西垣南段	东经（E）	116° 10′ 47″	116° 10′ 47″	116° 10′ 46″	116° 10′ 46″
	北纬（N）	39° 44′ 36″	39° 44′ 37″	39° 44′ 36″	39° 44′ 37″
	海拔（m）	43.7336	44.2307	43.9027	44.0760
	测量点	地面	地面	地面	地面
南垣中段	东经（E）	116° 11′ 05″	116° 11′ 05″	116° 11′ 02″	116° 11′ 02″
	北纬（N）	39° 44′ 36″	39° 44′ 37″	39° 44′ 36″	39° 44′ 37″
	海拔（m）	43.1102	43.3512	43.9057	44.0311
	测量点	地面	地面	地面	地面
南垣西段	东经（E）	116° 10′ 54″	116° 10′ 54″	116° 10′ 59″	116° 10′ 59″
	北纬（N）	39° 44′ 36″	39° 44′ 37″	39° 44′ 36″	39° 44′ 37″
	海拔（m）	44.0311	43.9057	43.9877	43.9442
	测量点	地面	地面	地面	地面
北垣西段	东经（E）	116° 10′ 51″	116° 10′ 52″	116° 10′ 49″	不详
	北纬（N）	39° 44′ 57″	39° 44′ 57″	39° 44′ 58″	不详
	海拔（m）	45.2482	45.2350	45.2679	不详
	测量点	地面	地面	地面	不详

附表 2　　　　　广阳城遗址东垣剖面夯层登记表　　　　（单位：米）

层数	厚度	土色	夯窝	包含物
1	0.04～0.1	黄褐	不明显	礓石颗粒、炭粒
2	0.04～0.12	黄褐	不明显	礓石颗粒、炭粒
3	0.04～0.11	黄褐	零星夯窝迹象	礓石颗粒、炭粒
4	0.04～0.18	黄褐	零星夯窝迹象	炭粒
5	0.04～0.12	黄褐	零星夯窝迹象	礓石颗粒、炭粒
6	0.04～0.12	黄褐	中部较多夯窝迹象	碎陶片、礓石颗粒、炭粒
7	0.04～0.12	黄褐	中部较多夯窝迹象	碎陶片、礓石颗粒、炭粒

续附表 2

层数	厚度	土色	夯窝	包含物
8	0.04～0.12	黄褐	中部较多夯窝迹象	碎陶片、兽骨渣、礓石颗粒、炭粒
9	0.04～0.12	黄褐	零星夯窝迹象	碎陶片、礓石颗粒、炭粒
10	0.04～0.12	黄褐	零星夯窝迹象	碎陶片、礓石颗粒、炭粒
11	0.04～0.12	黄褐	大量夯窝迹象	碎陶片、礓石颗粒、炭粒
12	0.04～0.12	黄褐	大量夯窝迹象	碎陶片、礓石颗粒、炭粒
13	0.04～0.18	黄褐	大量夯窝迹象，分散	碎陶片、礓石颗粒、红烧土颗粒
14	0.04～0.1	黄褐	零星夯窝迹象	碎陶片、礓石颗粒、炭粒
15	0.04～0.12	黄褐	零星夯窝迹象	碎陶片、礓石颗粒、炭粒
16	0.08～0.12	黄褐	零星夯窝迹象	碎陶片、礓石颗粒
17	0.08～0.14	黄褐	零星夯窝迹象	碎砖块、陶片、礓石颗粒
18	0.04～0.12	黄褐	零星夯窝迹象	礓石颗粒
19	0.07～0.12	黄褐	零星夯窝迹象	礓石颗粒
20	0.07～0.09	黄褐	零星夯窝迹象	礓石颗粒
21	0.06～0.13	黄褐	零星夯窝迹象	礓石颗粒
22	0.06～0.11	黄褐	零星夯窝迹象	礓石颗粒

附表3　　　　　　　**广阳城遗址西垣1号剖面夯层登记表**　　　　（单位：米）

层数	厚度	土色	夯窝	包含物
1	0.04～0.11	黄褐	不明显	碎陶片、烧土颗粒、炭粒
2	0.04～0.11	红褐	零星夯窝迹象	碎陶片、烧土颗粒、炭粒
3	0.04～0.11	灰褐	零星夯窝迹象	碎陶片、烧土颗粒、炭粒
4	0.05～0.1	红褐	中部大量夯窝迹象	碎陶片、烧土颗粒、炭粒
5	0.05～0.1	黄褐	中部大量夯窝迹象	碎陶片、烧土颗粒、炭粒
6	0.05～0.1	红褐	中部大量夯窝迹象	碎陶片、烧土颗粒、炭粒
7	0.05～0.11	黄褐	中部大量夯窝迹象	碎陶片、烧土颗粒、炭粒
8	0.04～0.11	黄褐	中部大量夯窝迹象	碎陶片、烧土颗粒、炭粒
9	0.04～0.11	红褐	中部大量夯窝迹象	碎陶片、烧土颗粒、炭粒
10	0.05～0.12	灰褐	中部大量夯窝迹象	碎陶片、烧土颗粒、炭粒
11	0.05～0.11	红褐	中部大量夯窝迹象	碎陶片、烧土颗粒、炭粒
12	0.06～0.12	黄褐	中部有夯窝迹象	碎陶片、烧土颗粒、炭粒

层数	厚度	土色	夯窝	包含物
13	0.07～0.11	红褐	中部有夯窝迹象	碎陶片、烧土颗粒、炭粒
14	0.06～0.1	黄褐	中部有夯窝迹象	碎陶片、烧土颗粒、炭粒、铁块
15	0.07～0.12	灰褐	中部有夯窝迹象	碎陶片、烧土颗粒、炭粒
16	0.05～0.11	黄褐	中部有夯窝迹象	碎陶片、烧土颗粒、炭粒
17	0.07～0.12	红褐	中部有夯窝迹象	碎陶片、烧土颗粒、炭粒
18	0.07～0.08	黄褐	中部有夯窝迹象	碎陶片、烧土颗粒、炭粒
19	0.2～0.25	红褐	不明显	碎陶片、烧土颗粒、炭粒

附表 4　　　　　　广阳城遗址西垣 2 号剖面夯层登记表　　　　（单位：米）

层数	厚度	土色	夯窝	包含物
1	0.12～0.32	黄褐	有夯窝迹象	少量碎砖渣
2	0.1～0.16	黄褐	有夯窝迹象	少量碎砖渣
3	0.08～0.14	黄褐	有夯窝迹象	少量碎砖渣
4	0.08～0.16	黄褐	有夯窝迹象	少量碎砖渣、碎陶片、烧土颗粒
5	0.1～0.14	黄褐	中部较多夯窝迹象	少量碎砖渣
6	0.1～0.12	黄褐	中部较多夯窝迹象	少量碎陶片、烧土颗粒
7	0.04～0.1	黄褐	西部较多夯窝迹象	少量碎砖渣、炭灰颗粒
8	0.04～0.12	黄褐	西部较多夯窝迹象	少量碎砖渣
9	0.08～0.16	黄褐	西部较多夯窝迹象	少量碎砖渣
10	0.08～0.2	黄褐	西部较多夯窝迹象	少量碎陶片、碎砖渣
11	0.02～0.1	黄褐	西部较多夯窝迹象	少量碎陶片、碎砖渣
12	0.06～0.1	灰褐	不明显	少量碎砖渣、碎陶片、炭灰颗粒
13	0.02～0.12	灰褐	西部较多夯窝迹象	少量碎砖渣、碎陶片
14	0.06～0.08	红褐	西部较多夯窝迹象	少量碎砖渣、炭粒
15	0.06～0.08	黄褐	较多夯窝迹象	少量碎砖渣
16	0.1～0.16	黄褐	较多夯窝迹象	少量碎砖渣
17	0.08～0.1	黄褐	较多夯窝迹象	少量碎砖渣、碎陶片
18	0.08～0.12	黄褐	较多夯窝迹象	少量碎砖渣、碎陶片
19	0.08～0.12	黄褐	较多夯窝迹象	少量碎砖渣

Brief Report on the Survey and Coring of the Guangyang City Site at Fangshan in Beijing Municipality

Beijing Municipal Institute of Cultural Relics

KEYWORDS: Beijing   Guangyang City   City Site   Han Dynasty

ABSTRACT: Guangyang city site is an important ancient city site in Fangshan District, Beijing. In August 2018, through observing the stratigraphy on profiles and sections resulted from various constructions at the Guangyang city site, along with the archival excavation data, targeted investigation and coring were carried out, and thus the location of the Guangyang city site was confirmed. The exact boundary of the city wall was accurately measured, the distribution and elevation of the city site were also clarified, along with the form and rammed layer structure of the city wall. One section of the moat remains was also confirmed. In addition, two main roads of the city, east-west road and north-south road, were identified, providing information for clarifying the location and structure of each city gate. Collected artifacts include building materials such as tubular tiles, plate tiles and tile-ends, quotidian utensils such as pottery cooking vessels, pots, *dou* stemmed vessels and basins, as well as pottery spindle whorls, pottery mold pieces, bronze arrowheads, crossbow triggers, and *wuzhu* coins, etc. Meanwhile, the discovery of other remains such as the cemetery outside the city, water wells and roads inside and outside the city, provides an important reference for the conservation, excavation and research of Guangyang city in the future.

（特约编辑　新　华）

新疆史前考古学文化与人群

——从小河文化与人群构成说起

贾伟明　丛德新

关键词： 小河文化　考古学文化　古遗传学　人体测量学　史前时期

内容提要： 考古学文化的时空关系与可能对应的人群的客观存在是史前考古学研究的核心内容之一，而古遗传学等多学科的应用，为考古学提供了全方位的证据链。新疆小河文化一直颇受关注，最新的古遗传学研究又提出了新的观点。回顾以往的分子遗传学和考古学文化的研究，对小河文化和人群以及同时期的新疆史前人群与文化的研究做简略的梳理。在归纳考古学、分子遗传学和人体测量学研究成果的同时，指出考古学及各学科研究的局限性，主张发现、确认相关新石器时代或铜石并用时期的遗存及深入研究，是探讨和解决包括小河文化在内的新疆青铜时代人群和文化源流的必要前提。

考古学文化的客观性及其与对应的人群、族群的有机联系，是史前考古学研究的目标和重要内容之一。对不同的考古遗存进行科学的分类和断代，区分为不同的考古文化或类型，这种分析方法是考古学研究的最基本的方法[1]。作为考古学研究的核心概念之一的"考古学文化"一经提出，应用相当广泛[2]。这一概念是考古学与文化人类学、民族学等学科互通互用的桥梁，也是这些交叉学科进行有效对话的基础[3]。在西方，"考古学文化"这一概念曾一度被批评而几乎遭到摒弃，以至于当下西方考古学在论文中常常会试图使用"传统"（tradition）或"集合"（assemblage）来替代"考古学文化"这一概念[4]。而事实上，这些替代词的背后都隐含着考古学文化的影子，但都没有能准确反映考古学文化本身的涵义，偏离了考古学文化对古代文化遗存核心探索的本意。

新疆是连接欧亚大陆的重要地区，地处东西方交流大通道的重要节点上，

作者：贾伟明，开封市，475001，河南大学历史文化学院。
　　　丛德新，北京市，100071，中国社会科学院考古研究所边疆考古研究中心。

自古以来就是不同人群聚居的地方。新疆史前考古学文化的多样性及彼此的关联即是不同人群交流的体现之一[5]。这种多样性也促使我们去思考这些考古学文化背后的人群，他们的特征、群体的构成等问题，包括他们的移动轨迹——他们在迁入、融合、繁衍生息和迁离的过程中所呈现的遗存，以及可能由此而推导出的路线。反映在考古学研究上，即我们如何在能看到的考古遗存——考古学文化、类型中去探讨这个过程。

韩建业在最近的论文中，强调了考古学文化的客观性和族群对应的可能性，提醒我们应更加深入地认识考古学文化这个概念和考古学研究的基本理论与方法。他认为"如果不承认考古学文化的客观性及其与族群对应的可能性，就等于基本否定了考古学文化研究的意义"，主张在研究中不断完善考古学文化谱系，提倡包括文献、古DNA、语言学、民族志等在内的多学科综合分析，慎重推论[6]。这与文化人类学和民族学观点相似，特定的人群、族群会共享他们的文化，并以各种不同的物质形态将其特征表现出来。发现、区分和确认这种物（考古学文化、类型）与人（族群、人群）的有机联系成为今天史前考古学（包括边疆地区考古学）研究的主要实践之一。通常情况下，特定的人群会保持文化特征上的统一性和连续性，其遗存被称为特定人群的考古学文化。考古学研究也常常会根据这些物质文化的分布区域、年代来追踪古代人群的来源与去向。因此，尽管质疑声还在，但使用"考古学文化"来表述古代遗存所反映物质和精神层面的涵义，并与可能的族群相对应进行研究，在当今的考古学实践中仍然是相对成熟和普遍应用的考古学研究方法和内容。

古遗传学和人体测量学在考古学研究中的应用实践，为深入分析考古学文化和对应的族群提供了不可多得的线索。以往研究中确认的考古学文化及其与人群的对应关系也逐渐得到了古遗传学、人体测量学的印证。近年来关于小河文化的研究就是汇集了古遗传学、人体测量学和考古学文化分析的综合研究，多方面相互印证的过程。既有的考古学研究认为，小河文化与北方的欧亚草原中西部早期的青铜文化较为一致，与阿凡纳谢沃文化和切木尔切克文化关系密切，即小河文化的人群与欧亚草原青铜文化的人群有某种渊源关系[7]。

2021年，发表于《自然》（Nature）的一篇小河人群古遗传学的研究文章[8]提出了新的模式，主要从遗传学的角度，也涉及考古学研究的传统领域。根据全基因组分析，研究者认为小河人（群）来源的主体是亚洲本土的两个古老基因的混合群体，一个是发现于西伯利亚的阿托瓦-高拉（Afontova Gora）遗址（AG3）的个体所代表的旧石器时代晚期的古北欧亚人（ANE-Ancient North Eurasian），约占小河祖先基因的72%；另一个是以贝加尔早期青铜文化的个体为代表的约占小河祖先基因28%的古东北亚人。这两个亚洲古老的本土基因混合后的群体成了小河人（群）最初祖先的主要来源。遗传学专家推测，这些携带两个亚洲古老基因的人（群）曾在旧石器时代晚期广泛分布在包括新疆在内的欧亚大陆的东部，大约9000年前便形成了塔里木盆地的早期居民的遗传特点。居住环境属于沙漠绿洲（深处），与外部相对隔绝。这些小河的先人独居此处，历经几千年，未曾有外部基因混入。与阿凡纳谢沃文化、切木尔切克文化等的人群几乎没有任何血缘关系，甚至与同时期的安德罗诺沃的人群也无通婚。研究者对小河文化的青铜器制造、谷物种植和牛羊饲养技术等生产、生业的发展水平与样态也给出了自己的观点，认为其应属于与外部人群通过信息传播、文化交流和互动而获得的新的理念、技术，并无移民加入的因素[9]。显然，最新的小河人群古遗传学研究对当下的考古学文化的研究，以及既往的颅骨测量分析给出了完全不同、几乎是全新的阐释，论文对于推动小河文化以及小河人群的深入观察，又开启了一个新的窗口。有鉴于此，本文拟简单梳理既往小河古遗传学和考古学文化研究脉络，探讨小河文化（人群）的形成及新疆史前时代文化的样态，并对古遗传学和古人体测量学与考古学在更高层次上的整合进行初步的探讨。

一、小河人群与小河文化

古遗传学对小河人群起源的认识是一个不断加深和修正的过程。2004年，小河文化古墓沟墓地出土人骨的11个个体的线粒体分析结果发表，研究者认为所有谱系都属于欧洲单倍型谱系，且与现在的中、南西伯利亚人群关系最为密切[10]。这一结论，与当时体质人类学的人体测量分析的结果是一致的[11]。小河墓地的古遗传学研究结果于2010年发表，当时用于研究的30个个体的人骨均属于早期层位的墓葬。分析结果显示，其遗传系统同时存在有东方（亚洲）和西方（欧洲）的血统。东方系统的C谱系广泛存在于今天东部欧亚系统的现代（南、东）西伯利亚人群之中，而西方系统即欧洲血统是根据小河人群遗传基因中含有H和K的单倍群。另外，当时还做了人骨7个个体的Y（父系）遗传基因分析，得出结论：父系可能来源于东欧和南西伯利亚，与母系的基因特点相似[12]。但研究者推测这种东西方混血可能发生的时间很早，即在青铜时代早期或更早，区域集中在东部欧亚草原和西伯利亚地区。这一认识进一步修正和丰富了前面的分析结果。根据古遗传学的研究，小河人群的起源无论母系还是父系，都有东、西两方的遗传贡献，这和当时的人体测量及考古学文化分析的

"欧亚草原起源"结果还是比较一致的。2015年的研究则是在2010年研究基础上，对出土于早期（第4层）和晚期（第1～3层）人骨的线粒体同时进行比较分析，其结果仍然显示早期父系是来自欧洲，而母系则来自欧洲—中西伯利亚，继续加固了"欧亚草原起源"的观点。对早、晚期人骨线粒体比较后发现，小河文化的整个发展过程经历了一个不断增加的、来自东亚和中亚等不同地区古代基因混入的过程[13]。

在小河古遗传学研究文章中，研究者利用软件（qpAdm）分析，彻底排除了小河早期的主要人群与阿凡纳谢沃、切木尔切克人群及中西部欧亚草原的史前人群遗传关联的可能性。这次研究还明确指出那些类似高加索人种的外部特征，是小河早期人群对其东方祖先的继承，而非来自西方[14]。按照该研究的结论，小河人群（文化）"欧亚草原起源"的说法失去了古遗传学的证据。

虽然这是一次比较全面的论述，但是疑问仍然存在。另一篇于2021年3月发表的关于新疆地区史前人群的古遗传学论文[15]，对小河人群起源做了比较全面的分析。研究认为早期（第4～5层）人骨的7个个体遗传基因中有6个属于古北欧亚—西伯利亚组，另一个属于古欧洲系的单倍群R1b（遗传基因代码）。研究者认为这个单倍群R1b早期曾出现在东欧的采集狩猎人群中（旧石器时代末期至新石器时代初期），也存在于哈萨克斯坦的博台（Botai）和大利（Dali）的新石器时代末期至铜石并用时代的古代人群中；在阿勒泰地区发现的阿凡纳谢沃和切木尔切克人群中也有发现[16]。那么，这个单倍群是何时、何地加入了小河早期人群的遗传系统？目前考古学研究者认为是发生在更早的欧亚草原旧石器时代晚期或新石器时代，而排除了任何切木尔切克和阿凡纳谢沃加入的可能性。是否可能是在小河文化开始时加入的？相对于构成小河人群的大多数而言，这7个标本是否可以代表小河早期的整体人群？是否还存在一个遗传信息不同的少数人群？我们期待今后有更多的小河早期遗传学研究成果来确定。

回答上述遗传学的问题可能需要一个长期研究过程，让我们再回到小河的考古学文化上。面对小河人群起源的新线索，我们应如何看待小河文化起源的考古学文化研究？最新的研究报告认为小河人群的主体是来源于本地的早期居民，由此小河文化的构成应该是距今4000多年前后、分布在塔里木盆地的一种石器时代亦或更早的遗存。根据古遗传学研究结果的推导，这些石器时代（文化）的人群独居此处，至距今4000多年前后，在没有其他族群（人群）加入的情况下，完成了多个重要的社会变革，进入了一个新的发展阶段，即从使用石质工具、具有从事渔猎和采集生业特点的社会发展阶段，一跃而进入了定居的、使用金属工具、兼有农业和畜牧业、掌握了乳制品生产加工技术的青铜时代。与之相关的这些先进的技术、信息和农作物、牲畜的出现并非因人群的加入与融合，而是通过自身社会进步以及与邻近地区的索取、学习及交换得来的。这样的推演，显然需要更多的尤其是考古学领域的研究成果来支持，否则，从考古学文化的角度来说，这个最新的遗传学的关于小河人群（社会）的发展模式，就可能是无源之水、无本之木。考古学的任务之一就是在这些小河先民的遗存之中，通过考古学文化的发展脉络及样态，考察这个重大社会变革的社会面貌、生产力发展水平及其历史发展过程，并给予合理的解答。

关于小河文化的遗存，考古工作者已经从多方面进行考察、研究，即对小河文化的认识不仅限于墓葬，也包括对居住址的考察[17]。考古学者根据大量的田野调查资料，曾对小河文化的内涵做过详尽而深入的分析，认为小河文化不仅有坐落在雅丹地貌平台上的居址群，还有青铜器和陶器。最新发表的罗布泊地区综合考察所提供的田野材料进一步证实了这一认知[18]，考察采集的遗物中的22个测年标本都证实了这些遗迹和遗物属于小河文化的年代框架之内。例如采自编号17JZ01～17JZ10的10个遗址内的草、草绳、动物毛发、毛毡、木器、植物种子和骆驼粪便等22个标本，测定结果也都与小河文化的年代相符，即公元前2200～前1600年。

在考察（调查）中还发现，坐落在雅丹地貌平台上的4个小河居住址分别位于古河床环绕的台地之上，相隔7～14公里不等。这些古村落（居住址）以河道相连，水面沟通以独木舟为交通工具。当时的人们依赖多种食物，种植谷物、畜牧牛羊，也从事渔猎采集等，由此形成了坐落在"沙漠之海"河流绿洲中的松散错落、以河流相连的聚落群，也形成了小河文化独具特色的生业形态和兼具畜牧、渔猎、农业种植多种经营的绿洲经济，并显示出新疆地区较早的古代奶制品产业。在遗址中还采集了骆驼粪便，如果其中用于测年的骆驼粪便标本鉴定无误的话，说明绿洲聚落的小河人已经在利用骆驼了，这可能是迄今为止中国境内考古遗址中发现的最早的骆驼遗迹[19]。小河人群（小河文化）所展现的定居的、种植和畜牧相结合的生活方式，在不断增加的考古学材料中逐渐完整地显示出来，这种情形与前述2021年发表的小河人群古遗传学研究文章[20]的主张就有了较大的差异，需要进一步的论证。

作为小河文化重要因素之一的陶器，也是考古学家关注的研究课题。李文瑛根据罗布泊09LE3遗址发现的陶器残片，对照黄文弼早年的记录，归纳出小河文化（范围内）容器的三种类型：一是有压印、刻划纹—绳纹或其他纹样的陶器；二是彩陶；三是草编器。她指出其中彩陶很可能是受天山北路文化影响，是晚期因素；早期的容器应该是草编器和压印刻划纹、绳纹陶器。罗布泊09LE3遗址曾经记录为17JZ03，二者属同一个遗址。这个遗址共有两个测年数据，一个标本是木炭，测年结果是公元前1946～前1772年（95.4%），另一个羊粪标本的年代是公元前1882～前1726年（95.4%）。这两个测年数据明确了09LE3遗址使用的大体时代，从年代学上确定了小河文化陶器存在的可能性。尽管目前还未见到发掘情况的报道，缺乏确切的遗迹与遗物的详尽地层关系，但目前来看小河文化存在陶器的可能性很大，将来发掘证实只是时间问题，尚不能遽然得出"无陶"的结论。

新疆及周边的考古学史显示，在距今万年左右，曾有大量的细石器遗存分布在新疆及其周边[21]，罗布泊地区的细石器遗存尤受关注[22]。在中亚和北部欧亚草原，进入全新世的中期或稍早些时，与细石器相伴的陶器即已出现。欧亚草原的那种圜底筒形陶器，曾在青铜时代之前就广泛分布。考古学者将阿凡纳谢沃和切木尔切克的尖底、圜底刻划—压印纹筒形罐的来源，归为欧亚草原西边的颜那亚文化，这当然也有分子遗传学的支持[23]。而且，包括中亚和欧亚草原范围内的青铜时代之前的遗存大都是以细石器和粗糙的陶器为基本组合。这些陶器大都是直口圜底或尖底和少量平底器，近口处饰有刻划、压印或附加堆纹饰带。生业以采集、渔猎经济形态为主，出现了陶器制作的"渔猎新石器"和使用红铜器的"铜石并用"时代[24]。回到小河文化的DNA数据分析，考虑到单倍群R1b存在，小河人祖先的"少数人群"仍有可能来源于新疆西北和欧亚草原[25]，尽管这个比例非常小，仍可能为小河带来先进的青铜工具、小麦及其他谷物种植和牛羊畜牧、奶制品生产等技术，也包括欧亚草原的陶器及其技术风格。例如，最近的遗传学研究并未完全排除"欧亚草原"遗传贡献的可能性[26]。如此，就不能排除小河陶器来源的一个可能性，即原本就是同源的切木尔切克和小河文化的陶器结合在一起，并以新的风格展示给后人。

与小河文化陶器相关的另一个值得重视的方面，很可能是与当地的新石器时代的陶器（风格）关系密切[27]。这些早期陶器与小河先人的陶器风格很可能是同源的。检索新疆青铜时代之前的考古遗存，其中重要线索之一就是在遗址地表上多发现粗糙陶器碎片，且与细石器、压制石镞共处一隅。这些陶器无法归属于已知的青铜时代或之后的考古学文化[28]。这些早期陶器的特点是流行圜底或尖底，表面刻划几何纹饰，这与罗布泊地区的第一类饰刻划纹的小河文化陶器具有非常密切的关系。这种细石器与粗糙陶器共生的现象，可能就是小河文化早期遗存之一，也就是小河陶器的来源之一。当然这种可能性还需要更多的考古证据去证实，但是无论如何对此现象的关注，是研究中应时刻把握的关键环节。因此，无论是小河文化，还是小河人群，他们的起源问题还远未解决，还需要更多、更全面的考古学和古遗传学的研究成果的支持。只有这样，才能在诸如小河陶器、青铜器、谷物种植、动物饲养等方面获得更接近于事实本身的研究成果，以此推动关于小河人群和小河文化研究的深入开展。

二、新疆其他青铜文化的分子遗传学研究

在考察新疆考古学研究中既有的分子遗传学研究成果时，对于上述问题的讨论也具有重要意义。

对小河文化同时期的青铜文化的考古学研究，主要涉及天山北路文化和安德罗诺沃类的下坂地和白格托别墓地[29]。天山北麓文化的认定主要是根据新疆东部的哈密地区、天山北路墓群的资料。该文化是年代大约在公元前2000～前1100年的青铜文化，天山北路墓地自从发掘伊始，就引起了研究者的热烈讨论。最引人注目的是河西走廊的西城驿—四坝文化的陶器在天山北路墓地中出土；其次，是那些被认为代表欧亚草原风格的圜底、平地筒形陶器的出现，使研究者联想到欧亚草原青铜文化的阿凡纳谢沃和切木尔切克的圜底筒形陶器。其中不同之处是，哈密天山北路的陶器是红色陶胎并饰彩绘图案，而欧亚草原的是刻划、压印纹饰的灰、褐色陶器。有研究者认为这其实是两种不同文化在陶器上的有机结合，是欧亚草原青铜文化与西城驿—四坝文化融合的完美体现[30]。

天山北路的分子遗传学研究也取得了较深入的进展。古遗传学研究包括提取了该墓地的母系29个线粒体和其中的13个父系Y基因并进行分析，分子遗传学研究结论与考古学文化分析比较一致[31]。古遗传学研究的标本源自40个人骨的牙齿，分析结果显示天山北路人口来源的母系基因由东方（古西伯利亚、古氐羌）和西方（欧亚西部）合并构成。对父系的几个Y基因分析显示均属于东方（古西伯利亚和东亚）。最近一次的古遗传学线粒体分析，在对包括南湾遗址的单一个体和上述2015年的29个个体综合分析之后，仍然肯定了以天山北路为代表的东部新疆青铜时代东西方基因交流的结论[32]。这与之前的体质人类学[33]、考古文化的分析结果十分一致。同时，迄今为止在哈密地区发现的与欧亚草原青铜文化关联密切的遗存还比较少，天山北路的西方因素的起源地仍然缺乏考古学的证据。目前，无论是古遗传学研究还是考古学文化分析，在天山

北路的溯源问题都远未定论，未来的研究之路还很长。

除天山北路外，新疆的青铜文化还有分布更广泛的安德罗诺沃文化类遗存，其中有两处墓地的人骨做过分子遗传学研究，一处是位于小河文化分布区东北的白格托别墓地，另一处是小河文化分布区西南的下坂地墓地。下坂地墓地的考古学文化特别是陶器与安德罗诺沃文化或安德罗诺沃联合体关联密切。人类学研究显示，通过其中15个个体的牙齿标本的线粒体分析，认为下坂地人与现代欧洲、中亚和欧亚草原西部人的遗传基因相似[34]。据此，研究者推测是由于安德罗诺沃文化的人们先由欧亚草原南下进入中亚中部，与那里的中、西亚土著居民混合，再东进，翻过天山或喜马拉雅山来到了塔什库尔干。当然，这个分析主要是基于下坂地青铜时代的15个个体母系线粒体的分析，即母系遗传基因。同时，不排除另一个可能的推测，即塔什库尔干青铜时代之前居住着与中亚人群母系相同的，也就是前述细石器与粗陶器的主人们。进入青铜时代后，来自安德罗诺沃文化的人们与当地的采集狩猎者混合形成了下坂地的青铜时代居民。在下坂地早期的青铜时代考古学文化中，尚无任何明显的中亚中部或西亚史前文化的迹象。这也可能是考古学文化认识的阶段性所决定的，包括小河文化、天山北路文化和下坂地文化在内，发掘过的都只是有限的几个墓地，没有遗址的发掘，大大限制了对该考古学文化的认识。随着今后新的考古发现和古遗传学研究成果的增多，相信对下坂地考古学文化的认识也会逐步加深，且更加清晰。

白格托别墓地的古遗传学研究与下坂地墓地不同，结果直接指向了欧亚草原中西部的安德罗诺沃人群。白格托别墓地的古遗传学研究基于一个墓葬M25，尽管该墓葬还没有被正式发掘，也没有陶器和其他随葬品的报道，但是墓葬形制、测年和分子遗传学研究都将其认定为安德罗诺沃文化类遗存[35]。研究者从墓主人牙齿中提取了线粒体基因，分析属于K1b的欧亚西部单倍群，由此认为白格托别墓地M25墓主人在遗传上起源于欧亚西部，属于单纯的安德罗诺沃文化的人群之一。

三、人体测量学与古遗传学

与小河人群来源研究密切相关的人体测量学在新疆的考古学研究中有广泛的应用，也取得了丰硕的成果[36]。然而，近年来古遗传学研究的飞速发展，时常与人体测量的分析结果存在一定的差异，特别是在性别鉴定和族群溯源方面不断修正和完善人体测量学的结论[37]。例如，小河墓地早期的人骨测量分析认为小河人的起源与南伯利亚的欧罗巴人种的古欧洲类型有关[38]。很显然，这里的古欧洲类型与目前最新的古遗传学研究的古北欧亚人和古东北亚人的混合基因有很大差别。

毋庸讳言，体质人类学的人体测量分析与分子遗传学结论存在差异是正常的，这恰好显示了一个个体的生物属性的外部特征与实际遗传信息的差异，这并不是人体测量分析方法本身的问题。这种差异的存在，一方面要求人体测量学要和古遗传学相结合才能够比较全面地反映古代人体的生物特征；另一方面也说明传统的人体测量学的基础数据需要根据古遗传学的分析加以完善。也就是说，人体测量学本身要随着时代的进步不断发展和完善。例如古人体测量学的分析通常是基于现代人的测量数据，这种方法仍在应用，实际上这样的比较分析结果并不十分准确。

仔细分析人体测量学的研究方法和领域就不难发现，它是不可以被其他学科所取代的。比如说，人体测量学分析的长处之一是对标本保存的要求低，远低于分子遗传学的要求，只要骨骼保存得比较完整就可以。而分子遗传学对标本要求较高，像小河墓地那样保存较好的标本，也不能全部成功获取高质量遗传数据[39]。而且，由于分析成本低，人体测量学可以对所有发现的骨骼标本进行全面的测量分析。结合古遗传学提供的准确数据，对所有发现的标本全部进行分析，这就大大提高了研究结论的可靠性。此外，人体测量学的很多领域都是其他学科所不能取代的，比如对那些由外力作用造成的骨骼破损或变形的分析，就是这一学科的独到之处。考古学研究就是要认真地、科学地认识这些颅骨测量数据的分析结果，在充分考虑这些外部特征的同时，还要结合分子遗传学提供的基因分析结果，对其进行全面系统的研究。

实际上也不缺乏这样的实践，西藏阿里故如甲木墓地的人类学研究就是一个人体测量与古遗传学研究相结合的成功案例[40]。故如甲木墓地颅骨测量数据表现出蒙古人种的特征，聚类分析与新疆的史前人类相近。线粒体遗传基因在矫正了人体测量确定性别的同时，发现其少量属欧亚西部类群。这些少量的欧亚西部类群与以欧亚东部为主的类群相结合，共同形成了故如甲木墓地的族群。两个方面的结合说明人体测量学研究结果即外部特征，需要与古遗传学研究结果即内部特征相互印证和对照，考古学的古遗传学的研究应该和体质人类学的颅骨测量及考古学文化的研究有机地结合起来，以便获得更为丰富、深刻的研究成果。我们应该有意识地在确定某一古代基因组的同时，提供这个个体的体质特征的测量数据，以供将来体质人类学研究参考。而且，还要将与这些标本共存的遗迹、遗物结合起来研究。小河墓地由于保留了人体外部特征，这就使上述的综合研究成为可能，这样的人体测量数据日积月累并根据新的分子遗传学的数据不断更新、修正，会成为人体测量学考古分析的新的基础数据。

综上所述，小河人起源的古遗传学研究对我们正确认识考古学文化的形成和对应族群的关系、正确看待人体测量学分析的结果都具有重要意义。尽管古遗传学关于小河人起源的新结论对考古学文化对应人群的研究结论提出了挑战，但是这并不足以冲击考古学文化研究的基本理论和基本方法的科学性。古遗传学研究往往提供了非常重要的线索，要求考古学研究提供相应的证据去证实。

新石器时代末期，即公元前5000~前4000年间，由新石器时代向青铜时代变革时期的考古学研究，是解决小河文化和小河人群来源的关键所在。新疆史前考古学文化的序列还有相当大的缺环，各地区普遍缺乏新石器时代、铜石并用时代遗迹的发现和确认。而新疆各地业已存在的、以细石器和粗陶器为代表的遗址，可能是今后寻找新疆新石器时代遗存的重要线索，也是寻找和确认小河人群构成与源流的考古学文化的重要依据。2022年4月发表的文章，也强调了对新疆早于青铜时代（新石器时代、铜石并用时代）史前人群进行古遗传学研究的重要性[41]。由此可见，新疆新石器时代、铜石并用时代是今后考古学研究的重要课题，同样也是古遗传学研究小河人群祖先的重要依据[42]。

考古学从来就离不开多学科的综合研究，各学科与考古学研究之间既存在内在的联系，也存在差异，各学科既有优势，也存在局限性。考古发掘的遗存是经过千百年自然侵蚀、人为破坏等之后的残留部分，不可能是当时的全部遗留，所以考古学研究本身的局限性是显而易见的。小河墓地的发掘者根据散落的木构件统计，推测还有190多座墓在历代的扰动中被破坏，而实际发掘仅有167座，不到原有墓葬数的一半[43]。最新的小河人起源的古遗传学研究的标本数中属于小河墓地早期的只有11个个体，北方墓地和古墓沟墓地各有1个个体，也是其中的很小一部分。以考古遗存作为研究对象的包括古遗传学、古人体测量学在内的所有学科都有局限性，这些有限的标本又都来自那些仅存下来的、支离破碎的考古遗存，由此得出的结论也要充分考虑到这些因素的影响。考古学综合研究的长处，就是能够在充分认识这种局限性的基础上，集合各学科的优势，扬长避短，从支离破碎的考古证据中去寻找这些遗存之间、遗存与人群之间、人与人之间存在的内在逻辑关系，尽可能审慎地提出阶段性认识，并在不断加深认识的过程中合理地揭示出比较完整的历史面貌。

附记：本文是国家社会科学基金重大项目"新疆温泉阿郭乔鲁遗址与墓地综合研究"（19ZDA226）的阶段性成果。

注　释

[1] 夏鼐：《关于考古学上文化的定名问题》，《考古》1959年第4期。

[2] a.王巍：《考古学文化及其相关问题探讨》，《考古》2014年第12期。

b.韩建业：《考古学文化阐释的理论与实践》，《中国社会科学》2021年第9期。

c.余西云：《中国考古学的理论体系》，见《中国考古学百年史：1921～2021》，中国社会科学出版社，2021年。

[3] Benjamin W. Roberts, Marc Vander Linden, Investigating Archaeological Cultures Material Culture, Variability and Transmission, in Benjamin W. Roberts, Marc Vander Linden ed. *Investigating Archaeological Cultures Material Culture, Variability and Transmission*, New York: Spinger, 2011, pp.1−21.

[4] Benjamin W. Roberts, Marc Vander Linden, Investigating Archaeological Cultures Material Culture, Variability and Transmission, in Benjamin W. Roberts, Marc Vander Linden ed. *Investigating Archaeological Cultures Material Culture, Variability and Transmission*, New York: Spinger, 2011, pp.1−21.

[5] 水涛：《新疆青铜时代诸文化的比较研究——附论早期中西交流的历史进程》，《国学研究》1993年第1期。

[6] 韩建业：《考古学文化阐释的理论与实践》，《中国社会科学》2021年第9期。

[7] a.Betts, A., Jia, P., Abuduresule, 2019, A New Hypothesis for Early Bronze Age Cultural Diversity in Xinjiang, China, *Archaeological Research in Asia* 17, pp.204−213.

b.Mallory, J. P. & Mair, V. H., The Tarim Mummies: Ancient China and the Mystery of the Earliest Peoples from the West, London: Thames & Hudson, *Nature* 27, October 2021.

[8] Zhang, F., Ning, C., Scott, A. et al., The Genomic Origins of the Bronze Age Tarim Basin Mummies, *Nature* 599, 2021, pp.256−261.

[9] Zhang, F., Ning, C., Scott, A. et al., The Genomic Origins of the Bronze Age Tarim Basin Mummies, *Nature* 599, 2021, pp.256−261.

[10] 崔银秋、许月等：《新疆罗布诺尔地区铜器时代古代居民mtDNA多态性分析》，《吉林大学学报》（医学版）2004年第4期。

[11] 李春香、崔银秋、周慧：《利用分子遗传学方法探索新疆地区人类起源和迁徙模式》，《自然科学进展》2007年第6期。

[12] Chunxiang Li, Hongjie Li, Yinqiu Cui, Chengzhi Xie, Dawei Cai, Wenying Li, et al., Evidence That a West−East Admixed Population Lived in the Tarim Basin as Early as the Early Bronze Age, BMC *Biology* 2010(8), p.15.

[13] Chunxiang Li, Chao Ning, Erika Hagelberg, Hongjie Li, Yongbin Zhao, Wenying Li et al., Analysis of Ancient Human Mitochondrial DNA from the Xiaohe Cemetery: Insights into Prehistoric Population Movements in the Tarim Basin, China, BMC *Genetics* 2015(16), p.78.

[14] Zhang, F., Ning, C., Scott, A. et al. 2021, The Genomic Origins of the Bronze Age Tarim Basin Mummies, *Nature* 599, 2021, pp.256−261.

[15] Wenjun Wang, Manyu Ding, Jacob D. Gardner et al., Ancient Xinjiang Mitogenomes Reveal Intense Admixture with High Genetic Diversity, *Science Advances*, 2021.

[16] Kumar et al., Bronze and Iron Age Population Movements Underlie Xinjiang Population History, *Science* 376, 2022, pp.62−69.

[17] a.王炳华:《孔雀河古墓沟发掘及其研究》,《新疆社会科学》1986年第8期;《孔雀河青铜时代考古文化》,见《孔雀河青铜时代与吐火罗假想》,科学出版社,2017年。

b.丛德新:《新疆罗布泊小河5号墓地及相关遗存的初步考察》,见《东亚古物》B卷,文物出版社,2007年。

c.李文瑛:《黄文弼发现罗布泊史前遗存的再认识及其他》,《新疆文物》2014年第2期。

[18] Li, Kangkang, Xiaoguang Qin and Bing Xu et al., New Radiocarbon Dating and Archaeological Evidence Reveal the Westward Migration of Prehistoric Humans in the Drylands of the Asian Interior, *The Holocene* 31(10), pp.1555−1570.

[19] 袁靖:《中国动物考古学》第110～112页,文物出版社,2015年。

[20] Zhang, F., Ning, C., Scott, A. et al., The Genomic Origins of the Bronze Age Tarim Basin Mummies, *Nature* 599, 2021, pp.256−261.

[21] a.Han, W., L. Yu, Z. Lai, D. Madsen, S. Yang, The Earliest Well−dated Archaeological Site in the Byper−arid Tarim Basin and Its Implications for Prehistoric Human Migration and Climatic Change, *Quaternary Research* 82, 2014, pp.66−72.

b.高星、裴树文等:《2004年新疆旧石器考古调查简报》,《人类学学报》2018年第4期。

c.仪明洁:《新疆北部旧石器时代遗存的年代及相关问题》,《西域研究》2019年第4期。

d.冯玥、黄奋等:《新疆哈密七角井遗址2019年调查新发现》,《人类学学报》2021年第6期。

e.Debaine−Francfort, Corinne. Bronze Age Oases in the Tarim Basin (Xinjiang, China): Identities, Early Contacts and Interaction Networks (Third−Second Millennium BCE), in Marc Lebeau ed. *Identity, Diversity & Contact from the Southern Balkans to Xinjiang, from the Upper Palaeolithic to Alexander*, Turnhout, Belgium: Brepols Publishers, 2021, pp.19−42.

[22] 李康康、秦小光等:《新疆罗布泊地区晚更新世末期人类活动新证据》,《中国科学:地球科学》2018年第2期。

[23] a.郭物:《新疆史前晚期社会的考古学研究》,上海古籍出版社,2012年。

b.Morten E. Allentoft, Martin Sikora, Karl-Go "ran Sjo" grenet al., Population Genomics of Broze Age Eurasia, *Nature* 522, 2015, pp.167-171.

[24] 贾伟明：《农牧业起源的研究与东北新石器的划分》，《北方文物》2001年第3期。

[25] Wenjun Wang, Manyu Ding, Jacob D. Gardner et al., Ancient Xinjiang Mitogenomes Reveal Intense Admixture with High Genetic Diversity, *Science Advances*, 2021, p.7.

[26] Jia, P. and Betts, A., A Re-analysis of the Qiemu' Erqieke (Shamirshak) Cemeteries, Xinjiang, China. *Journal of Indo-European Studies* 38, 2010, pp.275-317.

[27] 贾伟明：《寻找新疆本土文化的尝试——浅析新疆地区的早期遗存》，见《考古一生：安志敏先生纪念文集》，文物出版社，2011年。

[28] 贾伟明：《寻找新疆本土文化的尝试——浅析新疆地区的早期遗存》，见《考古一生：安志敏先生纪念文集》，文物出版社，2011年。

[29] Tong, J., Ma, J., Li, W., Chang, X., Yu, J., Wang, J., Ruiliang, L., Chronology of the Tianshanbeilu Cemetery in Xinjiang, Northwestern China. *Radiocarbon* 63(1), 2021, pp.343-356.

[30] a.水涛：《新疆青铜时代诸文化的比较研究——附论早期中西文化交流的历史进程》，《国学研究》1993年第1期。

b.李水成：《从考古发现看公元前二千纪东西方文化的碰撞与交流》，《新疆文物》1999年第1期。

c.韩建业：《新疆的青铜时代和早期铁器时代文化》，文物出版社，2007年。

d.贾伟明、巫新华、艾丽森·拜茨：《准噶尔地区的史前考古研究》，《新疆文物》2008年第1期。

[31] Gao, Shi-Zhu, Ye Zhang, et al., Ancient DNA Reveals a Migration of the Ancient Di-Qiang Populations into Xinjiang as Early as the Early Bronze Age, *American Journal of Physical Anthropology* 157, 2015, pp.71-80.

[32] Wenjun Wang, Manyu Ding, Jacob D. Gardner et al., Ancient Xinjiang Mitogenomes Reveal Intense Admixture with High Genetic Diversity, *Science Advances* 7, 2021.

[33] 魏东：《新疆哈密地区青铜-早期铁器时代居民人种学研究》，吉林大学博士学位论文，2009年。

[34] Ning, C., et al., Ancient Mitochondrial Genomes Reveal Extensive Genetic Influence of the Steppe Pastoralists in Western Xinjiang, *Frontiers in Genetics* 12, 2021.

[35] Zhu, Jiangsong, Jian Ma, Fan Zhang et al., The Baigetuobie Cemetery: New Discovery and Human Genetic Features of Andronovo Community's Diffusion to the Eastern Tianshan Mountains (1800-1500 BC), *The Holocene* 31(2), pp.217-229.

[36] 王明辉：《人类骨骼考古大有可为——人类骨骼考古专业委员会成果综述》，见《边疆考古研究》2006年第20辑。

[37] Cipollaro, M., G. Di Bernardo, G. Galano, et al., Ancient DNA in Human Bone

Remains from Pompeii Archaeological Site, *Biochemical and Biophysical Research Communications* 247, 1998, pp.901−904.

[38] a.韩康信：《新疆孔雀河古墓沟墓地人骨研究》，《考古学报》1986年第3期。

b.聂颖、朱泓、李文瑛、伊弟利斯·阿不都热苏勒等：《小河墓地古代人群颅骨的人类学特征》，《西域研究》2020年第3期。

[39] Zhang, F., Ning, C., Scott, A. et al., The Genomic Origins of the Bronze Age Tarim Basin Mummies. *Nature* 599, 2021, pp.256−261.

[40] 张雅军、张旭等：《从头骨形态学和古DNA探究公元3～4世纪西藏阿里地区人群的来源》，《人类学学报》2020年第3期。

[41] Kumar et al., 2022. Bronze and Iron Age population movements underlie Xinjiang population history. *Science* 376, 2022, pp.62−69.

[42] Yidilisi Abuduresule, Wenying Li, Xingjun, The Xiaohe (Small River) Cemetery and the Xiaohe Culture, in Alison V.G. Betts, Marika Vicziany, Peter Jia and Angelo Andrea Di Castro eds., *The Cultures of Ancient Xinjiang, Western China: Crossroads of the Silk Roads*, Oxford: Archaeopress Publishing Ltd, 2019, pp.19−51.

[43] Yidilisi Abuduresule, Wenying Li, Xingjun Hu, The Xiaohe (Small River) Cemetery and the Xiaohe Culture, in Alison V.G. Betts, Marika Vicziany, Peter Jia and Angelo Andrea Di Castro eds., *The Cultures of Ancient Xinjiang, Western China: Crossroads of the Silk Roads*, Oxford: Archaeopress Publishing Ltd, 2019, pp.19−51.

Xinjiang Prehistoric Archaeological Cultures and Populations—A Case Study of the Xiaohe Culture and Its Population Composition

Jia Weiming and Cong Dexin

KEYWORDS: Xiaohe Culture   Archaeological Culture   Paleogenealogy
Anthropometry   Prehistoric Period

ABSTRACT: The objective existence of the tempo-spatial relationship of archaeological cultures and the possible correspondence to populations is one of the core issues of prehistoric archaeological research. The application of multi-disciplinary perspectives such as paleogenealogy, etc. provides a comprehensive chain of evidence for archaeology. The Xiaohe Culture in Xinjiang has drawn enduring scholarly attention, and the latest paleogenealogical research has brough up new conclusions. Through reviewing the previous studies on molecular genetics and archaeological cultures, we briefly analyze the Xiaohe Culture and its population, as well as the research on contemporary prehistoric populations and cultures in Xinjiang. While summarizing the research results of archaeology, molecular genetics and anthropometry, it points out the limitations of archaeology and research in various disciplines, and proposes that discovering, confirming the Neolithic or Chalcolithic period remains and conducting in-depth research are necessary prerequisites for solving the problem of the origin of Bronze Age populations and cultures in Xinjiang, including the Xiaohe Culture.

（特约编辑　新　华）

两汉帝陵出土云纹瓦当的比较研究

王贠赟

关键词： 云纹瓦当　帝陵　西汉　东汉

内容提要： 瓦当作为一种重要的建筑材料，兼具礼仪性、实用性和观赏性。东汉帝陵是中国古代陵寝发展中十分重要的一环，近年来，东汉帝陵大规模考古工作的开展和相关资料的发表，使得对其出土瓦当的研究成为可能。通过对近年东汉帝陵陵园遗址出土瓦当进行细致的梳理，并与西汉帝陵出土的瓦当进行对比，分析两汉帝陵陵园出土瓦当的异同及其原因，推断东汉帝陵瓦当的图案有意避免了西汉晚期关中传统。东汉名为中兴，实同创革，两汉帝陵的差异既有客观条件的原由，更是主观的选择。

东汉王朝由光武帝刘秀建立，定都于洛阳，前后历14位皇帝196年（公元25～220年）。东汉制度虽上承西汉，但具有明显的时代特征，是西汉之后，中国历史上又一个大一统的王朝。因两位少帝被废，东汉王朝先后建有12座帝陵，其中11座位于今河南省洛阳市（图1）。根据与都城的相对位置，一般都把东汉帝陵分为南北两个陵区。其中洛北陵区（邙山陵区）地处洛阳城北邙山，位于今洛阳市孟津县境内，包括光武帝原陵、安帝恭陵、顺帝宪陵、冲帝怀陵、灵帝文陵5座帝陵；洛南陵区地处洛阳城南万安山北，位于今洛阳市偃师市境内，包括明帝显节陵、章帝敬陵、和帝慎陵、殇帝康陵、质帝静陵、桓帝宣陵6座帝陵。据文献载，"汉自文帝以后皆预作陵，今循旧制也"[1]，东汉帝陵当然也是预修寿陵的产物。

瓦当是帝陵建筑中重要的建筑材料，帝陵出土瓦当是当时建材生产技术、建筑等级规格的重要表现，其当面纹饰具有鲜明的时代特征，是当时社会思想和审美意趣的反映。笔者利用近年在东汉帝陵考古中发现的相关材料，探究东

作者：王贠赟，北京市，102488，中国社会科学院大学考古系。

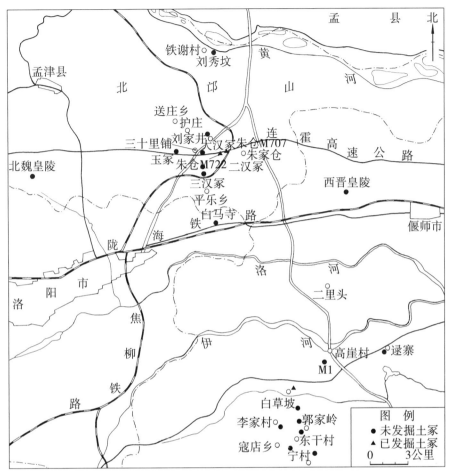

图 1 洛阳东汉帝陵分布图
（图片改自《中国考古学·秦汉卷》第333页，中国社会科学出版社，2010年）

汉帝陵瓦当的使用情况，并与西汉帝陵出土瓦当进行比较，分析其异同，初步探寻其原由。

一、东汉帝陵与洛阳汉代瓦当

与开展较早的西汉帝陵考古工作相比，在21世纪以前，东汉帝陵考古尚处于长期的调查勘探阶段[2]，虽然有学者据文献记载开展了东汉帝陵的实地踏查，但是成规模的田野发掘工作几乎未曾实施，更没有东汉帝陵出土瓦当的明确报道。

随着2003年洛阳市文物考古研究院"洛阳邙山陵墓群考古调查与勘探"项目和2004年郑州大学"两汉帝陵研究"项目的开展，东汉帝陵陵园遗址考古不断取得重大进展。在此过程中,帝陵用瓦当被大量发现。

从发表的资料看,在"洛阳邙山陵墓群考古调查与勘探"项目第一阶段的文物普查工作中,对"大汉冢"相关的建筑遗迹进行了钻探和试掘,采集或发掘出土的云纹瓦当8件,其中7件形制可辨[3]。在第二阶段,对东汉帝陵进行的针对性考古发掘明显增多,多篇相关的简报或报告已经发表。其中,邙山陵区主要的工作为,2009~2010年洛阳市文物考古研究院对朱仓M707、M722陵园及M708、M709墓园的发掘。其中,M707出土瓦当68件,M722出土瓦当348件,除1件莲花纹瓦当和1件弦纹瓦当外,其余414件均为云纹瓦当,可辨形制的共计393件[4]。

在洛南陵区,2004年,郑州大学对偃师市高崖村东汉M1、M8进行考古钻探与试掘,并推断M1可能为质帝静陵,该墓出土云纹瓦当4件[5]。2006~2007年,为配合郑西客运专线的建设,对其沿线的东汉帝陵和陪葬墓群进行了考古调查和勘测,从白草坡村东北处发现墓冢的规模判断,应属帝陵。在对陵园西北角的钻探与发掘中,出土云纹瓦当150件[6]。目前,东汉帝陵考古还在持续进行,大量新材料在发现后尚待整理公布。

除上述材料之外,还有一些东汉帝陵的考古调查,虽未发表瓦当资料,但依然为帝陵研究提供了重要线索。如2002年,郑州大学对洛阳境内可能与帝陵相关的20余座大墓进行踏查[7];2008年,洛阳市文物考古研究院对洛南陵区内现存的一些封土墓进行调查与勘探,发现其中7座属东汉时期帝、后陵墓[8]。这些考古工作,为了解东汉帝陵的排序提供了非常重要的资料。

此前,受客观条件的限制,一直没有学者针对东汉帝陵出土的瓦当展开研究。对东汉帝陵的研究,着重通过梳理文献,结合实地踏查和遗物采集,来探索帝陵的地望、归属和陵寝制度。由于材料单一、文献语焉不详和存在的讹误,没在东汉帝陵的归属和时代问题上形成统一认识。不过,相关的研究为我们提供了探索思路,为帝陵出土瓦当研究提供了重要的历史背景[9]。

2003年以后,随着东汉帝陵考古材料的积累,相关研究取得了丰富成果。如对陵寝位置、年代和归属等问题的探讨,已基本达成共识[10],对东汉帝陵的认识更为深入[11]。这是对东汉帝陵出土瓦当进行解读的重要基础。

研究洛阳汉代瓦当的学者有钱国祥先生。1996年,他对汉魏洛阳城遗址及附近区域出土的汉魏瓦当纹饰演变进行了分期研究[12]。2000年,他又对洛阳东周至魏晋时期云纹瓦当进行整理与研究,总结了洛阳地区云纹瓦当的发展规律[13]。此外,刘庆柱先生在《战国秦汉瓦当研究》一文中,曾对河南地区战国秦汉瓦当进行过系统梳理[14]，申云艳在《中国古代瓦当研究》中，也对洛阳汉代瓦当进行过探讨[15]。2007年出版的由洛阳市文物工作队程永建编著的《洛阳出土瓦当》，是目前洛阳地区瓦当研究最重要的图录[16]。总体而言，在瓦当研究中，战国瓦当或秦、西汉瓦当的研究者较多，而对东汉瓦当研究的文章、图录都非常罕见，对墓葬、遗址范围内出土瓦当的研究更近乎空白。对瓦当的研究，多是集中于某一地域的纵向分析，而不同地区在瓦当交流上的横向对比一直不被关注。21世纪以来，随着东汉帝陵考古工作的蓬勃开展，对东汉帝陵遗址中出土数量最多的遗物之一的瓦当开展研究成为可能。

二、东汉帝陵出土瓦当

（一）瓦当的类型

目前已发表的东汉帝陵陵园遗址出土瓦当共576件，可看出当面较完整纹饰的有554件，均为模制的云纹圆瓦当。瓦当当背较为光滑，无明显绳切痕迹，鲜见加工痕迹，当面直径12.5～16、边轮宽为1～2厘米，内外两道纹饰将瓦当分为两个部分，内圈中为一个凸起的素面圆乳丁，外圈中以四个对称的云纹为主题，将当面均分为四个部分。根据云纹样式的不同，可分为三型（附表）。

A型：70件。无界格线，云纹的尾线直接与外圈弦纹相连，自然呈现出四个界格。根据内圈弦纹上附加纹饰的不同，又可分为三个亚型。

Aa型：44件。内圈弦纹上与云纹间无任何附加纹饰。朱仓M722G2：32，云纹线条垂直相接，边轮高出当面0.6厘米。直径14.2、边轮宽0.9～1.1厘米[17]（图2，1）。偃师白草坡T11③：3，直径15、边轮宽1.2、厚2厘米[18]（图2，2）。

Ab型：8件。在当心乳丁外的弦纹上，均等分布八个向外的尖齿。朱仓M722G2：76，直径15、边轮高出当面0.1、边轮宽1.3～1.5厘米[19]（图2，3）。

Ac型：18件。在当心乳丁外的弦纹上，向外伸出四或八个三角形叶状纹饰。根据其间有无小乳丁纹的变化，可分为三式。

Ⅰ式：11件。在当心乳丁外的弦纹上，均等分布八个向外的三角形叶状纹饰，无小乳丁纹装饰。朱仓M722T263②：7，直径15.8、边轮宽1～1.2厘米[20]（图2，4）。

Ⅱ式：6件。在当心乳丁外的弦纹上，均等分布四个向外的三角形叶状纹饰，其间各有一个小乳丁纹。朱仓M722T235③：7，直径15.6、边轮高出当面0.2、边轮宽1～1.3厘米[21]（图2，5）。

Ⅲ式：1件（朱仓M722G2：77）。在当心乳丁外的弦纹上，均等分布八个

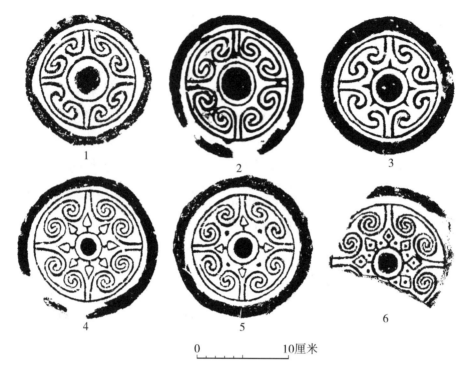

图 2　东汉帝陵陵园遗址出土云纹瓦当

1、2.Aa型（朱仓M722G2∶32、白草坡T11③∶3）　3.Ab型（朱仓M722G2∶76）　4.Ac型
Ⅰ式（朱仓M722T263②∶7）　5.Ac型Ⅱ式（朱仓M722T235③∶7）　6.Ac型Ⅲ式（朱
仓M722G2∶77）

向外的三角形叶状纹饰，叶形纹饰上和两个叶形纹饰间各有一个小乳丁纹。残
径14、边轮宽1厘米[22]（图2，6）。

B型：466件。内外弦纹间由双直线将当面等分为四个扇形，每个扇形内各
装饰有一个蘑菇状云纹。根据内外圈分隔线及其上附加纹饰的差异，可分为五
个亚型。

Ba型：414件。内圈弦纹上无任何附加纹饰，根据界格线间云纹主体附近
附加纹饰的变化，又可分为四式。

Ⅰ式：309件。云纹周围无装饰。这种云纹瓦当是其他各类蘑菇形云纹瓦
当纹饰的母体，在东汉帝陵陵园遗址中出土数量占绝大多数。其中，朱仓M722
陵园遗址中出土5件，M707陵园遗址中出土1件，当面背部模印有"左仲"字
样。朱仓M722G5∶51，直径14.4、边轮宽1.3～1.5厘米[23]（图3，1）。朱仓
M722T221④∶3，直径15.6、边轮宽1.1～1.3厘米[24]（图3，2）。个别瓦当，在
其中一个云纹的一侧装饰有一个"★"图案。朱仓M707H8∶3，黑灰色，当面
残留朱砂。直径15.4、边轮宽0.8～1.5厘米[25]（图3，3）。

Ⅱ式：99件。在每组云纹中间、靠近内圈弦纹处各有一个小乳丁或三角形纹饰，三角形纹饰有空心和实心差异。朱仓M722G5：39，直径16.2、边轮宽1.1～1.3厘米[26]（图3，4）。朱仓M707H8：2，云纹线条断开，内圈外有四个实心三角形纹饰，不与内圈相连。直径15.5、边轮高出当面0.4、边轮宽0.9～1.1厘米[27]（图3，5）。朱仓M722G5：29，云纹线条断开，内圈外有四个三角形，其中两个实心、两个空心，不与内圈相连。残径14.5、边轮宽1厘米[28]（图3，6）。

Ⅲ式：1件（朱仓M707T333②：2）。每组云纹中间、靠近内圈弦纹处各有一个三角形装饰，云纹内部的中心各有一个小乳丁纹。四组云纹线条均相连，

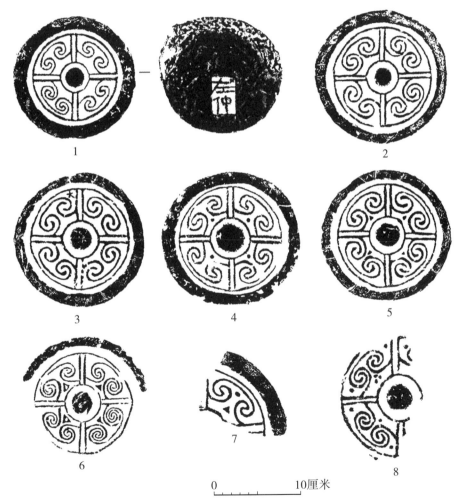

图3 东汉帝陵陵园遗址出土云纹瓦当

1～3.Ba型Ⅰ式（朱仓M722G5：51、朱仓M722T221④：3、朱仓M707H8：3） 4～6.Ba型Ⅱ式（朱仓M722G5：39、朱仓M707H8：2、朱仓M722G5：29） 7.Ba型Ⅲ式（朱仓M707T333②：2） 8.Ba型Ⅳ式（朱仓M722G2：6）

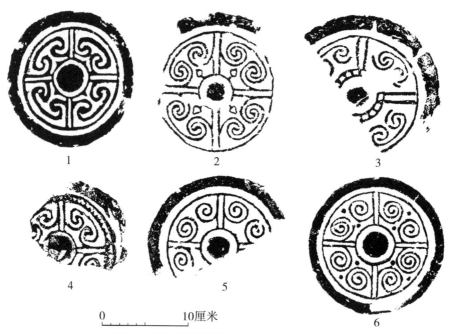

图 4　东汉帝陵陵园遗址出土云纹瓦当
1.Bb型（白草坡H36：20）　2.Bc型（朱仓M722G5：30）　3.Bd型（朱仓
M722TG7③：1）　4.Be型（朱仓M707T329②：9）　5.C型Ⅰ式（朱仓M707H8：9）
6.C型Ⅱ式（朱仓M722T210③：10）

内圈外均匀分布四个实心三角形。直径16、边轮高出当面0.3、边轮宽1.5厘米[29]
（图3，7）。

　　Ⅳ式：5件。每组云纹中间靠近内圈弦纹处有一个或三个小乳丁装饰，云纹
两侧靠近界格线与外圈弦纹交接处亦各有一个小乳丁纹。朱仓M722G2：6，边
轮残。残径14厘米[30]（图3，8）。

　　Bb型：39件。内圈弦纹上伸出四个向外的尖齿，与每组云纹的中心对应。
白草坡H36：20，直径15、边轮宽1.2、厚1.8厘米[31]（图4，1）。

　　Bc型：10件。内圈弦纹上伸出四个三角形叶状纹饰指向每组云纹的中心。
朱仓M722G5：30，直径16、边轮宽1.2厘米[32]（图4，2）。

　　Bd型：2件。中心乳丁纹外弦纹演变为带状的双环线，环线间为小短斜线
纹。云纹大致呈蘑菇状，但伸出的尾线未与界格线相接。朱仓M722TG7③：1，
直径16、边轮高出当面0.4、边轮宽1.5厘米[33]（图4，3）。

　　Be型：1件（朱仓M707T329②：9）。外圈弦纹演变为带状的双环线，环线
间为小短斜线纹。云纹线条均相连。直径16、边轮高出当面0.1、边轮宽1.5厘
米[34]（图4，4）。

C型：18件。内外弦纹间由双直线将当面等分为四个扇形，每个扇形内各装饰有一组羊角状云纹。根据云纹附近有无附加装饰，可分为二式。

Ⅰ式：3件。云纹附近无附加装饰。朱仓M707H8：9，直径16、边轮高出当面0.4、边轮宽1～1.2厘米[35]（图4，5）。

Ⅱ式：15件。每组云纹中间靠近内圈和外圈弦纹处各饰有一个小乳丁纹。朱仓M722T210③：10，直径16、边轮宽1～1.2厘米[36]（图4，6）。

（二）瓦当的年代

由于东汉帝陵遗址整体破坏较为严重，瓦当主要出土于晚期地层、扰坑和沟内堆积，因而在同一遗址内通过地层叠压关系和共出遗物来判断瓦当年代并不可靠，只能运用类型学原理，通过对瓦当当面图案的型式划分，从而探求其发展规律，对瓦当的相对年代有大致推断。

从目前发表的资料看，关中地区遗址中出土瓦当较为丰富，而洛阳地区汉魏洛阳城南郊礼制建筑考古工作做得较为充分，在参考汉河南县城出土瓦当、洛阳城附近窑址出土瓦当和汉魏洛阳城西郊墓园及其他墓葬出土瓦当，并联系曹操高陵[37]等大型墓葬和城址中出土魏晋云纹瓦当后，我们可对东汉帝陵出土瓦当的流行时间做出大致推断。

虽然东汉帝陵每个陵园的归属尚不确定，但目前多数学者认为朱仓M722和M707始建于东汉中期，晚期沿用，可能分别为顺帝宪陵（公元144年）和冲帝怀陵（公元145年）[38]。而白草坡陵园遗址的发掘者认为，其时代可能为东汉中晚期[39]，有可能是桓帝宣陵（公元167年）。

从出土瓦当看，东汉帝陵陵园遗址出土A型瓦当中的Aa型、Ab型、Ac型Ⅰ式和Ⅱ式瓦当，分别与南郊礼制建筑的Aa型瓦当Ⅰ式至Ⅳ式对应（图5，1～4）。其在朱仓M722中发现最多，之后出土数量所占比例整体呈现减少的趋势。东汉帝陵出土的Ba型Ⅰ式瓦当，与南郊礼制建筑出土的Ca型Ⅱ式（图5，5）和Cb型瓦当一致，且各个时期都在数量上占绝对优势；Ba型Ⅱ式瓦当与南郊礼制建筑出土的Ca型Ⅸ式、Cb型Ⅱ式（图5，6）和Cb型Ⅲ式瓦当对应。Ba型Ⅲ式瓦当与南郊礼制建筑出土的Cb型Ⅳ式瓦当一致（图5，7）。Bb型瓦当与南郊礼制建筑出土的Ca型Ⅴ式瓦当（图5，8）一致。Bc型瓦当与南郊礼制建筑出土的Ca型ⅩⅢ式瓦当（图5，9）一致，Bd型瓦当与南郊礼制建筑出土的Cb型Ⅵ式瓦当（图5，11）一致，Be型瓦当与南郊礼制建筑出土的Cb型Ⅶ式瓦当（图5，10）的主体纹饰类似。需要指出的是，这些类型的瓦当在南郊礼制建筑中仅见于太学遗址[40]，数量始终不多。

根据文献记载，"（光武帝建武五年冬十月）初起太学"[41]，"（光武帝中元元年）初起明堂、灵台、辟雍，及北郊兆域"[42]，"（明帝）永平二年，三雍初

图5　汉魏洛阳城南郊礼制建筑出土瓦当
1.Aa型 I 式（78HNLT21②:01）　2.Aa型 II 式（75HNLT18②:08）　3.Aa型
III式（73HNTT001②:21）　4.Aa型 IV 式（72HNBAT16②:01）　5.Ca型 II
式（78HNMJ8H4:01）　6.Cb型 II 式（72HNBAT23-25F1:02）　7.Cb型 IV 式
（72HNBAT18-20②:10）　8.Ca型 V 式（72HNBAT15②:16）　9.Ca型 XIII式
（81HN太南T1②:13）　10.Cb型 VII式（73HNTT004渗坑1:01）　11.Cb型 VI 式
（80HNTT303④:41）

成"，注曰"三雍，宫也，谓明堂、灵台、辟雍"[43]。南郊礼制建筑在建成后，史籍中有相关活动的记载。从文献记载看，由于建成甚早，到顺帝时建筑已多损毁，故"（顺帝永建六年）秋九月辛巳，缮起太学"[44]，这也是正史中唯一一次明确记载的修缮行为。也就是说，从文献记载看，东汉洛阳南郊礼制建筑在东汉早期一次建成，除太学有一次大规模修整外，其他则未见后期修缮改动的记载。

到魏晋时期，这些礼制建筑和相关活动被保留，"（魏明帝太和元年）二汉郊禋之制具存，魏所损益可知"[45]。可知，东汉的南郊礼制建筑魏晋沿用，但由于其保存较好，修缮比较有限。从现有资料看，魏晋云纹瓦当和东汉早期云纹瓦当的差别明显，北魏以后洛阳流行瓦当大变，云纹瓦当退出历史舞台。

对比可知，A型瓦当在战国时期当面图案已经出现，但并未在明确地层中发现西汉时期的此类瓦当[46]，到东汉又重新兴起，在东汉早期至中期都很常见，并在东汉中期有一定发展，Ac型瓦当出现了Ⅲ式。然而这些瓦当数量始终有限，不是主流类型，在东汉整体呈减少趋势。B型瓦当在整个东汉时期都十分常见，早晚形制略有变化。其中数量以Ba型和Bb型为多。Ba型Ⅰ式在整个东汉时期始终最为流行，在汉帝陵陵园遗址发现的所有瓦当的类型中使用数量最多，流行时间最长。Bc型、Bd型和Be型大致为东汉中期使用的类型，数量始终不多。C型瓦当在此前洛阳地区公布的资料中不见，关中地区西汉中期以后已经不再使用，因而这些瓦当可能为洛阳地区东汉中晚期再次出现。从整体上看，东汉瓦当从早至晚变化不大，主旋律始终不曾改变，瓦当使用的种类在东汉中期达到高峰，晚期使用的种类呈减少趋势。

三、两汉帝陵出土云纹瓦当对比

（一）西汉帝陵瓦当的发现

西汉帝陵的田野工作开展较早，新中国成立后，有不少单位和人员都对其进行过调查，并发表过采集的零星瓦当。1964年，陕西省文物管理委员会发表了勘查茂陵采集的瓦当4件[47]。1976年，王志杰、朱捷元先生发表了当地农民在基本建设过程中在茂陵周围发现的瓦当若干[48]。1980年，王丕忠、张子波、孙德润先生发表了阳陵的2件瓦当拓本[49]。同年，李宏涛、王丕忠先生发表3件渭陵瓦当的拓本[50]。1982年，咸阳市博物馆发表在平陵进行调查时采集瓦当若干[51]。同年，王丕忠先生发表了杨家湾汉墓发掘时在长陵及其陪葬区采集的秦汉瓦当150余件[52]。2002年，陕西省考古研究所发表了安陵试掘中出土的3件云纹瓦当拓本[53]。2007年，咸阳市文物考古研究所发表了在茂陵采集的云纹瓦当2件[54]。

2009年，刘卫鹏和岳起先生发表了在延陵采集的瓦当若干[55]。

　　景帝阳陵和宣帝杜陵都曾进行过大规模的发掘。1982～1985年，中国社会科学院考古研究所对杜陵进行了发掘工作，1993年出版的报告中发表瓦当406件[56]。2011年，陕西省考古研究院发表了对景帝阳陵南门的两次发掘工作出土的494件瓦当[57]。

　　2001～2005年，为进行保护规划，确定西汉帝陵大致范围，咸阳市文物考古研究所对西汉帝陵进行了全面勘探，2010年发表了采集的瓦当百余件[58]。2006年，陕西省考古研究院制定了《西汉帝陵考古工作方案》，此后对西汉帝陵进行了全面、系统的调查、勘探和试掘，发表了一部报告和多篇简报。其中，2011年发表在茂陵采集的瓦当6件[59]，2012年发表在义陵采集的瓦当9件[60]，2013年发表在渭陵采集的瓦当25件[61]，2014年发表在康陵采集的瓦当31件[62]，2019年发表在延陵采集的瓦当46件[63]。

　　（二）两汉帝陵瓦当的对比

　　东汉帝陵与西汉帝陵，特别是西汉中晚期帝陵，瓦当的差异性十分显著。就出土瓦当的种类来说，两汉陵园虽然都有云纹瓦当，但是西汉帝陵出土云纹瓦当数量占比始终较少，从早到晚整体呈减少的趋势，且主要用于相对不重要的位置。以宣帝杜陵为例，1982～1985年，对宣帝及其皇后陵进行考古勘查和发掘，在宣帝杜陵陵园内出土文字瓦当479件、云纹瓦当4件，且云纹瓦当皆出土于配廊。孝宣王皇后陵园内出土文字瓦当63件、云纹瓦当17件[64]。笔者统计迄今发表的西汉帝陵附近发现的瓦当共计1131件，其中云纹瓦当仅315件，占比仅27.85%，西汉晚期元、成、哀、平四帝陵中，云纹瓦当占比仅24.53%（表1）[65]。排除一些早期简报云纹瓦当没有详细发表的情况，文字瓦当仍然占绝大多数。而云纹瓦当是东汉帝陵中目前发现唯一使用的瓦当种类，在西汉中晚期占主流地位的文字瓦当在东汉帝陵中则完全不见。

表1　　　　　　　　　西汉帝陵陵园及陪葬墓园出土瓦当数量统计表

瓦当类型	高祖长陵	惠帝安陵	景帝阳陵	武帝茂陵	昭帝平陵	宣帝杜陵	元帝渭陵	成帝延陵	哀帝义陵	平帝康陵	总计
云纹瓦当	11	19	201	20	4	21	16	11	1	11	315
文字瓦当	8	0	295	7		385	33	55	10	22	816
总计	19	19	496	27	5	406	49	66	11	33	1131
云纹瓦当占比	57.89%	100%	40.52%	74.07%	80.00%	5.17%	32.65%	16.67%	9.09%	33.33%	27.85%

　　云纹瓦当当面图案和布局在两汉之间也存在不小的差异。东汉各个时期都主要使用云尾连接至界格线的蘑菇形云纹瓦当，也有少量羊角形云纹瓦当，云纹的种类相对较少，仅在附加纹饰上有所变化，呈现高度统一的局面，且不见西汉帝陵流行的卷云纹瓦当。而西汉云纹瓦当早晚有一定变化，早期还流行从东周延续的云尾连接至当心的蘑菇形云纹，晚期则以卷云纹为主。就当面构图来说，西汉帝陵云纹瓦当的当心多为几何图案，早期多网格纹或曲尺纹，晚期多乳丁纹外一圈连珠纹，外圈常饰一圈栉齿纹（表2）。东汉帝陵出土云纹瓦当当心多为实心圆，内外圈各有一圈弦纹，极个别弦纹变为绳纹，差异明显。

　　就瓦当规格而言，西汉帝陵瓦当直径前后有变化，多集中在16～20厘米。东汉帝陵瓦当有大小两种，直径多集中在14～16厘米，白草坡陵园出土的1件瓦当直径仅12.5厘米。整体上看，东汉帝陵出土的瓦当明显较小。

　　西汉帝陵还出土大量文字瓦当，且不同种类瓦当存在特定的使用范围，各种吉语瓦当在不同等级建筑上使用，有一定的规章制度[66]。而西汉的这种制度在东汉帝陵中完全没有体现，不仅陵园内各建筑间所用瓦当没有变化，而且东汉洛阳城及其南郊礼制建筑的瓦当也基本一致，整体呈高度统一局面。

　　东汉帝陵中部分A型瓦当和C型瓦当的当面图案，在关中地区战国秦至秦代遗址有发现（图6）。A型瓦当在关中地区主要流行于战国秦至西汉初年，C型瓦当发现于战国秦至秦代遗址中。但是这些瓦当在西汉早期已基本被取代，至西汉中晚期已不见。西汉中晚期的宫殿遗址，如建于西汉中期、沿用至新莽时期的桂宫[67]，以及西汉中晚期帝陵中出土的云纹瓦当，当心多为方格纹、规矩纹等几何图案，乳丁纹外常见一圈小连珠纹，外圈常常饰一圈栉齿纹或网格纹装饰，而这些形制的瓦当自东汉初年在国家兴建的大型建筑中则完全不见。

　　文献记载，"世祖光武皇帝讳秀……高祖九世之孙也，出自景帝生长沙定王发"。东汉与西汉一脉相承，几乎每任东汉皇帝都曾经"幸长安，祠高庙，遂有事十一陵"[68]，因而表面上看，两汉帝陵流行相似云纹瓦当自是顺理成章，但实际情况是东汉帝陵中见不到西汉成熟的瓦当图案。

　　东汉帝陵使用的瓦当种类单一，体量较小，这可能与东汉皇帝多次强调"薄葬"，使得陵寝建筑规模受到制约，故而瓦当直径受到限制有关。就瓦当而言，到此时房屋用瓦已十分普及，瓦当基本不再作为一种高端物品来彰显身份等级，因而对当面图案的设计可能也就不如西汉时用心。此外，瓦当在东汉一代的高度统一，或许也可作为东汉大一统王朝政治集权和文化一致的表现。

表2 西汉帝陵陵园及陪葬墓园出土云纹瓦当数量统计表

遗址 \ 类型(数量)	型1	型2	型3	型4	型5	型6	型7	型8	型9	型10	型11	型12	型13	型14	型15
高祖长陵						1	1							1	
惠帝安陵	2	2	3	1				1		1		3	2	2	1
景帝阳陵		79	2			2		1				8	1	96	
武帝茂陵			3					1		1		18	16	9	1
昭帝平陵					1							2	2	1	
宣帝杜陵												2	2	4	
元帝渭陵								1		1		1		2	
成帝延陵								1	2		1	11	3	3	
哀帝义陵								1				3			
平帝康陵												8			
合计	2	81	10	2	1	3	1	6	2	3	1	56	27	118	2

文字瓦当在西安地区主要流行于西汉武帝以后，其他地区出现和流行的时代稍晚且数量较少。东汉洛阳城仅在西汉末年至东汉初年受西安地区影响而出现过少量文字瓦当，但始终不占主流地位。而即使是在西安地区盛行文字瓦当的西汉时期，洛阳地区也是以云纹为主。因此东汉帝陵中未发现文字瓦当，可能与文字瓦当的地域性差异有关。

造成两汉帝陵瓦当使用差异的更多的可能是思想原因。东汉帝陵是彰显东汉皇帝威严的重要场所，他们表面上标榜自身为西汉皇族后裔，但又迫切希望彻底打破前朝政治格局而建立新朝。在这种矛盾的心态下，东汉帝陵瓦当更多反映出东汉王朝的自身特色。

东汉名为中兴，实同创革。东汉建立后迁都洛阳并迅速建造了新的礼制建筑，在制度和思想等方面发生变革，在尽力摆脱西汉影响。瓦当在建筑上的显眼位置，因而在瓦当的使用上，东汉初年营建的大型建筑，就似乎有意避免西汉传统，尝试使用不同的图案。而一部分年代更早、造型美观、符合统治者审美和统治需求的瓦当图案被重新制作，并用于帝陵陵园遗址内的重要建筑。

受篇幅限制，东汉帝陵出土瓦当与东汉洛阳城及其南郊礼制建筑遗址出土瓦当的更多对比，将另文讨论。

四、余　论

从关中地区出土的瓦当看，东汉帝陵出土的Ac型Ⅰ式瓦当，与陕西阎良栎阳城遗址出土的八叶云纹瓦当（图6，1）[69]几乎完全一致，Bd型瓦当与陕西眉县成山宫遗址出土的连云纹瓦当（图6，2）[70]类似，C型Ⅰ式瓦当与秦始皇陵鱼池遗址出土的四型Ⅱ式瓦当（图6，3）[71]图案相同，C型Ⅱ式瓦当与陕西眉县成山宫遗址出土的卷云纹瓦当（图6，4）[72]类似。

根据文献记载，"（秦献公）二年，城栎阳"[73]，"（东汉）建

图6　战国至秦云纹瓦当
1.阎良栎阳城出土　2、4.眉县成山宫出土
3.秦始皇陵鱼池遗址出土

武二年，定封丹栎阳侯"[74]，其间栎阳城始终有人居住。关于成山宫，文献记载较少，但遗址中出土文物说明成山宫始建于战国，兴盛于秦代，直到东汉初年仍得到修葺[75]。秦始皇陵自战国末期始皇即位修建，直至秦二世时期埋葬始皇[76]。其虽自秦末年就不断遭到破坏，但直至明代都穆《骊山记》仍记述："陵内城周五里，旧有四门，外城周十二里，其址俱存。自南登之，二丘并峙。人曰：'此南门也。'右门石枢犹露土中，陵高可四丈，昔项羽、黄巢皆尝发之。"可见历代对秦始皇陵的破坏并不彻底，而鱼池遗址远离陵园中心，故意的破坏应更轻微。因此，东汉时工匠应不难观察到战国至秦代瓦当。

从瓦当细节看，东汉瓦当边轮整体加宽，制作更规整。在制作上，前述的关中瓦当的背面可见明显绳切痕迹，时代为西汉早期以前当无疑问。而东汉帝陵出土瓦当的背面多甚为光滑，几乎不见加工痕迹，其制作年代为东汉无疑，但其当面图案则部分借鉴了战国秦至秦代风格。

东汉帝陵部分瓦当的当面图案，却与战国秦时一致，其原因值得深思[77]。从班固《两都赋》看，其全篇颂扬了东汉都城洛阳，对西汉都城长安的富丽辉煌则持批判态度，而东都洛阳虽不如西汉规模宏大，却是周的王都，且洛阳建设完全符合礼制。《两都赋》反映出了当时强调节俭和崇尚周礼的社会思潮。关中之地是周的发源地，自然是东汉工匠学习的重要样本。汉代文人普遍存在褒周过秦的思想，但"过"秦是针对秦始皇至秦二世时期频繁颁布暴政的帝国秦，而战国秦并没有成为"过"的对象。司马迁在《秦始皇本纪》中的评价及对贾谊《过秦论》的引用，都没有涉及对战国秦的批评。当然，西汉末年王莽为维护自身统治，采取了一系列复古措施。东汉晚期社会动荡，儒学发展到一定程度，在这种情况下，当时社会存在着一股复古思潮。东汉帝陵瓦当图案对战国秦的模仿，可能即是这种复古思潮的反映。

附记：本文系国家社科基金重大招标项目"秦汉三辅地区建筑研究与复原"（18ZDA18）的阶段性成果。

注　释

[1] 《后汉书·光武帝纪下》。

[2] 洛阳市文物工作队：《洛阳考古四十年——1992年洛阳考古学术研讨会论文集》，科学出版社，1996年。

[3] a.洛阳市第二文物工作队：《洛阳邙山陵墓群的文物普查》，《文物》2007年第10期。

　　b.洛阳市文物考古研究院：《邙山陵墓群考古调查与勘探第一阶段考古报告》，文物出版社，2018年。

[４] a.洛阳市文物考古研究院：《洛阳朱仓东汉陵园遗址》，中州古籍出版社，2014年。

b.洛阳市第二文物工作队：《洛阳孟津朱仓东汉帝陵陵园遗址》，《文物》2011年第9期。

[５] 郑州大学历史学院考古系、洛阳市第二文物工作队等：《偃师市高崖村东汉墓（陵）冢钻探、试掘简报》，《中原文物》2006年第3期。

[６] 洛阳市第二文物工作队、偃师市文物管理委员会：《偃师白草坡东汉帝陵陵园遗址》，《文物》2007年第10期。

[７] 韩国河：《东汉陵墓踏查记》，《考古与文物》2005年第3期。

[８] 洛阳市文物考古研究院：《洛阳偃师东汉洛南陵区2008年考古勘探简报》，《洛阳考古》2015年第2期。

[９] a.刘敦桢：《大壮室笔记·中国营造学社汇刊》，知识产权出版社，2016年。

b.黄明兰：《东汉光武皇帝刘秀原陵浅谈》，《今昔谈》1982年第2期。

c.陈长安：《洛阳邙山东汉陵试探》，《中原文物》1982年第3期。

d.杨宽、刘根良等：《秦汉陵墓考察》，《复旦学报》（社会科学版）1982年第6期。

e.太田有子：《东汉光武帝原陵位置探讨》，《复旦学报》（社会科学版）1983年第4期。

f.李南可：《从东汉"建宁"、"熹平"两块黄肠石看灵帝文陵》，《中原文物》1985年第3期。

g.刘炜：《东汉帝王陵寝制度》，《文博》1986年第6期。

h.严辉：《邙山东汉帝陵地望的探索之路》，《中国文物报》2006年11月3日。

i.王竹林、赵振华：《东汉南兆域皇陵初步研究》，见《古代文明》第4卷，文物出版社，2006年。

j.韩国河：《东汉帝陵有关问题的探讨》，《考古与文物》2007年第5期。

k.杨哲峰：《从陵到冢——关于东汉"懿陵"的思考》，《中国文物报》2008年2月1日。

l.赵振华：《洛阳东汉北兆域帝陵的初步研究》，见《古代文明》第7卷，文物出版社，2008年。

m.洛阳市第二文物工作队：《洛阳汉魏陵墓研究论文集》，文物出版社，2009年。

[10] a.钱国祥：《东汉洛阳帝陵的布局与归属辨析》，《中原文物》2019年第1期。

b.严辉：《洛阳东汉帝陵地望问题研究综述》，《中原文物》2019年第5期。

[11] a.严辉、慕鹏：《陵池——东汉帝陵封土的新形制》，《中国文物报》2006年10月20日。

b.韩国河：《东汉北魏陵寝制度特征和地位的探讨》，《文物》2011年第1期。

c.严辉、张鸿亮、卢青峰：《洛阳孟津朱仓东汉帝陵陵园遗址相关问题的思考》，《文物》2011年第9期。

d.梁云、王璐：《论东汉帝陵形制的渊源》，《考古》2019年第1期。

[12] 钱国祥：《汉魏洛阳城出土瓦当的分期与研究》，《考古》1996年第10期。

[13] 钱国祥：《云纹瓦当在洛阳地区的发展与演变》，《中原文物》2000年第5期。

[14] 刘庆柱：《战国秦汉瓦当研究》，见《古代都城与帝陵考古学研究》，科学出版社，2000年。

[15] 申云艳：《中国古代瓦当研究》，中国社会科学院研究生院博士学位论文，2002年；文物出版社，2006年。

[16] 程永建：《洛阳出土瓦当》，科学出版社，2007年。

[17] 洛阳市文物考古研究院：《洛阳朱仓东汉陵园遗址》第63页，中州古籍出版社，2014年。

[18] 洛阳市第二文物工作队、偃师市文物管理委员会：《偃师白草坡东汉帝陵陵园遗址》，《文物》2007年第10期。

[19] 洛阳市文物考古研究院：《洛阳朱仓东汉陵园遗址》第63页，中州古籍出版社，2014年。

[20] 洛阳市文物考古研究院：《洛阳朱仓东汉陵园遗址》第63页，中州古籍出版社，2014年。

[21] 洛阳市文物考古研究院：《洛阳朱仓东汉陵园遗址》第63页，中州古籍出版社，2014年。

[22] 洛阳市文物考古研究院：《洛阳朱仓东汉陵园遗址》第63页，中州古籍出版社，2014年。

[23] 洛阳市文物考古研究院：《洛阳朱仓东汉陵园遗址》第59页，中州古籍出版社，2014年。

[24] 洛阳市文物考古研究院：《洛阳朱仓东汉陵园遗址》第56页，中州古籍出版社，2014年。

[25] 洛阳市文物考古研究院：《洛阳朱仓东汉陵园遗址》第85页，中州古籍出版社，2014年。

[26] 洛阳市文物考古研究院：《洛阳朱仓东汉陵园遗址》第59页，中州古籍出版社，2014年。

[27] 洛阳市文物考古研究院：《洛阳朱仓东汉陵园遗址》第87页，中州古籍出版社，2014年。

[28] 洛阳市文物考古研究院：《洛阳朱仓东汉陵园遗址》第59页，中州古籍出版社，2014年。

[29] 洛阳市文物考古研究院：《洛阳朱仓东汉陵园遗址》第87页，中州古籍出版社，2014年。

[30] 洛阳市文物考古研究院：《洛阳朱仓东汉陵园遗址》第59页，中州古籍出版社，2014年。

[31] 洛阳市第二文物工作队、偃师市文物管理委员会：《偃师白草坡东汉帝陵陵园遗址》，《文物》2007年第10期。

[32] 洛阳市文物考古研究院：《洛阳朱仓东汉陵园遗址》第59页，中州古籍出版社，2014年。

[33] 洛阳市文物考古研究院：《洛阳朱仓东汉陵园遗址》第59页，中州古籍出版社，2014年。

[34] 洛阳市文物考古研究院：《洛阳朱仓东汉陵园遗址》第87页，中州古籍出版社，2014年。

[35] 洛阳市文物考古研究院：《洛阳朱仓东汉陵园遗址》第87页，中州古籍出版社，2014年。

[36] 洛阳市文物考古研究院：《洛阳朱仓东汉陵园遗址》第59页，中州古籍出版社，2014年。

[37] 河南省文物考古研究院、安阳市文物考古研究所等：《安阳高陵陵园遗址2016～2017年度考古发掘简报》，《华夏考古》2018年第1期。

[38] 洛阳市文物考古研究院：《洛阳朱仓东汉陵园遗址》，中州古籍出版社，2014年。

[39] 洛阳市第二文物工作队、偃师市文物管理委员会：《偃师白草坡东汉帝陵陵园遗址》，《文物》2007年第10期。

[40] 中国社会科学院考古研究所：《汉魏洛阳故城南郊礼制建筑遗址》，文物出版社，2010年。

[41] 《后汉书·光武帝纪上》。

[42] 《后汉书·光武帝纪下》。

[43] 《后汉书·桓荣丁鸿列传》。

[44] 《后汉书·孝顺孝冲孝质帝纪》。

[45] 《后汉书·孝顺孝冲孝质帝纪》。

[46] Ac型Ⅰ式在汉长安城遗址中曾有发现，见陈直《云纹瓦当图录》（《关中秦汉陶录》，中华书局，2006年），但出土地点不明，没有更多信息用于判断年代。

[47] 陕西省文物管理委员会：《陕西兴平县茂陵勘查》，《考古》1964年第2期。

[48] 王志杰、朱捷元：《汉茂陵及其陪葬冢附近新发现的重要文物》，《文物》1976年第7期。

[49] 王丕忠、张子波、孙德润：《汉景帝阳陵调查简报》，《考古与文物》1980年第1期。

[50] 李宏涛、王丕忠：《汉元帝渭陵调查记》，《考古与文物》1980年第1期。

[51] 咸阳市博物馆：《汉平陵调查简报》，《考古与文物》1982年第4期。

[52] 王丕忠：《汉长陵附近出土的秦汉瓦当》，见《文物资料丛刊》（6），文物出版社，1982年。

[53] 陕西省考古研究所：《西汉安陵调查简报》，《考古与文物》2002年第4期。

[54] 咸阳市文物考古研究所：《汉武帝茂陵钻探调查简报》，《考古与文物》2007年第6期。

[55] 刘卫鹏、岳起：《陕西咸阳西汉成帝延陵调查记》，《华夏考古》2009年第1期。

[56] a.中国社会科学院考古研究所：《汉杜陵陵园遗址》，科学出版社，1993年。
b.中国社会科学院考古研究所杜陵工作队：《1982～1983年西汉杜陵的考古工作收获》，《考古》1984年第10期；《1984～1985年西汉宣帝杜陵的考古工作收获》，《考古》1991年第12期。

[57] 陕西省考古研究院：《汉阳陵帝陵陵园南门遗址发掘简报》，《考古与文物》2011年第5期。

[58] 咸阳市文物考古研究所：《西汉帝陵钻探调查报告》，文物出版社，2010年。

[59] 陕西省考古研究院、咸阳市文物考古研究所等：《汉武帝茂陵考古调查、勘探简报》，《考古与文物》2011年第2期。

[60] 陕西省考古研究院、咸阳市文物考古研究所：《汉哀帝义陵考古调查、勘探简报》，《考古与文物》2012年第5期。

[61] 陕西省考古研究院、咸阳市文物考古研究所：《汉元帝渭陵考古调查、勘探简报》，《考古》2013年第11期。

[62] 陕西省考古研究院、咸阳市文物考古研究所：《汉平帝康陵考古调查、勘探简报》，《文物》2014年第6期。

[63] 陕西省考古研究院、咸阳市文物考古研究所：《西汉成帝延陵考古勘探调查简报》，《考古与文物》2019年第4期；《汉成帝延陵考古调查勘探报告》，文物出版社，2019年。

[64] 中国社会科学院考古研究所：《汉杜陵陵园遗址》，科学出版社，1993年。

[65] 简报中未标明数量者，按所发表的拓本和照片数量统计。

[66] 刘庆柱：《战国秦汉瓦当研究》，见《古代都城与帝陵考古学研究》，科学出版社，2000年。

[67] 中国社会科学院考古研究所、日本奈良国立文化财研究所：《汉长安城桂宫1996～2001年考古发掘报告》，文物出版社，2007年。

[68] 《后汉书·光武帝纪下》、《后汉书·显宗孝明帝纪》、《后汉书·肃宗孝章帝纪》、《后汉书·孝安帝纪》、《后汉书·孝顺孝冲孝质帝纪》和《后汉书·孝桓帝纪》。

[69] 王世昌：《陕西古代砖瓦图典》，三秦出版社，2004年。

[70] 刘怀君、王力军：《秦汉珍遗——眉县秦汉瓦当图录》，三秦出版社，2002年。

[71] 袁仲一：《秦始皇陵的考古发现与研究》，陕西人民出版社，2002年。

[72] 刘怀君、王力军：《秦汉珍遗——眉县秦汉瓦当图录》，三秦出版社，2002年。

[73] 《史记·秦本纪》。

[74] 《后汉书·朱景王杜马刘傅坚马列传》。

[75] 刘怀君、严惠婵:《陕西眉县秦汉成山宫遗址的新发现》,《文博》2003年第1期。

[76] 《史记·秦始皇本纪》。

[77] 东汉帝陵瓦当应受到关中地区秦瓦当的影响。但由于文献和材料的限制,这些瓦当是如何影响东汉帝陵的,尚不清楚。

附表   **东汉帝陵陵园遗址出土瓦当数量统计表**

类型 \ 遗址年代	大汉冢 光武帝原陵 公元57年	朱仓M722 顺帝宪陵 公元144年	朱仓M707 冲帝怀陵 公元145年	高崖村M1 质帝静陵 公元146年	白草坡 桓帝宣陵 公元167年	合计
Aa型		41 G5:47	1 T330②:8	1 04GYM1TG3②:1	1 06ZXYBT11③:3	44
Ab型		5 G2:76	1 T326②:3		2 06ZXYBG1:38	8
Ac型I式		11 T210③:9				11
Ac型II式		6 T235③:7				6
Ac型III式		1 G2:77				1

类型＼年代＼遗址	大汉冢 光武帝原陵 公元 57 年	朱仓 M722 顺帝宪陵 公元 144 年	朱仓 M707 冲帝怀陵 公元 145 年	高崖村 M1 质帝静陵 公元 146 年	白草坡 桓帝宣陵 公元 167 年	合计
Ba 型Ⅰ式	5 07LSDT2H3：3	172 H14：14	29 T319②：1	3 04GYM1TG3②：2	100 06ZXYBH17：1	309
Ba 型Ⅱ式		69 G4：8	14 H8：18		16 06ZXYBH36：17	99
Ba 型Ⅲ式			1 T333②：2			1
Ba 型Ⅳ式		5 G7：17				5
Bb 型	2 07LSDT2H3：7	5 T226③：2	1 G1：6		31 06ZXYBH36：20	39
Bc 型		10 G5：30				10

续附表

类型＼年代 遗址	大汉冢 光武帝原陵 公元57年	朱仓M722 顺帝宪陵 公元144年	朱仓M707 冲帝怀陵 公元145年	高崖村M1 质帝静陵 公元146年	白草坡 桓帝宣陵 公元167年	合计
Bd 型		2 TG7③：1				2
Be 型			1 T329②：9			1
C 型 I 式			3 H8：9			3
C 型 II 式		15 G4：12				15
合计	7	342	51	4	150	554

Comparative Study of Roof Tile Ends with Cloud Motif Unearthed from Royal Mausoleums during the Western and Eastern Han

Wang Yuanyun

KEYWORDS: Roof Tile Ends with Cloud Motif   Royal Mausoleums   Western Han   Eastern Han

ABSTRACT: As one kind of important architectural components, roof tile ends have multiple properties in terms of rituality, utility and aesthetics. Eastern Han royal mausoleums play a critical role in the development of ancient mausoleum system in China. It is impossible to study unearthed roof tile ends from mausoleums until large scaled archaeological work has been conducted in recent years along with data publication. Through meticulous analysis of recently unearthed roof tile ends from Eastern Han mausoleums together with comparisons with those from Western Han mausoleums, this study reveals similarities and differences among unearthed roof tile ends from Western Han and Eastern Han mausoleums as well as the reasons. It is inferred that motifs on Eastern Han roof tile ends are intentionally selected to avoid the Guanzhong tradition of the late Western Han. Therefore, the Eastern Han is more an innovative period than a revitalizing period. Differences in royal mausoleums between the Western Han and Eastern Han are caused not only by objective circumstances but also by deliberate choices.

（特约编辑　新　华）

鹤壁后营汉代合葬墓的内涵与特点

——兼及中原平民社会的合葬礼俗

曹　峻　牛合兵　赵晓瑞　穆友江山

关键词：鹤壁　合葬墓　汉代

内容提要：通过以后营汉代合葬墓为中心的考察发现，汉代中原的中小型合葬墓具有以北向为主的墓葬朝向、男右女左的埋葬形式、男尊女卑的墓葬形制和男女平等的随葬品等特点。这些特点反映的是汉代中原平民社会中以北为上、以右为尊的社会风尚，以及"夫为妻纲"的伦理思想和男女平等的经济关系等，它们共同构成了中原平民社会的合葬礼俗。这些内涵中，既有对区域传统的继承，也有新时代下发展出的新内容；既有在统治思想影响下产生的风气，也有受社会思潮甚至是家庭经济关系所影响而出现的丧葬制度，从而使中原地区平民社会的合葬礼俗表现出多层次、多维度的复杂特点。

　　20世纪90年代，鹤壁市文物工作队为配合基本建设，在今山城区的后营村一带发掘、清理近200座西汉中期至东汉晚期的中小型墓葬[1]。其中有不少合葬墓，内涵丰富，特点鲜明，为我们深入认识合葬墓以及其中所蕴含的社会生活信息提供了重要材料。本文即以这批合葬墓为中心，试对其基本特点进行分析，以期在丰富已有认识的基础上，深入了解豫北为代表的中原地区汉代民众的文化习俗和社会风气，进而探寻这些现象所反映平民社会中的合葬礼俗。

一、合葬墓的总体情况

　　后营汉墓区位于河南省鹤壁市西北的后营村，20世纪90年代初在该区域清理183座汉代中小型墓葬。根据墓葬中存留遗骨、葬具、墓室等信息，我们梳理出明确为二人或多人合葬的墓葬47座（附表），其中多人或多代合葬的墓葬比

作者：曹峻、穆友江山，上海市，200444，上海大学文化遗产与信息管理学院。
　　　牛合兵、赵晓瑞，鹤壁市，458000，鹤壁市文物工作队。

较少，绝大多数为双人合葬墓。需要说明的是，由于有些墓葬扰动朽烂较甚，尸骨、葬具无存，不排除一些信息不明确的单室墓事实上也为合葬墓，因此实际合葬墓的数量应该要比统计的数字更多。

表1　　　　　　　　　　　　　后营合葬汉墓形制分期表

形制＼墓号＼年代		西汉中晚期	新莽至东汉早期	东汉中晚期	年代不明确
异穴合葬		92H1M150、94H1M242	94H1M234	91H1M124、94H1M240	
同穴合葬	同室	90H1M57、91H1M107、91H1M112、91H1M126、92H1M145	90H1M55、90H1M56、90H1M59、90HHM1、91H1M94、91H1M106、91H1M119、91H1M127、91H1M128、91H1M144、92H1M153、92H1M154、92H1M155、92H1M169、93H1M210、93H1M212、94H1M249、95H1M258	91H1M102、91H1M105、92H1M151、92H1M163、95H1M255	94H1M250
	分室		93H1M215		91H1M76
	异室	91H1M120	90H1M54、90H1M60、91H1M122、91H1M142、92H1M149、93H1M216		91H1M116、91H1M143、93H1M206、94H1M241

　　我们对这47座合葬墓进行了墓葬形制与年代分期的大致梳理（表1）。可以看出，这批墓葬最为流行的合葬形式为同穴合葬，共计42座，占总数近九成。其中，同穴同室及分室墓31座、同穴异室墓11座，可见前者更加普遍，是当时的主流形制。除同穴墓之外，异穴合葬墓少量存在，仅有5座，占总数的10.6%。从年代分期来看，将47座墓分为Ⅰ、Ⅱ、Ⅲ三个时期，分别对应西汉中晚期、新莽至东汉早期、东汉中晚期。其中属于第Ⅰ期的有8座合葬墓，属于第Ⅱ期的有26座，属于第Ⅲ期的有7座墓。从表1可以看出，从第Ⅱ期开始合葬墓大量出现，这与学界关于合葬墓出现于西汉中期、东汉以后日渐兴盛的认识是相符合的。从异穴合葬墓的情况来看，第Ⅰ期2座、第Ⅱ期1座、第Ⅲ期2座，尽管数量少，但是从早到晚始终存在，似乎并没有被同穴合葬墓取代甚至消失的趋势。

二、合葬墓的内涵与特点

　　后营汉墓区的发掘是在数年间配合基建工作而陆续进行的，因此缺少墓葬区整体布局及墓葬相互位置关系所反映的信息。尽管如此，这批合葬墓在墓葬方向、埋葬形式、墓穴结构、随葬器物及其摆放等方面仍有规律可循，表现出丰富的内涵与鲜明的特点。

（一）墓葬方向以朝北为制

后营汉墓区的合葬墓朝向基本一致，以北向为主。由附表可以看出，47座墓中除了2座为东向外，其余45座墓均朝北，即墓道在墓室之北。墓主的头向也与墓道相一致，且多数在北偏东或偏西0～20度之间。墓葬北向的特点非常显著。

从鹤壁周边来看，北向也是豫北及邻近地区中小型墓葬的普遍特点。豫北新乡、辉县一带，诸如李大召、老道井、王门等已发掘的大量汉墓，朝向大多为北向。甚至以洛阳为中心的河南大部分地区，两汉时期中小型墓葬均以北向为主，东向或南向的墓葬仅间或可见。可以说，鹤壁后营汉墓区所显示的以北向为主的墓葬朝向，在整个中原地区都具有普遍性，代表了东汉京畿及邻近"三河"地区的特点。

然而，这一以北为制的现象似乎仅限于中原一带的平民阶层，在邻近的关中地区以及当时以帝王为主体的上层社会并没有同样的以北向为主的墓葬制度。关中地区汉代平民墓葬一般来说延续秦制，多为东西向。如西安龙首原西汉早期42座墓葬中，北向墓葬仅4座，东西向的则有26座[2]；西安北郊郑王村81座汉墓中，东西向的42、南向的21、北向的仅15座墓[3]。而在以帝王为主体的统治阶层中，西汉11座帝陵的陵园和陵墓更是统一向东，无一朝北；根据对洛阳朱仓遗址的调查与发掘，东汉帝陵亦基本可确定为南向。诸侯王墓也是如此，材料比较丰富的西汉45座、东汉8座大墓中，以南向与东西向为多，北向的很少[4]。显然，以鹤壁后营汉墓为代表的以北为制的墓葬朝向，仅流行于中原地区的平民社会，而非上层社会及中原以外的关中等地区。

（二）埋葬方式流行"男右女左"

除了头向之外，后营汉墓区的夫妇合葬墓在性别位置关系上也表现出明显的规律性。

通常情况下，我们可以根据墓室中的尸骨或者随葬品的摆放情况来判断墓主的性别。尤其对于大部分尸骨朽烂的墓葬来说，环首刀、铁剑、带钩、铜镜等随葬品具有明显的性别指向。一般来说，摆放铁剑、环首刀、带钩等的一侧尸骨往往不见铜镜，反之亦如是。因此对于后营汉墓来说，基本可以根据铁剑、环首刀、带钩和铜镜的摆放位置判断墓主的男女位置关系。通过尸骨和随葬品的线索，我们发现在北向墓葬中，存在男性位于西侧、女性位于东侧的规律。

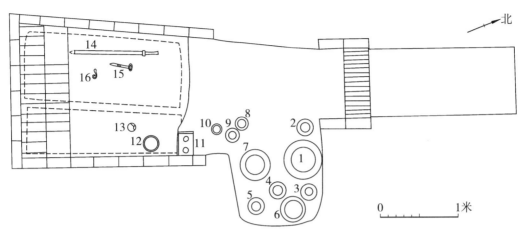

图1　94HlM250平面图

1.大陶瓮　2～5.陶仓　6.陶壶　7.陶瓮　8.小陶罐　9.陶鼎　10.陶井　11.陶灶　12.陶盘　13.铜镜　14.铁剑　15.铁环首刀　16.铜带钩

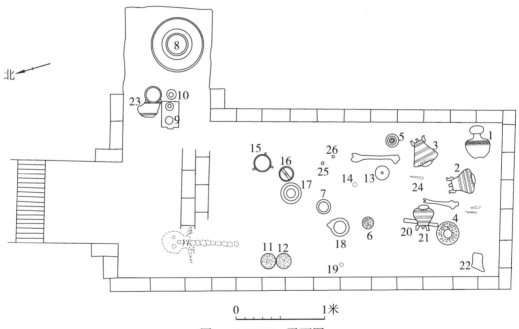

图2　90HHM1平面图

1、10、18、22、23.陶壶　2～4、21.陶仓　5.铜镜　6、7、11～13.陶器盖　8.陶瓮　9.陶灶　14.小陶釜　15.陶樽　16.陶井　17.陶博山炉　19、25、26.铜钱　20.铁剑　24.铁棺钉

如91HlM127西侧尸骨比东侧的明显粗壮，可知男性墓主被置放在西部。而在同时随葬铁剑、环首刀和铜镜的墓葬中，如91HlM107，环首刀和带钩位于西部尸骨中部，铜镜位于东部尸骨头侧；94HlM250，铁环首刀、铁剑、铜带钩位于墓室西侧中部，铜镜位于墓室东侧中部（图1）；90HHM1也是如此，铁剑位于西

部，铜镜位于东部（图2）。还有一些仅发现铁环首刀、铁剑，或是只发现铜镜的墓葬。随葬品的摆放也很有规律，如91HlM106、91HlM122、91HlM124、94HlM240（图3）、94HlM241，铁环首刀、铁剑均置于墓室西侧或西墓室；90HlM55、92HlM155、94HlM249（图4）等墓葬则在东侧尸骨或者东墓室处发现铜镜。

以上合葬墓除极个别为侧身葬之外，绝大多数为仰身直肢葬。同时因为人骨头向朝北，所以"男西女东"的葬式在夫妇之间的相对位置关系上就是"男右女左"。这是后营汉墓合葬墓中绝大多数的埋葬方式。同时，"男右女左"并不是该墓区的唯一埋葬方式，除此之外，也有"男左女右"的

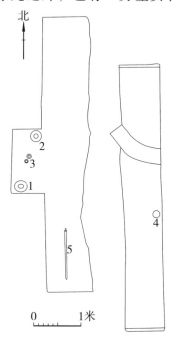

图 3　94HlM240 平面图
1.陶仓　2.陶鼎　3.陶灶
4.陶碗　5.铁剑

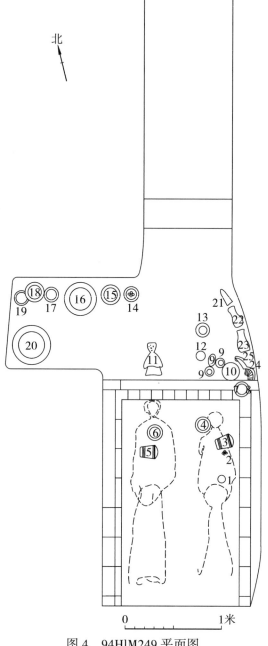

图 4　94HlM249 平面图
1.铜镜　2.铜钱　3～6.小陶仓　7.陶井　8、13.陶罐　9.陶灶　10.陶樽　11.陶俑　12.陶量　14、15、17～19.陶仓　16.陶壶　20.小陶瓮　21～23.陶牛俑　24.陶车　25.陶俑

墓例。如92H1M154，墓向与头向均朝东，南侧墓主随葬铁剑、铜带钩，北侧墓主随葬铜镜，可知男南女北，相对位置则为男左女右（图5）。但这样的例子非常特殊，目前证据清晰的仅此一座。可见，后营汉墓区夫妻合葬墓以"男右女左"的相对位置关系为主要的埋葬方式。

当然，因为后营合葬墓大多为北向，"男右女左"的关系在地理方位上也可视为夫西、妻东的绝对位置关系，所以也可能是"男西女东"位置制度的表现。但是，如果我们考察后营汉墓之外的其他地区的汉代合葬墓，尤其是那些头向非北向的墓葬，则会发现"男西女东"并非固定方位，而"男右女左"的

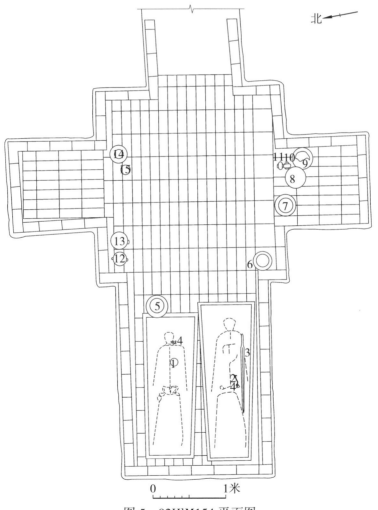

图 5　92H1M154 平面图
1.铜镜　2.铜带钩　3.铁剑　4.铜钱　5～9.陶壶　10、11.陶耳杯　12、13.陶樽　14.陶罐　15.陶量

相对位置关系才是主流的合葬制度。如洛阳卜千秋墓墓门、墓主头向均朝东，主室中南北并列置两棺，其中南棺比北棺位置靠后，铁剑、带钩出于北棺，可知该墓为男右女左埋葬[5]。洛阳烧沟汉墓，从已发表的墓葬来看，能够辨别出合葬墓及夫妻位置关系的M2、M312、M82、M74、M102、M632诸墓，除前两座之外，其余4座墓均为男右女左埋葬[6]。洛阳老城墙外M61壁画墓，墓室内两尸骨头向朝东，且仰身直肢，北侧随葬铁剑、铜带钩等，南侧随葬铜镜，是为"男右女左"[7]。陕县刘家渠汉墓也是"根据随身葬品推测，以男右女左者为多"[8]。山西朔县大型并穴木椁墓，二墓主东西向南北并列，北侧一号墓主为夫，头朝东、仰身直肢，亦为"男右女左"[9]。由此可见，"男右女左"的埋葬方式并不仅限于后营汉墓，其实在整个中原及周边地区都很流行。

无论是中小型合葬墓，还是王侯大墓，不论其墓葬朝向如何变化，合葬夫妻的位置关系都以"男右女左"为主。两汉的王侯墓葬中，尽管由于盗掘及尸骨朽烂等原因，多数王侯合葬墓已无法辨别夫妻位置关系，但仍有一些保存较好的西汉时期并穴合葬墓，如河北满城[10]、北京大葆台[11]、山东长清双乳山[12]、安徽阜阳双古堆[13]、湖南长沙马王堆[14]、湖南沅陵虎溪山[15]等大墓能提供明确的男女位置关系。河北满城刘胜及其妻窦绾的墓葬为东西向南北并列，出土金缕玉衣表明二者葬式均为仰身直肢且头西足东，可知其绝对方位关系为"男南女北"，而相对位置关系为"男右女左"。北京大葆台一、二号墓为广阳王刘建夫妻墓，坐北朝南东西并列，一号墓入葬方式失原状，二号墓主人仰身直肢且头北足南，方位关系上是"男东女西"，相对位置则为"男左女右"。长清双乳山刘宽及其夫人墓为东西并列的北向墓葬，墓室内尸骨均头向南，相互关系为"男东女西"和"男右女左"。阜阳双古堆汝阴侯夏侯灶夫妻墓为坐北朝南东西并列，根据椁室内头箱朝南判断墓主头向朝南，也为"男东女西"和"男右女左"。长沙马王堆一号墓轪侯夫人辛追墓为正北向，头向亦朝北，仰身直肢；其夫二号墓位于其西侧，为"男西女东"和"男右女左"。沅陵虎溪山吴阳及其夫人墓为东西向南北并列，吴阳墓头箱朝东，可知夫妻之间以"男北女南"和"男右女左"位置下葬。以上6组列侯以上级别的墓葬，除大葆台汉墓外，其余5组墓向与头向各异，但其夫妻之间的相对位置关系始终保持"男右女左"。如此来看，不仅是当时的中下层平民社会，就是在王侯级别的墓葬中，"男右女左"也是主流的埋葬方式。

（三）合葬墓中"男尊女卑"的现象

"男尊女卑"的现象在两汉合葬墓中多有体现，并早已被学界所认识。后营汉墓的合葬墓同样也表现出明显的"男尊女卑"观念，且这一观念的体现，主要通过尸骨的摆放和墓室的构筑等方面加以表现。

1.尸骨的摆放

在47座合葬墓中，因尸骨保存状况差，大部分朽烂严重，仅有2座墓葬的尸骨可以看出明显的男尊女卑现象。如92H1M149，这是一座穹隆顶前堂、"大"字形双后室墓葬，其中放置在西室的尸骨仰身直肢，而东室的则为侧身直肢，且面向西室（图6）。93H1M212亦为一座穹隆顶墓，但其单后室中并排放置两具尸骨，西侧的仰面朝上，东侧的面向西。前已提及，后营汉墓中位于西侧的为男性、东侧的为女性，这两座墓中的尸骨都显现出妻面朝夫的特点。

2.墓室的构筑

在墓室的构筑上，这批合葬墓通过相对位置、使用材料、墓室结构、规模等不同形式，以表现男女的不同地位。

（1）墓室或葬具的相对位置往往表现为"男前女后"。如90H1M54东室比西室偏后约30厘米；95H1M258墓室后半部仅见东西两具棺线，且西侧棺线比东侧棺线的位置偏前约20厘米（图7）；94H1M240东室比西室偏后达1米多。并穴墓的情况也是如此，如91H1M124西墓穴比东墓穴整体向北突出约65厘米；另一座并穴墓94H1M242为东向的拱券顶墓，其南墓穴整体比北墓穴位置偏后约50厘米，根据"男右女左"的摆放规律，该墓北墓穴为男性、南墓穴为女

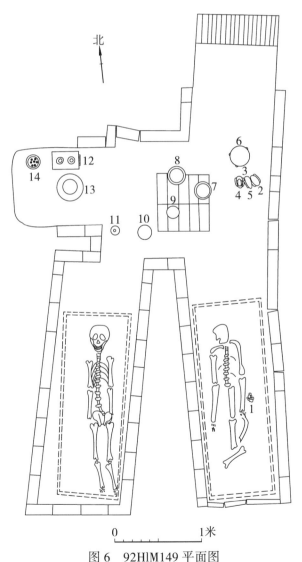

图6　92H1M149平面图
1.铜钱　2～5.陶耳杯　6.陶樽　7、8.陶盘　9.陶量　10.陶斗　11.陶鸱鸮俑　12.陶灶　13.陶壶　14.陶器盖

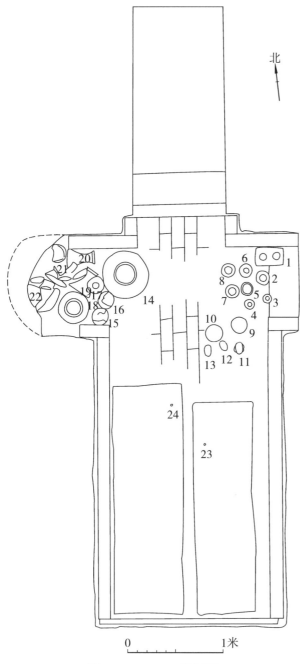

图7　95H1M258平面图
1.陶灶　2.陶鼎　3、4.小陶仓　5.陶井　6～8.小陶罐
9、10.陶盘　11～13.陶耳杯　14、22.陶瓮　15～17.陶
仓　18.小陶瓮　19～21.陶壶　23、24.铜钱

性，亦为"男前女后"的相对位置关系。

（2）墓底或四壁用砖不同。一般以是否用砖、用砖厚薄等来表现男女地位的不平等。如西汉中期的90H1M57为长方形竖穴墓，墓底西部用青砖砌就棺床，东部尸骨下则仅在黄灰土墓底撒一层草木灰（图8）。91H1M94、93H1M215亦是如此，墓底仅西半部分铺青砖。91H1M107墓底铺砖分东、西两部分，西砖床比东砖床高出一块砖，厚约5厘米。94H1M234西墓室四壁均以砖砌筑，东墓室除西壁与西墓室共用之外，南、东壁均为生土。91H1M116西后室以墓砖铺地、砌筑墓壁；东侧室与北侧室均为土洞，没有用墓砖砌筑。94H1M241侧室东壁砖墙仅砌至前半部，后半部及后壁为生土壁。

（3）墓室或葬具的规模不同。丈夫的墓室或葬具往往刻意超过妻子的。其中有表现为宽度差异的，如91H1M120西室宽1.03、东室宽0.93米；93H1M215后室中部砌筑砖墙，将后室分作东西部分，长、高均同，但西室宽0.94、东室仅宽0.89米；92H1M151、92H1M155的西棺比东棺宽约10厘米。也有通过长度表现的，如93H1M216两室宽均为0.84米，但西

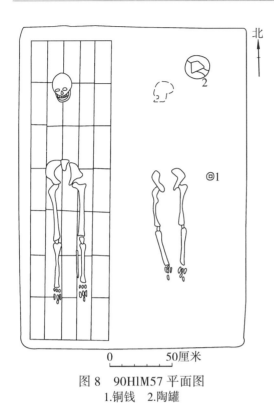

图 8　90H1M57 平面图
1.铜钱　2.陶罐

后室长2.4米，明显大于东后室的1.75米；94H1M240西墓穴总长5.53、东墓穴总长5.36米。更有在长度、宽度上都加以表现的，如94H1M234西室长2.83、宽0.82米，东室长1.87、宽0.79米；94H1M241也是如此，西主墓室长3.68、宽0.9～1.8米，东侧室长1.77、宽0.6米，男性墓室均大于女性墓室。

因此，这批合葬墓中，以墓葬形制表现的"男尊女卑"现象非常突出。早已有学者对这一现象进行了总体上的概括，如夫妻同穴合葬中"'男尊妇卑'的观念并没有因为合葬一室而消失，女性的棺椁次于男性，随葬品较少，或偏于炊饮、装饰之器；若是异穴合葬则表现为墓室大小、深浅、前后位置，以及坟丘大小不同等"[16]，精辟地指出汉代合葬墓所体现的男尊女卑现象。但从后营汉墓的合葬情况来看，这一总结似可稍加修正。其一，男尊女卑的观念不仅在异穴合葬墓中，而且在同穴合葬墓中也表现为墓室大小、深浅、前后位置等墓葬形制和尸骨摆放方面的不同；其二，同穴合葬中女性随葬品偏于装饰之器并不是由于男女地位的不同，而是男女性别差异的体现。也就是说，男尊女卑的观念主要体现在墓葬形制而非随葬品方面。事实上，后营汉墓同穴合葬的随葬品及其摆放方式也极有特点，体现的是汉代夫妻之间尊卑之外的另一层重要关系。

（四）随葬品及摆放方式表现出夫妇之间平等关系

很明显，合葬墓的形制表现出汉代社会中普遍存在的男尊女卑现象。但是通过对合葬墓中随葬品及摆放方式的考察，我们可发现汉代夫妻之间的另一层关系。

后营合葬墓中出土的随葬品可以分为陶器和金属器两类。陶器大多为日用器，常以壶、罐、鼎、灶、井、杯、仓、案等生活用器为主；金属器则多见铜钱、带钩与铁剑、环首刀、匕等佩戴物件。其中陶器常为夫妻共用物品，而金属器则多具有性别指向作用。

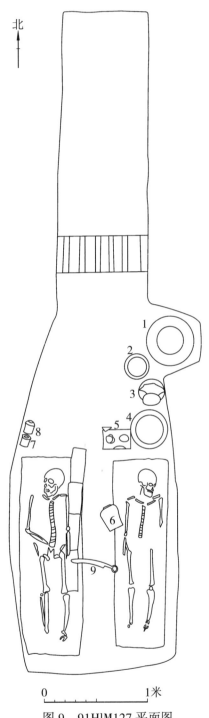

北

0   1米

图9 91HlM127平面图
1.大陶罐 2、3.陶壶 4.陶罐 5.陶
灶 6.陶仓 7、8.小陶仓 9.铁环首刀

从出土情况看，一方面，日用陶器均合并摆放，表示属于双方共用的物品。壶、罐、耳杯等器物多双数配套，表明夫妻双方各用一套，而灶仅有一个，更是夫妻双方在另一个世界共同生活的表现。如91HlM102随葬盘、耳杯、壶各2件，仓4件，以及灶、瓮、量、甑各1件；91HlM120随葬瓮、耳杯、鼎各2件，壶、盘各4件，以及灶、甑、仓、魁、灯、熏炉、奁、量、勺、盆、樽、洗、案、井、盅等，其中耳杯、盘、壶、鼎、瓮等均为双数，显然为夫妻双方各配置一套。这些陶器的摆放位置也与性别无关，如91HlM126，瓮1件、大罐2件、小罐1件放置于东耳室，余高领罐2件、大罐1件、瓮1件、仓2件则置于西耳室；91HlM127也是如此，靠近男方侧的西壁放置2件小仓，其余随葬品包括罐2件、壶2件、灶1件、仓1件则置于靠近女墓主东壁及耳室位置，见不到女性随葬品少于男性的现象（图9）。不仅如此，随着西汉中晚期以后周礼的渐趋消失，彰显男性社会地位的"礼"器也发生了变化。有些墓葬随葬仿铜陶礼器几乎没有"礼"的意味，比如91HlM120随葬陶鼎2件，表明其并非仅为男墓主单独使用，显示身份地位的礼器已转变为作为夫妻双方各用一套的日常用品了。可见，随葬品中的日用陶器，不论从数量、种类还是摆放位置来看，均没有"男尊女卑"关系的表达，相反却是夫妻共用、平等关系的显现。

另一方面，从金属器来看，前文已述，铁剑、环首刀和铜镜具有明显的性别指示作用，因此剑、刀和镜成为判断夫妻位置关系的重要证据。除此之外，我们还发现一个有趣的现象，即随葬铜钱的墓葬中，铜钱的摆放位置男女旁均有，而以位于女旁为突出特征，尤其是在女性尸骨的腰间部位。如90H1M55、90H1M57（见图8）、91H1M143、92H1M149（见图6）铜钱均位于东侧尸骨腰部左侧，呈聚拢状；另一些放置在东侧尸骨头部附近，如91H1M128、93H1M215、93H1M216、94H1M249；还有一些则散置在墓室偏东部位，可能经过扰动，如91H1M106、91H1M144、90HHM1（见图2）。当然，随葬铜钱同时出土于男女双方旁边的也有，如92H1M145，五铢钱在并排两尸骨的左上肢骨靠近腰部位置处；92H1M153，铁器位于两棺之间，1枚五铢置于东棺内，1枚五铢、1枚货泉置于西棺内；92H1M154，五铢100枚，南、北棺内均有放置；95H1M258于东西棺灰线内各发现一枚大泉五十（见图7）。另外还有少数墓葬的钱币仅放置在西侧男墓主处，如91H1M112、91H1M116，五铢钱均置于西部尸骨足部；91H1M142、94H1M241，铁器和钱币都在西室；93H1M210，五铢钱置于西侧尸骨髋部左侧；93H1M212，五铢钱置于西侧尸骨肩部。总体来看，在出土钱币的21座墓葬中，仅女方随葬铜钱的有11座，超过半数；而仅男方随葬铜钱的只有6座，占比不到三成；另外4座墓葬男女都随葬铜钱。显然，铜钱置于女方旁的墓例，在数量上要多于置于男方旁的墓例。

以上现象向我们展示了汉代平民家庭中的夫妻关系。一方面，夫妻之间地位平等，生前共同生活，死后亦一起享受生活资料；另一方面，在家庭经济财政的掌控上，夫妻之间往往是妻子掌握"财政大权"，多数墓葬将钱币仅放置在女性旁而非男性旁，表明女性在家庭经济地位上不仅没有处于"卑位"，恰恰相反，她们在家庭中往往是掌控"财政大权"的一方，其地位甚至超过了自己的丈夫。因此，与伦理关系上的"男尊女卑"不同，汉代家庭的夫妻在经济关系上是相对平等、甚至倾向于"女高男低"的。

三、汉代中原平民社会的合葬礼俗及相关问题

后营合葬墓所在的鹤壁地区及豫北一带，自秦时从河东郡分置为河内郡[17]，两汉时期政区一直比较稳定，没有太大变化[18]。河内郡与河东郡、河南郡被司马迁合称为"三河"，都属于司隶校尉部，到东汉时更是王朝统治的核心地带。

处在中原核心地带的后营合葬墓，在墓葬朝向、男女相对位置等方面所表现出来的特点和内涵，可以说是中原平民社会中合葬礼俗的具体体现。这些

特征既有延续自本地区的传统制度，也有在新时代、新背景下产生出的统治思想、社会风尚、生活习俗等所反映的新内容，表现出的是合葬礼俗在多层面、多维度的内涵。

首先，墓葬朝向以北为制，与后营所在中原本土自两周以来的区域传统有关。《礼记·檀弓下》曰："葬于北方北首，三代之达礼也，之幽之故也。"豫北地区浚县辛村西周至东周初的54座小型墓，仅3座为东向，其余51座墓葬均为略偏东的北向[19]。洛阳中州路西工段的东周165座墓葬中，北向的有139座，也占绝大多数[20]。值得注意的是，两周时期中原地区不仅中小型墓葬朝向以北为主，高等级墓葬的墓主头向也多为北向。如浚县辛村大墓、辉县固围村大墓、洛阳金村大墓等，头向都以朝北为制。可见北向墓葬是周制的重要内容。鹤壁地区在西周时期为姬姓卫国的封地，其附近的中原一带在东周时期亦为王畿地区，战国时期均归入三晋，是周礼盛行的地带。该地带两汉时期的中小型墓葬而非统治阶层墓葬延续了北向葬制，表现了平民社会对传统的继承和坚守。在这一传承过程中，中原地区的中下层民众是将"周制"转换成"汉俗"的主力军，而后营合葬墓的主人，正是这支"主力军"的组成部分和典型代表。

其次，后营合葬墓中非常明显的"男右女左"埋葬方式，代表着当时从中原到周边、从一般平民到王侯贵族的埋葬形式。这背后反映的应当是当时社会上"尚右"风气的盛行。关于汉代的"尊左"抑或"尚右"问题，学界多有讨论。一般认为两汉"右"比"左"尊，如《史记·陈丞相世家》载："于是孝文帝乃以绛侯勃为右丞相，位次第一；平徙为左丞相，位次第二。"故赵翼认为"两汉尊右卑左，久为定制。"[21]但也有学者认为汉代官制尊右仅限于武帝之前，武帝之后则为尊左[22]；亦有观点称文官尚右而武官尊左[23]。而对于一般社会的日常风尚礼俗，或认为古代中国以左为尊，且"左""右"在表示等级高下时与具体的左右方位无关[24]；更有甚者认为"左""右"并不具有绝对的尊卑概念[25]。但是后营合葬墓中普遍、明确的"男右女左"夫妻位置关系，表明两汉社会至少在丧葬礼制上确实存在"以右为上"的观念，且这一观念从社会上层至平民社会、从中原地区到周边郡国、从西汉到东汉，都普遍存在，是汉代礼俗的重要内容。

再次，合葬墓中墓葬空间与形制所体现的男尊女卑现象，显然与汉代统治思想密切相关。自汉武帝听从董仲舒的建议独尊儒术之后，就提倡儒家思想中"君君臣臣，父父子子"的伦理道德与等级观念，并将君权与天意相联系，强调统治者的合法性。作为君权在一般家庭层面的缩影和表现，"夫为妻纲"强调妻对夫的服从、夫权在家庭中的权威地位。这反映在丧葬制度中，就是合葬墓中丈夫与妻子在墓葬空间、建筑材料、墓室结构等方面的差异。后营汉墓所在的三河地区在汉代为中央直属郡，与中央政府长期保持稳定的密切关系，因此合葬墓中男尊女卑的内涵，可以认为是直接受统治者治国理念的影响而产生的，是统治思想在平民家庭层面的表现。

最后，后营合葬汉墓还体现出夫妻间经济上相对平等、甚至妻略高于丈的关系。这与统治思想下的夫妻伦理关系不同，却同当时"夫妻齐体"的社会观念紧密相连[26]，也反映了汉代家庭生产和社会经济中的一般情况。《白虎通义·嫁娶》载："妻者何谓？妻者，齐也，与夫齐体，自天子下至庶人其义一也。"可见妻是与夫相对等的家庭成员，且这是全社会从上而下共同遵守的社会观念。尤其对中下层社会来说，因夫妻是西汉家庭经济生产的共同主体，妇女忙时要参与农耕生产、闲时须采桑纺织，是家庭中的重要劳动力[27]，妇女对家庭经济的贡献及地位自然突显出来。文献中也多见因妻子勤俭劳作在发家致富过程中发挥重要作用的例子，如昭帝时右将军张安世"夫人自纺绩""内置产业"以致"富于大将军光"；《后汉书·吴汉传》亦载吴汉征战在外，"妻子在后买田业"持家置产。因此当家庭将发生重大改变的时候，妻子的意见也是相当重要的，如《后汉书·独行传》载严融奉命征辟名士李业，李业不愿行，严融劝其"宜呼家室计之"而后定。因此，妻子在家庭生产上不可或缺甚至略超过丈夫的经济地位，是"夫妻齐体"观念得以盛行的重要原因，反映在丧葬制度上，便是合葬墓中夫妻共用日用陶器以及钱币多摆放在妻旁现象的普遍存在。

四、结　语

通过对以后营汉墓为中心的夫妻合葬墓的考察，我们发现汉代中原的中小型合葬墓具有以北向为主、男右女左的位置关系、男尊女卑的墓葬形制和男女平等的随葬品等特点。这些特点反映的是汉代中原平民社会中以北为上、以右为尊的社会风尚，以及"夫为妻纲"的伦理思想和男女平等的经济关系等不同内容。这些丰富内涵中，既有对区域传统的继承，也有新时代下发展出的新内容；既有在统治思想影响下产生的风气，也有受社会思潮、甚至是家庭经济关系影响而出现的丧葬制度，从而使中原地区平民社会的合葬礼俗表现出多层次、多维度的复杂特点。

这些内涵丰富的汉代合葬礼俗，某种程度上可以视为中原"汉制"的组成部分。考古学上的"汉制"问题由俞伟超先生首先提出，最初主要着眼于诸侯王与列侯等级制度在墓葬形制方面的表现[28]。近年来，"汉制"作为两汉时期具有总体性、规律性的社会文化制度体系，其物质层面的表现形式越来越受到考古学者的重视。已有学者指出，汉制的形成模式至少包括中央直属的汉郡、诸侯国以及边远地区三个类别[29]。后营汉墓区位于两汉时期的河内郡，无疑属于第一类即中央直属的汉郡。解读这类中央直属区域内中小型汉墓所呈现的平民社会合葬礼俗，不仅是揭示和补充汉制内涵的重要内容，同时也是学者所呼吁深化中小型汉墓研究的方向[30]。

注　释

[1]　鹤壁市文物工作队、上海大学文化遗产与信息管理学院：《河南鹤壁市后营汉代墓地发掘简报》，见本刊本集，社会科学文献出版社，2022年。

[2]　西安市文物保护考古所：《西安龙首原汉墓》，西北大学出版社，1999年。

[3]　陕西省文物考古研究院：《西安北郊郑王村西汉墓》，三秦出版社，2008年。

[4]　《西汉诸侯王墓简表》与《东汉诸侯王墓简表》，见《中国考古学·秦汉卷》第340、372页，中国社会科学出版社，2010年。

[5]　洛阳博物馆：《洛阳西汉卜千秋壁画墓发掘简报》，《文物》1977年第6期。

[6]　洛阳区考古发掘队：《洛阳烧沟汉墓》，科学出版社，1959年。

[7]　河南省文化局文物工作队：《洛阳西汉壁画墓发掘报告》，《考古学报》1964年第2期。

[8]　黄河水库考古工作队：《河南陕县刘家渠汉墓》，《考古学报》1965年第1期。

[9]　屈盛瑞：《山西朔县西汉并穴木椁墓》，《文物》1987年第6期。

[10]　中国社会科学院考古研究所、河北省文物管理处：《满城汉墓发掘报告》，文物出版社，1980年。

[11]　大葆台汉墓发掘组：《北京大葆台汉墓》，文物出版社，1989年。

[12]　山东大学考古系等：《山东长清县双乳山一号汉墓发掘简报》，《考古》1997年第3期。

[13]　安徽省文物工作队等：《阜阳双古堆西汉汝阴侯墓发掘简报》，《文物》1978年第8期。

[14]　湖南省博物馆等：《长沙马王堆一号汉墓》，文物出版社，1973年。

[15]　湖南省文物考古研究所等：《沅陵虎溪山一号汉墓发掘简报》，《文物》2003年第1期；《沅陵虎溪山一号汉墓》，文物出版社，2020年。

[16]　韩国河：《试论汉晋时期合葬礼俗的渊源和发展》，《考古》1999年第10期。

[17]　谭其骧：《秦郡新考》，见《长水集》（上），人民出版社，1987年。

[18]　a.周振鹤：《西汉政区地理》第129页，人民出版社，1987年。
　　b.李晓杰：《东汉政区地理》第18页，山东教育出版社，1999年。

[19]　郭宝钧：《浚县辛村》，科学出版社，1964年。

[20] 中国科学院考古研究所：《洛阳中州路（西工段）》，科学出版社，1959年。

[21] 赵翼：《陔馀丛考》卷二一"尚左尚右"条，中华书局，2006年。

[22] 姚国旺：《西汉官制尊右尊左考》，《历史研究》1987年第3期。

[23] 张焯：《秦汉魏晋官制尚左尚右问题》，《中国史研究》1988年第2期。

[24] 康甦：《古代"尊左"与"尚右"问题新探》，《山东师大学报》1995年第1期。

[25] 李现红：《尊左？尊右？——从车马出行图看汉代社会生活中的尊与卑》，《史林》2012年第4期。

[26] 阎爱民：《汉代夫妇合葬习俗与"夫妇有别"观念》，《天津师范大学学报》2011年第2期。

[27] 阎爱民：《西汉家庭成员的内部关系及其特点》，《历史教学》1990年第3期。

[28] 俞伟超：《汉代诸侯王墓与列侯墓葬的形制分析——兼论"周制"、"汉制"与"晋制"的三阶段性》，见《先秦两汉考古学论集》，文物出版社，1985年。

[29] 韩国河、朱津：《关于中小型汉墓研究的思考》，《文博》2015年第3期。

[30] 韩国河、朱津：《关于中小型汉墓研究的思考》，《文博》2015年第3期。

附表　　　　　　　　　　后营汉代合葬墓一览表

序号	名称	时代	形制	墓道方向	人骨	墓室	随葬器物及摆放情况
1	94H1M242	I	拱券顶并穴	东	无存	北墓道长2、宽0.76、深3.8米，北墓穴呈东西向长方形，长4.2、宽0.76米。南墓穴与北墓穴建造形制基本类同，只是在墓室东端南侧挖一个土洞耳室，南墓穴整体比北墓穴靠后约0.5米	陶器2件、铜器1件，均残，位于南耳室
2	92H1M150	I	拱券顶并穴	北	4具	双墓道、双墓穴，墓穴前部相通，后部并列两墓穴。东、西二墓穴各置双棺，东墓穴的东棺比西棺略靠后	西室两棺内均随葬剑、刀等兵器，东室两棺内仅随葬五铢铜钱
3	90H1M57	I	长方形竖穴土坑	北	2具，仰身直肢	墓壁陡直，墓室西部用青砖砌棺床，东部尸骨下仅在黄灰土墓底撒一层草木灰	随葬品仅3件。均置于东侧尸骨处，其头部东北侧置1件碎陶罐，臀部东侧置2枚五铢铜钱
4	91H1M107	I	拱券顶单室	北	2具，朽甚	长方形，附有东耳室，墓底铺地砖分东、西两部分，东部比西部低一个砖，厚约0.05米，东部铺地砖比西部长	陶器22件、铜器2件、五铢铜钱5枚、铁器1件。大部分置于墓室前部和东耳室，铁环首刀和铜带钩置于西砖床中部，五铢铜钱置于东砖床中部

续附表

序号	名称	时代	形制	墓道方向	人骨	墓室	随葬器物及摆放情况
5	91H1M112	I	拱券顶单室	北	2具	长方形，前部两侧有耳室	陶器、铜钱。大部分陶器置于左右耳室，五铢铜钱1枚置于西部尸骨足部
6	92H1M145	I	拱券顶单室	北	2具	长方形，并排两具棺木痕，大小尺寸相同，长2.05、宽0.7米	陶器均位于墓室前部及左右耳室，五铢铜钱在两具尸骨左侧近腰部
7	91H1M126	I	拱券顶单室	北	2具	长方形，前部双耳室，小砖铺地	陶器10件。西耳室置高领罐2件、瓮1件、大罐1件、仓2件，东耳室置瓮1件、大罐2件、小罐1件
8	91H1M120	I	穹隆顶前堂后室	北	2具	前堂为穹隆顶，双后室并列，西室宽1.03、东室宽0.93米，西室比东室宽约0.1米	陶器36件、铜器3件、铁器2件。西侧尸骨腰间有铁环首刀，在甬道淤土中出土五铢铜钱1枚
9	94H1M234	II	拱券顶并穴	北	无存	东墓穴长1.87、宽0.79米，西墓穴长2.83、宽0.82米。两墓穴均有铺地砖，西墓穴四壁均以砖砌筑，东墓穴除西壁与西墓穴共用外，南、东壁均为生土	陶器22件。绝大部分位于东室及东耳室，仅罐、灶、仓各1件均位于西室及西墓道
10	90H1M55	II	拱券顶单室	北	2具	拱形土洞，长4、宽1.7米，墓底有封门砖，单耳室	陶器11件、铜镜1件、铜钱80枚。陶器置于耳室及墓室前端，铜镜位于东侧尸骨头骨上方，铜钱聚拢于东侧尸骨臀骨东侧，似为挂在腰间布袋内
11	90H1M56	II	拱券顶单室	北	3具	长方形，墓四壁粗糙，墓底有铺地砖	陶器6件。均叠置于东部尸骨头部前侧和东侧
12	90H1M59	II	拱券顶单室	北	2具	有墓门、双耳室，呈T字形	陶器17件、铜镜1件、铁环首刀1件。铜镜与铁环首刀置于墓室中部偏西处，其他大部分器物置于两耳室和墓室前部

续附表

序号	名称	时代	形制	墓道方向	人骨	墓室	随葬器物及摆放情况
13	90HHM1	II	拱券顶单室	北	碎乱	墓道、甬道均毁，仅余长方形墓室，长4.3、宽1.7、高1.68米	陶器20件、铜镜1件、铁器2件、铜钱40枚。除一些五铢铜钱在墓室西部外，多数铜钱在墓室东部，铜镜位于东部，铁剑位于西部，随葬品分布凌乱，可能经扰动
14	91HlM94	II	拱券顶单室	北	3具	墓底仅西半部铺砖，东半部未铺砖，有部分棺线痕，1具人骨位于西半部砖床上，头骨2可能是从东部棺内流出，葬式特别	陶器6件。均置于墓室内
15	91HlM106	II	拱券顶单室	北	无存	长方形，南北顺向对缝铺地砖，墓门及双耳室均为拱券，门为双拱券，耳室为单拱券	陶器16件、铁环首刀3件、铜钱7枚。铜环首刀均位于墓葬中部偏西，铜钱位于墓葬中部偏东
16	91HlM119	II	拱券顶单室	北	2具	长方形双耳室	陶器13件
17	91HlM122	II	拱券顶大字形双后室	北	2具	顶部无存，双后室斜向并拢于前堂	陶器21件、铁器1件。铁环首刀位于西室
18	91HlM127	II	拱券顶单室	北	2具	长方形，墓底略倾斜，墓室前部东出一个耳室，西侧尸骨下的三块砖纵向排列	陶器8件、铁器1件
19	91HlM128	II	拱券顶单室	北	3具。墓室后部并排2具，前部1具	长方形，前部东西两侧设对称耳室，墓底满铺砖	陶器24件、铜钱19件。随葬品摆放在左右耳室，五铢铜钱放置于东侧尸骨头部
20	91HlM144	II	拱券顶单室	北	2具	长方形	陶器8件、铜钱40枚。铜钱位于两具尸骨之间，靠近东侧尸骨，且在西侧尸骨棺灰线之外
21	92HlM153	II	拱券顶单室	北	2具	墓室后部并排放置东、西两棺，东棺比西棺稍前约0.1米	陶器均置于墓室前部东西壁，铁器置于两棺之间，东棺内有1枚五铢铜钱，西棺内有五铢和货泉各1枚

续附表

序号	名称	时代	形制	墓道方向	人骨	墓室	随葬器物及摆放情况
22	92H1M155	II	拱券顶单室	北	2具	墓室仅东半部铺砖，其上放置女性棺木，西半部未铺砖，其上放置男性棺木，东棺明显窄于西棺约0.1米	陶器大多置于墓室前部，陶楼及附属物品置于墓室南端，铜钱（货泉）、铜镜置于东棺内
23	92H1M169	II	拱券顶单室	北	4具	长方形	陶器、铜钱。因施工被破坏，位置不明
24	93H1M216	II	拱券顶双斜后室大字形	北	仅存西室1具	东后室长1.75米，明显比西后室的2.4米短，两室宽均为0.84米	陶器置于东耳室及前室，铜钱（半两）置于东室中部
25	95H1M258	II	拱券顶单室	北	无存	墓室后半部仅见两具棺线，西侧棺线比东侧棺线偏北约0.2米	陶器22件、铜钱2枚。陶器置于墓室前部和东西耳室，在东西棺灰线内各发现1枚大泉五十铜钱
26	94H1M249	II	拱券顶单室	北	2具	长方形，以小砖铺地及砌封门；前部西壁开一个耳室	陶器23件、铜镜1件、五铢铜钱30枚。铜镜、五铢铜钱置于东室尸骨处，五铢钱置于铜镜北部，在西室与东室中各置2件小陶仓，其余随葬品皆置于墓室前部及西耳室
27	90H1M54	II	穹隆顶前堂后室	北	无存	前堂为穹隆顶，双弧形顶墓室，西室比东室向北突出约0.3米，双耳室	仅有陶器，均置于耳室，其中东耳室4件、西耳室1件
28	90H1M60	II	四角攒尖双斜后室	北	无存	前堂方形，东西壁中部各开一个耳室；两后室左右对称，西室南端向西倾斜，东室南端向东倾斜	该墓被扰，墓顶大部分、人骨及随葬品均不存
29	91H1M142	II	穹隆顶前堂后室	北	2具	前室为穹隆顶，并列双后室拱券顶，无男女差别	陶器21件、铁器4件、铜钱若干。陶器置于耳室，铁器和铜钱置于西后室，铁器在西边、铜钱在东边
30	92H1M149	II	穹隆顶前堂后室大字形双斜后室	北	2具	前堂为穹隆顶，双后室斜向交叉	陶器均置于前堂及耳室，仅铜钱置于东室肢骨腰部

序号	名称	时代	形制	墓道方向	人骨	墓室	随葬器物及摆放情况
31	92HlM154	II	穹隆顶前堂后室	东	2具	后室并排放置两棺，北棺较短、南棺较长	陶器均置于前室及耳室，100枚五铢铜钱放置于南、北棺内
32	93HlM210	II	穹隆顶前堂后室	北	3具	长方形单室	陶器位于前堂及耳室，五铢铜钱位于西侧尸骨髋部左侧
33	93HlM212	II	穹隆顶前堂后室	北	2具	长方形单室	陶器41件。置于前堂及耳室，五铢铜钱位于西侧尸骨肩部
34	93HlM215	II	穹隆顶前堂后室	北	无存	后室中部砌筑砖墙将后室分为东西两部分，东室宽0.89、西室宽0.94米，长高均同，长为2.46、高为1.1米。西室有铺地砖，东室无	陶器置于前堂及耳室，铜钱置于东室前部，铁刀位于前堂，西室空无一物
35	91HlM124	III	拱券顶并穴	北	3具	墓室有铺地砖，东墓穴宽0.74、西墓穴宽0.96米，长均为2.24米。西墓道比东墓道向北突出约0.65米	陶器3件置于耳室，铁环首刀置于西墓穴
36	94HlM240	III	拱券顶并穴	北	无存	东墓道长1.7、宽0.84米，西墓道长2.26、宽0.86米；西墓穴长3.27、宽0.8、高1.35米，东墓穴长3.66、宽0.85、高1.3米。东墓穴比西墓穴偏后约1米，墓壁均为生土壁	陶器4件。其中3件置于西墓穴的西耳室，1件置于东墓穴。铁剑置于西墓穴
37	91HlM102	III	拱券顶单室	北	2具	长方形，长3.9、宽1.54～1.6、残高1.3米，无耳室	陶器14件。除灶放置在墓室东北角之外，余皆置于墓室西壁前部、西侧尸骨头骨上方
38	92HlM151	III	拱券顶单室	北	2具	单室墓，西棺比东棺宽0.14米，长度相同	随葬品均为陶器，置于墓室前部及耳室，计有陶耳杯4件、盘2件、罐2件、灶1件、奁1件、陶器2件
39	92HlM163	III	拱券顶单室	北	2具	墓室后部并排两棺	仅有陶器，均位于墓室前部

序号	名称	时代	形制	墓道方向	人骨	墓室	随葬器物及摆放情况
40	91H1M105	Ⅲ	穹隆顶前堂后室	北	2具	方形前堂为穹隆顶，有侧室，与后室一致，均为长方形弧顶。主室有两具尸骨	陶器5件、铁器1件
41	95H1M255	Ⅲ	双穹隆顶前堂后室	北	2具	平面略呈工字形	陶器24件、铁器9件、铜器1件、五铢铜钱4枚，绝大部分置于前堂
42	91H1M76	东汉	拱券顶单室	北	无存	平面大致呈梯形，墓室以青砖砌墙隔成东、西两部分，西室小于东室，侧室西壁北端仅有一个耳室	随葬品2件，均置于耳室
43	91H1M116	东汉	拱券顶多室	北	无存	多室墓，由前堂及3个墓室组成。西后室以墓砖铺地，砖砌墓壁，东侧室及北侧室均为土洞，无墓砖砌筑，北侧室南部有耳室	陶器10件、铜钱13枚。陶器均置于耳室，五铢铜钱置于西后室南端，即墓主足部
44	91H1M143	东汉	拱券顶大字形双后室	北	2具	大字形双室墓，西室无砖壁，东室有砖壁	陶器8件、五铢钱18枚。五铢铜钱位于东室尸骨左侧腰部
45	94H1M250	东汉	拱券顶单室墓	北	无存	略呈梯形，南端宽1.66、北端宽1、南北长4.14米	铜器2件、铁器2件、陶器11件。陶器位于墓室前部及东耳室，铁首柄刀、铁剑、铜带钩位于墓室西侧中部，铜镜位于墓室东侧中部
46	94H1M241	东汉	拱券顶双室墓	北	无存	主墓室长3.68、宽0.9～1.8米，侧室长1.77、宽0.6米。侧室东壁仅前半部砌砖墙，后半部及后壁为生土壁。从墓葬构造看，似为将东耳室二次改造为东侧室	陶器17件、铁器1件、五铢铜钱250枚。陶器与铁锅、铁釜均位于前室东壁及西耳室，铁环首刀和铁剑位于西室，五铢铜钱位于西室西壁中部
47	93H1M206	东汉	穹隆顶前堂双后室墓	北	2具	前堂方形，东后室长1.65、宽1.9、高1.4米，西后室长1.05、宽0.9、高0.96米	陶器16件。均置于东后室与前堂，西后室空无一物

Implications and Characteristics of Han Dynasty Joint Burials at Houying in Hebi together with a Discussion of Joint Burial Rites and Customs among Central Plains Commoners' Society

Cao Jun, Niu Hebing, Zhao Xiaorui and Mu Youjiangshan

KEYWORDS: Hebi Joint Burial Han Dynasty

ABSTRACT: Through the investigation centered upon the Han Dynasty joint burials at Houying, it was found that the Han Dynasty middle-small sized joint burials in Central Plains were characterized by the north-oriented tomb orientation, the burial form with men on the right and the women on the left, the ideology of men being superior to women, and the equal distribution of grave goods between sexes. These characteristics reflect the social customs of taking the north and the right as superiority among the Han Dynasty Central Plains commoners' society, as well as the ethical idea of "the husband is the cardinal guide for the wife" and the equal economic relationship between sexes, etc. They together constitute the rites and customs for the joint burials among Central Plains commoners' society. Among these implications, some are the continuation of regional traditions, others the new development in the new era; some are the trends under the influence of the ruling ideology, others under the influence of social thoughts and even family economic relations. As a result, the joint burial rites and customs among Central Plains commoners' society display the complex characteristics in multiple levels and dimensions.

（特约编辑　新　华）

论两湖地区出土神煞俑的隋唐墓葬

卢亚辉

关键词： 两湖地区　神煞俑　隋唐时期

内容提要： 两湖地区出土神煞俑的隋唐墓葬的年代判定存在整体偏差。在分析墓葬年代判定中不甚合理因素的基础上，参考北方唐墓尤其是两京地区唐墓的研究成果，以生肖俑、墓龙、人首鸟身俑等神煞俑为切入点，对两湖地区出土神煞俑的隋唐墓葬的年代进行修正。该类墓葬墓主身份从三品至庶人不等，但以三品至五品居多，与墓葬所在地即唐代岳州、潭州、鄂州等地方行政长官及其僚佐的品级有一定重合。鉴于神煞俑为唐河北道、河东道潞州地区常见的随葬品，兽首人身十二生肖俑最早是唐长安地区官员使用，故两湖地区出土神煞俑的隋唐墓葬的墓主可能是玄宗时期北来任职的官员，也可能是地方行政长官及其主要僚佐，原因与安史之乱北方移民迁移有关，或是盛唐时期官员千里宦游。

有关两湖地区隋唐墓葬的分区分期，权奎山先后发表《中国南方隋唐墓的分区分期》[1]、《试析南方发现的唐代壁画墓》[2]、《武昌郊区隋唐墓出土陶俑的分期》[3]三篇文章，极大地推进了相关研究。两湖隋唐墓，其形制是六朝以来地方传统形制的延续，具有浓厚的地方特征[4]，受限于早期有限的考古材料，简报对墓葬年代的判定不尽正确，故仍有深化研究之必要。下文在学术史梳理的基础上，拟以生肖俑、墓龙、人首鸟身俑等神煞俑为切入点，对两湖地区出土神煞俑隋唐墓葬的年代进行重新判定，以期为后续的考古学研究与两湖地区隋唐墓的整理提供一定的参考。

一、两湖地区出土神煞俑的隋唐墓葬

湖南地区出土神煞俑的隋唐墓葬有长沙牛角塘唐墓M1[5]、长沙唐墓56长烈

作者：卢亚辉，北京市，100071，中国社会科学院考古研究所。

园M004[6]、长沙黄土岭唐墓56长黄M024[7]、长沙咸嘉湖唐墓[8]、湘阴陶智洪墓[9]、湘阴唐墓[10]、岳阳唐墓桃花山M4[11]、岳阳唐墓桃花山M12[12]。湖北地区出土神煞俑的隋唐墓葬有武汉市郊周家湾241号墓[13]、武汉东湖岳家嘴砖室墓[14]、武昌石牌岭唐墓[15]、武昌马房山砖室墓[16]。因部分墓葬未发表平面图，暂无法进行类型学分析。结合简报发表内容，制作表1如下。

表 1   两湖地区隋唐墓葬出土神煞俑与墓葬年代

墓葬	墓葬形制及遗物	种类	发掘与发表年份	简报推定的墓葬年代
长沙牛角塘唐墓 M1	单室砖墓。墓室左右两侧各有6个小龛，内置十二生肖俑	生肖俑 12，墓龙 1（双人首兽身俑），人首鸟身俑 1，人首兽身俑 1，镇墓兽 2（独角兽、人首兽身俑）	1963/1964	初唐
长沙唐墓 56 长烈园 M004	凸字形，分前、后室。在中腰左右两边砌有耳室。墓室左右两壁砌有略似长方形的小龛（长 0.14、宽 0.08、深 0.12 米），龛内仅有黑灰色的填土	墓龙 1（镇墓兽）、生肖俑（？）	1956/1956	盛唐
武汉市郊周家湾 241 号墓	券顶砖室墓，后室砌放置十二生肖俑的小方龛	生肖俑 11（十二辰俑）	1956/1957	隋代
长沙黄土岭唐墓 56 长黄 M024	平面略呈凸字形，为土坑竖穴砖室墓	生肖俑 10，镇墓兽 2，人首鸟身俑 1（人面禽身怪兽），墓龙 1（兽面兽身怪兽）	1956/1958	初唐
长沙咸嘉湖唐墓	长方形土坑砖室墓。棺室左右两壁设两个耳室，后壁设一耳室，耳室长和宽均为 0.6、高 0.92 米。棺室两壁设 12 个长 0.14、宽 0.15、高 0.28 米的长方形小龛，有的内置生肖俑	人首鸟身俑 1（人首兽身双翼俑）、生肖俑	1976/1980	初唐
湘阴陶智洪墓	凸字形单室券顶砖室墓	生肖俑 2 套	1972/1981	公元 610 年
湘阴唐墓	平面呈凸字形的土坑竖穴砖室墓。墓的左、右、后壁各有 1 个高 0.3、宽 0.2 米的小龛，内置生肖俑	生肖俑 12，人面镇墓兽 1，人首鸟身俑 1	1971/1972	唐代
岳阳桃花山 M4	平面呈凸字形的长方形砖室墓。在甬道两壁及墓室两壁、后壁设有 12 个长 0.22、高 0.18 米的小龛，在小龛附近发现生肖俑	生肖俑 8、人首鸟身俑 2（千秋万岁俑）	1994/2016	唐代初年

墓葬	墓葬形制及遗物	种类	发掘与发表年份	简报推定的墓葬年代
岳阳桃花山 M12	平面呈凸字形的长方形砖室墓。残损严重。在墓室两壁及头龛处砌有6个长0.18、宽0.14、高0.1米的小龛，残存2件十二生肖俑	生肖俑2	1994/2016	初唐
武汉东湖岳家嘴砖室墓	平面呈凸字形的长方形砖室墓，与长沙咸嘉湖唐墓形制相近	生肖俑12（十二辰俑）	1982/1983	大业年间（公元605～618年）
武昌石牌岭唐墓	平面呈凸字形的长方形砖室墓	双人首蛇身俑1（双头兽）	1982/1985	高祖至玄宗时期
武昌马房山砖室墓	前后室、东西各有3个耳室的券顶砖室墓	生肖俑12	1988/1994	隋初，开皇三年（公元583年）前后

　　两湖地区出土神煞俑的隋唐墓葬，在墓葬形制、随葬品、发掘与发表年份、墓葬年代判定方面，有不少共同之处，试述如下。

　　（一）墓葬发掘与简报发表的年代

　　两湖地区出土神煞俑的隋唐墓葬，已正式公布简报者，其发掘年代均在1994年之前，其中7座在20世纪50～70年代发掘，3座在20世纪80年代发掘，2座在20世纪90年代发掘。除湘阴陶智洪墓、岳阳桃花山M4、M12外，两湖地区出土神煞俑的隋唐墓葬，均能在墓葬发掘后5～6年内，甚至是2年内，比较迅速地整理并发表发掘简报。因两湖地区出土神煞俑的隋唐墓葬在20世纪50～70年代发掘者较多，当时唐代两京地区唐墓的分区分期框架尚未系统而细致地建立，同时可资参考利用以推定墓葬年代的器物和唐代墓葬相对较少，加之时事影响，资料的刊布与信息交流也相对不及时，故在对两湖地区出土神煞俑的隋唐墓葬的年代判定上，多是从墓葬形制、出土钱币、陶瓷器、本地墓葬传统与演变等方面来加以考察，这在当时的条件下无可厚非。只是学术研究的不断推进，需要对其进行重新审视，进而对两湖地区出土神煞俑隋唐墓葬的年代做出更为合理的判断，为后续的考古学研究与两湖地区隋唐墓的整理打下坚实的基础。

　　（二）墓葬形制与随葬器物

　　两湖地区出土神煞俑的隋唐墓葬，其墓葬形制存在一定的共性。墓葬多为长方形砖室墓，平面多呈凸字形，墓室两壁多设有放置十二生肖的小龛。正如简报中指出的那样，墓葬形制、结构方面，两湖地区出土神煞俑的隋唐墓葬延续的是本地六朝以来的传统，甚至部分墓葬出土器物的器形也可追溯到六朝时期，如56长烈园M004出土的深黄色呈"开片"釉壶。两湖地区甚至南方地区隋唐墓都或多或少地呈现出新旧因素并存的面貌，个别墓葬与六朝墓葬不易区分，已基本形成共识。而墓葬年代的判定则需要对出土器物加以综合考量。

（三）纪年墓的缺失与"绕不开"的陶智洪墓

除陶智洪墓外，两湖地区出土神煞俑的隋唐墓葬未见有明确的纪年材料，故出土隋大业六年（公元610年）买地券的陶智洪墓就成为该地区其他墓葬材料年代判定的依据。虽然陶智洪墓的简报发表于1981年，在此之前1980年发表的长沙咸嘉湖唐墓、此后2016年发表的岳阳桃花山M4、M12，在判定年代时，均使用了陶智洪墓的相关材料。然而陶智洪墓出土的部分器物如生肖俑，年代仍存在一定疑问，故依据陶智洪墓及出土器物所做的判断未尽正确。

（四）年代判定方面过分依赖出土钱币

纪年墓的缺失，受限于当时隋唐墓葬出土材料和相关研究，两湖地区出土神煞俑的隋唐墓葬，在年代判定方面，呈现出对开元通宝、隋五铢、陈五铢和太货六铢等出土钱币过分依赖的现象，如武汉市郊周家湾241号墓未见开元通宝，即被判定为隋墓，显然证据不充分。出土位置与层位清楚的钱币，为墓葬年代的判定提供了上限，但绝不能仅依靠钱币推定墓葬的精准年代。

（五）神煞俑

两湖地区出土神煞俑的隋唐墓葬，其神煞俑种类集中于十二生肖俑、墓龙、人首鸟身俑。受限于当时墓葬出土材料，两湖地区隋唐墓在年代判定上并未考虑神煞俑的相关情况。

随着学术研究的不断推进，隋唐墓葬的分期与分区的框架已基本建立，等级制度[17]、中古时期墓葬神煞俑考古学研究的深入与推进[18]，为判定两湖地区出土神煞俑的隋唐墓葬的年代提供了新的观察视角。以下以墓龙、人首鸟身俑、十二生肖俑为切入点，拟在分析每座墓葬的基础上，对两湖地区隋唐墓的年代与墓主身份做一推测。

二、神煞俑与墓葬年代修正

（一）长沙牛角塘唐墓M1

长沙牛角塘唐墓M1，简报只提及："据墓葬形制和出土器物，特别是从开元钱及陶瓶、碗、碟等器形胎釉等观察推断该墓属于初唐时期。"简报发表于1964

年，当时无论是从墓葬材料，还是研究成果来看，都不可能对开元通宝、陶瓶、碗、碟等做详细的型式分析，故论及该墓年代时，只能在简报最后一笔带过。

该墓出土的神煞俑种类有A型Ⅱ式墓龙（图1，4）、兽首人身十二生肖俑

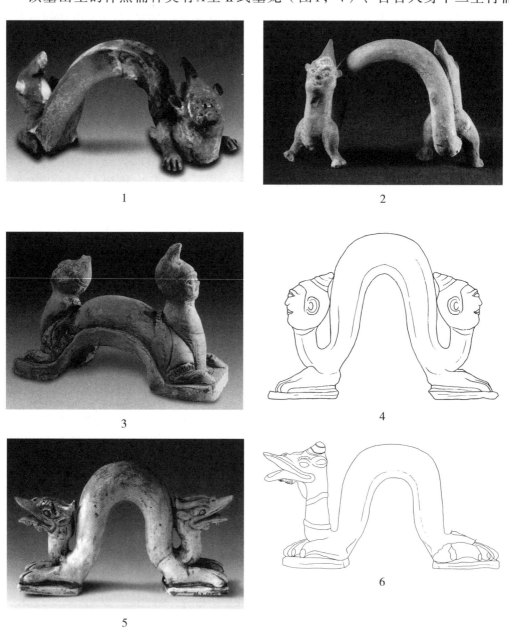

图1　A型陶墓龙

1、2.Ⅰ式（山西长治王深墓出土、山西长治王惠墓M1：26）　3、4.Ⅱ式（河北邢台后郭固村唐墓出土133号、湖南长沙牛角塘M1出土）　5、6.Ⅲ式（湖南长沙黄土岭M024出土、湖南长沙56长烈园M004出土）

12（图2）及B型Ⅲ式人首鸟身俑[19]。A型墓龙，年代较早者见于山西长治上元三年（公元676年）王惠墓（图1，2）[20]和调露元年（公元679年）王深墓（图1，1）[21]，考虑到两湖地区非墓龙等神煞俑的起源地，出土A型Ⅱ式墓龙的两湖隋唐墓的年代当相对偏晚，年代下限极有可能已到玄宗时期[22]。

另外，根据对唐代墓志纹饰中的十二生肖与西安地区出土十二生肖陶俑的综合研究[23]，认为泥质红陶十二生肖俑，是从墓志纹饰中的兽首人身十二生肖借鉴而来，当为开元天宝之际，随着与佛教联系密切的唐元功臣、龙武军、宦官群体势力的煊赫，加之"唐代佛教撰述中十二时兽的观念与中国传统十二支观念相结合"[24]，兽首人身十二生肖俑也在长安应运而生。

长沙牛角塘M1出土B型Ⅲ式人首鸟身俑1件（图3）。B型Ⅲ式人首鸟身俑集中出土于湖南地区的唐墓中，其年代集中在唐玄宗时期[25]。故出土十二生肖俑、A型Ⅱ式墓龙与B型Ⅲ式人首鸟身俑的长沙牛角塘M1，其年代最有可能在唐玄宗时期。

（二）长沙唐墓56长烈园M004

长沙唐墓56长烈园M004的年代，简报执笔者罗敦静推测为盛唐时期，无疑

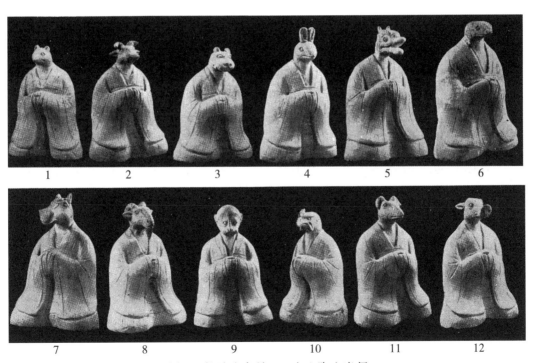

图2　长沙牛角塘M1出土陶生肖俑
1～12.鼠、牛、虎、兔、龙、蛇、马、羊、猴、鸡、犬、猪

是正确的，然立论依据并不充分。简报判断
年代依据如下："该墓墓葬结构与砌法，从
六朝至唐代一直延续，存在时间较长；器物
方面，开片釉陶壶，最早见于六朝砖室墓，
陶钵、小碗常见于一般唐墓；墓室中出土
的人俑、马、犬、牛、镇墓兽及车等泥塑，
是唐代墓葬中盛行的随葬品；墓室中出土开
元通宝钱，知墓葬上限不早于武德四年以
前。"上述四条论据虽略显生硬，但考虑到
发掘墓葬与发表简报的年份（1956年）亦
无可厚非。因罗氏详细而及时地公布材料，
才为进一步的研究奠定了基础。

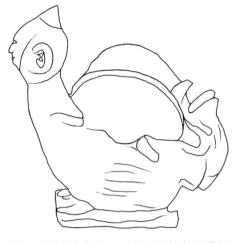

图3　长沙牛角塘M1出土人首鸟身陶俑

长沙唐墓56长烈园M004出土A型Ⅲ式墓龙（图1，6）。从该墓左右两壁
砌有长方形小龛来看，当随葬有十二生肖俑。A型Ⅲ式墓龙多出土于湖南长
沙地区，且集中出土于唐玄宗时期，前文已述。出土的墓龙也印证了罗氏关
于墓葬年代在盛唐时期的判断，故长沙唐墓56长烈园M004的年代当在唐玄
宗时期。

（三）武汉市郊周家湾241号墓

武汉市郊周家湾241号墓，简报根据墓葬中出土隋五铢钱、未见开元
通宝钱，认为墓葬年代为隋代。在此墓发掘与发表的年份（1956年、1957
年），虽然没有更多的墓葬材料与学术研究成果可资参考，但是以今日出土
材料来看，该墓出土的鸡首壶（图4，1）与李爽墓出土者（图4，2）[26]形
制、高度相近，故该墓的年代当不早于李爽墓的下葬年代，即总章元年（公
元668年）[27]。

该墓出土的女俑与巩义夹津口唐墓出土者的发饰、服饰基本相同，而巩
义夹津口唐墓的年代，从该墓出土的Ba型Ⅰ式伏听来看，至少已晚至高宗末
年武周时期[28]。加之该墓出土的十二生肖俑，残存的1件为文官形象，双手持
生肖，极为罕见。唐代墓志纹饰中的十二生肖纹饰已经系统梳理，人首人身
十二生肖纹饰最早见于天宝九年（公元750年）郭文喜墓志[29]，文臣形象，
双手合抱生肖，为Bb型墓志纹饰，年代集中在德宗贞元之后[30]。武汉市郊周
家湾241号墓出土手持生肖伸出身外的形象（图5），与Bb型墓志纹饰中的吴
金[31]、王时邕墓志（图6）[32]中十二生肖纹样近似。故武汉市郊周家湾241号

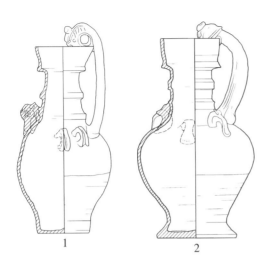

图 4　出土瓷鸡首壶　　　　　图 5　武汉市郊周家湾 241 号
1.武汉市郊周家湾241号墓出土　2.李爽墓出土　　墓出土手持生肖陶俑

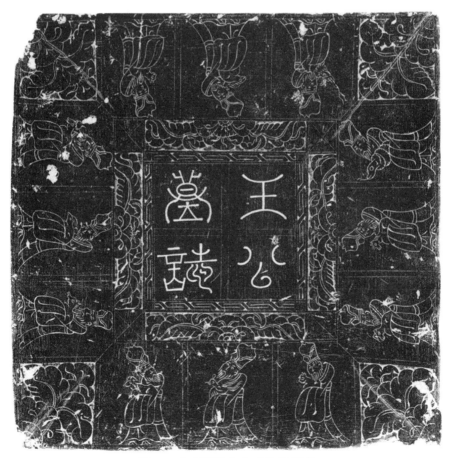

图 6　王时邕墓志十二生肖拓本

墓的年代极有可能不早于唐玄宗开元天宝时期。

（四）长沙黄土岭唐墓56长黄M024

长沙黄土岭唐墓56长黄M024，简报将其年代定为初唐，其立论依据有如下五方面。（1）墓室壁均为"四横一竖"的砌法，而且出现呈"拱门"式大砖龛以及竖排砖砌的长方形小龛。（2）在正室底砌有"平台"。在长沙市郊，有这些作风的砖室墓，最早是晋墓，到了隋唐时代相当盛行，成为通行的砌法。（3）表面都施深棕色或土黄色两种"开片"釉的陶五联罐、陶碟、四耳坛以及陶高足杯等，常发现于隋、唐墓葬中，尤其是粗胎无釉的陶小碗，常出于一般土坑或砖室的唐墓。（4）该墓出土大量陶塑随葬品与西安、洛阳等地唐墓的风气相似。（5）出土"开元通宝"钱。该墓年代的判定，存在与长沙唐墓56长烈园M004同样的问题。但简报尝试将该墓出土的随葬品与西安、洛阳等地唐墓出土者加以比较，无疑是正确的，受限于发掘与发表（1956年、1958年）时的情况，虽与北方唐墓的比较未能深入，但亦为进一步的研究提供了思路。

长沙黄土岭唐墓56长黄M024出土兽首人身生肖俑（图7）、B型Ⅲ式人首鸟身俑（图8）、A型Ⅲ式墓龙（图1，5）。三类神煞俑在湖南地区出现的年代已

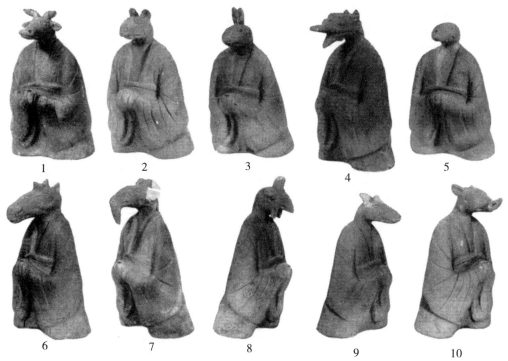

图7　长沙黄土岭唐墓56长黄M024出土兽首人身生肖陶俑
1～10.牛、虎、兔、龙、蛇、马、羊、鸡、狗、猪

见前述。故长沙黄土岭唐墓56长黄M024的年代当不早于唐玄宗时期。

（五）长沙咸嘉湖唐墓

长沙咸嘉湖唐墓，简报认为该墓的年代为初唐时期，其立论依据有五方面。（1）墓室形制为长方凸字形，墓壁采用三平一竖的叠砌法，底砖采用平铺和人字形铺法，墓壁垂直不成弧形，两壁上有存放十二生肖俑的壁龛。这种墓葬结构与1972年湘阴县发掘的隋大业六年陶智洪墓葬结构基本一致。（2）该墓随葬的盘口壶也与隋大业六年墓

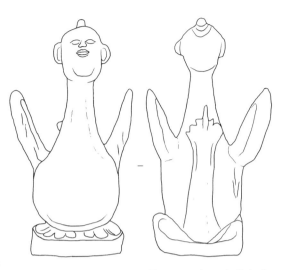

图8　黄土岭唐墓56长黄M024出土人首鸟身陶俑

出土者相同，因而该墓的结构仍保存了隋墓的风格。（3）随葬器物虽被盗掘和扰乱，但其放置位置主要在墓门内的甬道上，这与唐代前期墓葬是一致的。（4）墓中出土的文吏俑、男女侍俑和乐俑，其脸部比较瘦长，镇墓兽为人面和狮面，皆为蹲坐状。武士俑直立，左手执盾，右手握物状。这些俑的形体和风格造型与中原地区陕西、河南唐代前期墓葬中出土者也基本一致。如侍俑和西安韩森寨乾封二年（公元667年）段伯阳妻高氏墓以及仪凤三年（公元678年）许崇艺妻弓美墓出土者相同。武士俑与咸阳底张湾贞观十六年（公元642年）独孤开远墓出土者相同。镇墓兽与西安郊区麟德二年（公元665年）赵宗妻刘宝墓出土者无别。（5）该墓出土的"开元通宝"铜钱，从规格上看，属于武德年间，即公元618～626年铸造的货币。

该墓在年代的判定方面，存在与上述诸墓年代判定相同的问题。该墓的墓葬形制（图9）、出土的盘口壶、开元通宝钱流行时间较长，不足以作为断代依据。同时，随着湘阴大业六年陶智洪墓（详见下文，发掘于1972年，早于咸嘉湖唐墓发掘的年份）与西安地区隋唐墓的发掘，可资学者参考的材料亦越来越多，但陶智洪墓的存在，让学者在对两湖地区出土神煞俑的隋唐墓葬年代判定上总是不自觉地倾向于初唐，甚至是初唐的早期阶段。侍俑、武士俑、镇墓兽无疑是唐墓断代的重要依据，但需要注意的是在交通较为方便和政治经济联系更为紧密的唐代两京地区，洛阳地区墓葬制度的建立尚稍晚于西安地区[33]。相对于西安地区来说，两湖地区隋唐墓出土的侍俑、武士俑、镇墓兽虽然与西安

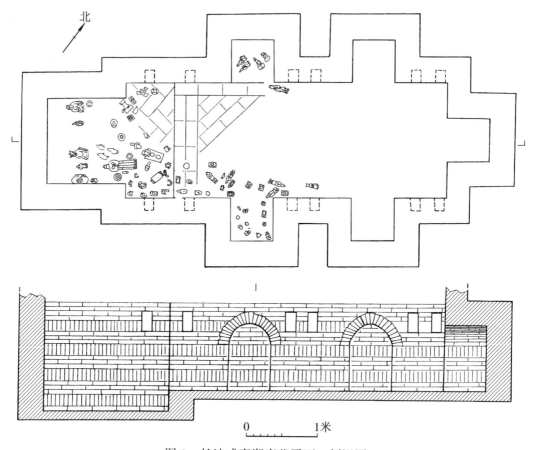

图9 长沙咸嘉湖唐墓平面、剖视图

地区唐墓出土者相近，但是其墓葬年代当更晚于西安相近唐墓的年代。

长沙咸嘉湖唐墓出土兽首人身生肖俑、B型Ⅲ式人首鸟身俑，上述二类神煞俑在湖南地区出现的年代前文已述，故长沙咸嘉湖唐墓的年代亦当在唐玄宗时期。

（六）湘阴陶智洪墓

湖南湘阴陶智洪墓，因出土隋大业六年（公元610年）买地券，成为两湖地区极少数的有明确纪年的墓葬材料，在两湖隋唐墓年代的判断中被多次引用，如长沙咸嘉湖唐墓、岳阳桃花山M4、岳阳桃花山M12等。但湘阴陶智洪墓简报报道的器物年代差别似乎较大，尤其是出土的两套生肖俑。第一套为俑戴生肖，俑盘坐，微笑，高冠，着对襟大袖佛服，十二生肖的后足踏在俑的双肩，前足攀在俑的帽沿上，出土时，猴、狗生肖保存完整，其他均已残，高20厘米（图10）[34]。第二套为兽首人身，着右衽大袖长袍，双手置于腹前，盘坐（图

11），正如简报认为，这套俑和唐墓出土的生肖俑不同，身首分开烧造，颈插入俑身，可以活动，通高22厘米，均施青釉并有脱落，其中狗、羊、鼠、牛、

1   2

图10　陶智洪墓出土十二生肖陶俑
1.俑戴生肖猴　2.俑戴生肖狗

1   2   3

4   5   6   7

图11　陶智洪墓出土十二生肖陶俑
1～7.狗、羊、兔、鼠、牛、鸡、猴

鸡、猴、兔保存完整，其他均残[35]。

　　兽首人身十二生肖陶俑的出现时间在唐玄宗开元时期，前文已述。人首人身十二生肖纹饰最早见于天宝九年（公元750年）郭文喜墓志[36]，巧的是，郭文喜墓志所见十二生肖亦为在头冠上立一动物生肖，与陶智洪墓出土者近似。此类纹饰属于唐代墓志纹饰中的Abb型，除上述郭文喜墓志外，Abb型十二生肖多见于唐德宗、宪宗以后[37]。另外，陶智洪墓出土两套生肖俑的做法，极为罕见，目前仅知北宋末年江西南丰县桑田宋墓一例，该墓同样随葬两套生肖，其中一套是兽首人身，另一套是人首人身、冠顶塑动物头像[38]。陶智

图12　湘阴唐墓出土人首鸟身陶俑

洪墓随葬的两套生肖俑值得再次思考，原因可能有三点：一是发掘与出版年份的差距，导致整理时其他墓葬材料的混入；二是陶智洪墓是最早的一例，但与已知对十二生肖纹饰的研究相抵牾；三是陶智洪墓在隋大业年间建好之后，被后来的逝者继续沿用，南方地区墓葬存在着这种可能。鉴于无法进一步深入研究，利用此墓出土器物进而推断其他墓葬年代的做法，值得再次推敲。

　　（七）湘阴唐墓

　　湘阴唐墓，简报只是根据墓室结构和随葬器物以及同时出土的"开元通宝"钱，判断属于唐代。湘阴唐墓出土十二生肖陶俑、B型Ⅲ式人首鸟身俑（图12），故其年代已到唐玄宗开元天宝时期。

　　（八）岳阳桃花山M4、M12

　　岳阳桃花山M4、M12，简报将两墓的年代定在唐代初年，立论依据基本相同。（1）两墓中出土的随葬品与长沙咸嘉湖唐墓、长沙牛角塘M1出土器物相似或相同。（2）墓葬形制与陶智洪墓、长沙咸嘉湖唐墓相同。（3）俑类，尤其是女俑，偏纤弱秀美，异于中晚唐丰腴肥胖的特点。

　　岳阳桃花山唐墓M4出土兽首人身十二生肖俑（图13）、B型Ⅲ式人首鸟身俑（图14），岳阳桃花山唐墓M12出土兽首人身十二生肖俑（M12:7、8）。其中兽首人身十二生肖俑、B型Ⅲ式人首鸟身俑的年代在唐玄宗开元天宝时期，加之两墓出土的随葬品与长沙咸嘉湖唐墓、牛角塘M1出土者相似或相同，故岳阳桃花山唐墓M4、M12的年代当在唐玄宗时期。正如上文所述，相对于西安地区来说，两湖地区隋唐墓出土的侍俑、武士俑、镇墓兽，虽与西安地区唐墓出土

图 13　岳阳桃花山唐墓 M4 出土十二生肖陶俑
1.马俑正面　2.马俑侧面　3.牛俑正面　4.牛俑侧面　5.鼠俑正面　6.鼠俑侧面

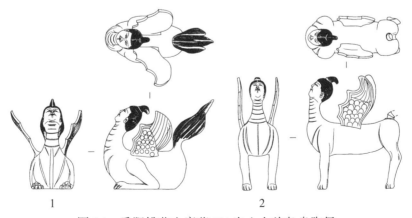

图 14　岳阳桃花山唐墓 M4 出土人首鸟身陶俑
1、2.千秋万岁俑（M4：3、4）

同类器物相近，但其墓葬年代当更晚于西安相近唐墓的年代。两墓中出土纤弱秀美风格的俑类，也就不足为奇。

（九）武汉东湖岳家嘴砖室墓

武汉东湖岳家嘴砖室墓，年代推定在大业年间（公元605～618年），推论依据有三方面。（1）此墓出土的青瓷天鸡壶与西安隋大业四年李静训墓出土者形制相似。（2）青瓷与长沙赤峰山4号墓出土者相似。

图15　武汉东湖岳家嘴砖室墓出土瓷鸡首壶
1、2.M29：1、39

（3）深腹杯与武汉市郊周家湾241号墓出土同类器相似。其中相对于李静训墓出土的鸡首壶，该墓出土的鸡首壶（图15），与武汉市郊周家湾241号墓出土同类器形制更为接近。武汉市郊周家湾241号墓的年代不早于开元天宝时期，前文已述。加之武汉东湖岳家嘴砖室墓出土兽首人身十二生肖俑（M29：24～35），故该墓的年代可能不早于唐玄宗时期。

（一〇）武昌石牌岭唐墓

武昌石牌岭唐墓，简报认为墓葬的年代上限不会早于高祖武德四年，下限不应迟至玄宗以后。简报虽以女陶俑、盘口壶、"开元通宝"钱进行分析，但是在年代的断定上呈现出依赖钱币进行断代的倾向，依据墓中未见"乾元重宝"和"重轮乾元"钱，更无"会昌开元"钱加以断定。

该墓出土双人首蛇身俑（M33：18），已残，当是神煞俑墓龙或地轴的一种，鉴于唐代湖北地区未见有地轴出土[39]，该墓出土的双人首蛇身俑更有可能是墓龙。墓龙在两湖地区出现的年代在唐玄宗时期，故武昌石牌岭唐墓的年代亦当在唐玄宗时期。

（一一）武昌马房山砖室墓

武昌马房山砖室墓，简报将其年代定在隋开皇三年（公元583年）前后，其立论依据如下。该墓应是隋初期之墓，特别是陈五铢和太货六铢在该墓中的出现，为该墓的年代提供了有力的佐证。其具体年代当在禁绝旧钱、完全使用隋五铢之前。显然这种立论依据并不恰当，尤其是该墓出土兽首人身十二生肖陶俑，更揭示墓葬年代在玄宗开元天宝时期的可能。

上述两湖地区出土神煞俑的隋唐墓葬，简报对其墓葬年代判断不尽正确的原因，主要是时代局限与纪年墓材料的缺乏，受限于隋唐墓葬分期与分区框架尚未建立，制约于墓葬随葬品如神煞俑等。经重新判定，两湖地区出土神煞俑的隋唐墓葬年代集中于唐玄宗开元天宝时期。墓葬在时间与空间上的集中出现，墓葬形制与随葬品的相近，加之墓龙、人首鸟身俑、十二生肖陶俑神煞俑起源于北方地区，不得不让人思考两湖地区出土神煞俑唐墓的墓主身份及背后的原因。

三、墓主身份、宦游与葬俗传播

据已有研究，在一定时空范围内，隶属于同一政治文化集团的人群，其墓葬面貌往往呈现出一定的共性，其背后反映的则是这一人群共同的经历、相似的身份与处境，如唐建国元从、王府僚佐、唐元功臣等[40]。两湖地区出土神煞俑的唐代墓葬，无论是墓葬形制、规模，还是随葬品都呈现出一定的共性，也昭示着两湖地区出土神煞俑唐代墓葬墓主身份、经历的相似。

（一）墓主身份

两湖地区出土神煞俑的唐代墓葬，因墓志的缺失，墓主名讳已不得而知，只能基于随葬品数量，结合墓葬形制与规模，对墓主身份加以考察（表2）。

墓葬随葬品的数量，见于《唐六典》与《唐会要》的相关记载。据《唐六典》载："凡丧葬（甄官署）则供其明器之属，别敕葬者供，余并私备。三品以上九十事，五品以上六十事，九品已上四十事。当圹、当野、祖明、地轴、鞅马、偶人，其高各一尺；其余音声队与僮仆之属，威仪、服玩，各视生之品秩所有，以瓦、木为之，其长率七寸。"[41]考虑到《唐六典》的成书与进呈时间，上述记载反映的是开元二十六年以前的制度规定。在开元二十九年时，李唐政府又加以规定，即"开元二十九年正月敕：'古之送终，所尚乎俭。其明器墓田等，令于旧数内减。三品以上明器，先是九十事，减至七十事，（五品以上）七十事减至四十事，（九品以上）四十事减至二十事。庶人先无文，限十五事。皆以素瓦为之，不得用木及金银铜锡。其衣，不得用罗绣画。其下帐，不得有珍禽奇兽，鱼龙化生。其园宅，不得广作院宇，多列侍从。其輤车，不得用金铜花结彩为龙凤及旒苏、画云气。其别敕优厚官供者，准本品数，十分加三分，不得别为华饰。'余具《开元礼》"[42]。通过对唐代墓葬随葬俑类数量的统计可知，唐高祖至玄宗时期逾越法令规定的墓葬不多[43]，故盛唐及以前的墓葬可依据随葬品数量推测墓主的品级。

长沙咸嘉湖唐墓被盗，随葬品大部分被盗走，但仍出土器物90余件，除去"开元通宝"铜钱、棺钉和狗、猪、鸭等陶俑，出土属于所供"明器之属"仍在60件以上，故简报根据墓葬的规模和出土器物，与中原地区同时期墓葬比较，认为墓主的身份应是五品以上的官吏，可从。就墓葬尺寸而言，参照西安地区的唐墓形制[44]，墓主身份当不超过三品。

岳阳桃花山唐墓M4，发掘报告对比长沙咸嘉湖及中原地区同时期墓葬，结合墓室结构与随葬品规格，认为墓主身份为五品或五品以下官吏[45]。该墓出土器物106件，其中武士俑、镇墓兽、千秋万岁俑、男女侍俑等俑类54件，龙、龟趺、骆驼、牛、鸭等动物俑类11件，灯、盘口壶、釜、甑等34件，以及牛车、棋盘、几、榻、井、碓等其他器物。考虑到动物俑类中的龙、龟趺、骆驼、牛及牛车，当属于所供"明器之属"，岳阳桃花山唐墓M4出土属于所供"明器之属"当在60件以上。结合墓葬规模，岳阳桃花山唐墓M4墓主的身份应是五品或五品以上的官吏，四品或五品的可能性最大。

岳阳桃花山唐墓M12，发掘报告从随葬器物初步判断，墓主应为官吏或贵族阶层[46]。该墓遭破坏与盗掘，随葬品多被破坏或盗走，仅清理出土器物22件。从残存的器物、墓葬规模来看，该墓与岳阳桃花山唐墓M4存在相近之处，岳阳桃花山唐墓M12墓主的身份更可能是五品或五品以上官吏，四品或五品的可能性最大。

武汉东湖岳家嘴砖室墓，墓室通长7.94、前室宽3.64、进深1.32米，主室宽2.44、进深4米，与长沙咸嘉湖唐墓形制相近而略大。发掘简报根据规模较大的墓室与随葬的大批陶俑，认为墓主的官阶和地位较高。该墓出土的鸡首壶（天鸡壶），自北朝末年以来至唐初，主要见于山西地区高等级墓葬中[47]，西安李静训墓亦见出土。故武汉东湖岳家嘴砖室墓墓主的身份更有可能是三品至五品官吏。

武昌石牌岭唐墓，发掘简报根据出土的铜铊尾，结合《旧唐书·舆服志》《唐会要》的相关记载，认为墓主是下级官吏或一般富人。参照西安地区的唐墓形制[48]，武昌石牌岭唐墓前段及墓顶均已破坏，残长7.2、墓室长3.7、宽2.66米等，在盛唐及以前，当是四、五品官吏所能使用的规制。

武昌马房山砖室墓，为前后室、东西各三耳室的券顶砖室墓，前室进深2.4、宽1.2米，后室进深4.4、宽2.24米。在盛唐及以前，该墓尺寸当是三品至五品官吏墓室所用规制。

表 2　　　　　　　两湖地区出土神煞俑隋唐墓葬　　　　　　（单位：米）

墓号	墓葬尺寸（长度 × 宽度）				简报推定墓主身份	本文推测墓主身份
	墓室总尺寸	甬道	前室	后室或主室		
长沙牛角塘 M1	3 × 1.08					六品以下官吏或庶人
长沙唐墓 56 长烈园 M004			1.34 × 1.28	3.26 × 1.76		三品至五品官吏。五品的可能性最大
武汉市郊周家湾 241 号墓	通长 9.28	前室 1.41 × 1.28 后室 1.53 × 1.52	1.53 × 1.28	3.74 × 2.42		三品至五品官吏。四品或五品的可能性最大
黄土岭唐墓 56 长黄 M024		残，2.56 × 1.48		3.2 × 2.08		六品以下官吏或庶人
长沙咸嘉湖唐墓	6.3 × 1.62	1.15 × 1.2		4.56 × 1.62	五品以上官吏	三品至五品官吏
湘阴陶智洪墓	3.88 × 1.72				道民	六品以下官吏或庶人
湘阴唐墓	6.7 × 2.24			（3 ～ 4）× 2.24		三品至五品官吏
岳阳桃花山 M4	5.3 × 2.1	1.22 × 1.36		4.08 × 2.1	五品或五品以下官吏	五品或五品以上官吏，四品或五品的可能性最大
岳阳桃花山 M12	残，4.1 × 1.9					五品或五品以上官吏，四品或五品的可能性最大
武汉东湖岳家嘴砖室墓	通长 7.94	前室 1.3 × 1.12 后室 1.32 × 1.12	1.32 × 3.64	4 × 2.44		三品至五品官吏
武昌石牌岭唐墓	残，7.2 × 2.66	残长 2.5		3.7 × 2.66		五品或五品以上官吏，四品或五品的可能性最大
武昌马房山砖室墓			2.4 × 1.2	4.4 × 2.24		三品至五品官吏

　　长沙黄土岭唐墓56长黄M024，为土坑竖穴砖室墓，甬道残长2.56、宽1.48米，墓室长3.2、宽2.08米。在盛唐及以前，该墓尺寸当是六品以下官吏或庶人

墓室所用规制。

武汉市郊周家湾241号墓，为券顶砖室墓，墓室通长9.28米，前室长1.53、宽1.28米，后室长3.74、宽2.42米。此墓出土随葬品104件，其中武士俑、文吏俑、胡人俑、生肖俑等人俑31件，牛、马镫俑2件，鸡首壶、瓷壶等多达61件。因该墓已遭破坏，随葬品多发现于四个耳室内。故该墓属于所供"明器之属"者当在60件以上。结合该墓尺寸，在盛唐及以前，当是五品或五品以上官吏墓室所用规制，最有可能在四品至五品之间。

基于同样的考察，长沙牛角塘M1，墓主当是六品以下官吏或庶人。长沙唐墓56长烈园M004，墓主当是三品至五品官吏，五品的可能性最大。湘阴唐墓，墓室尺寸不明，但从发掘简报提及该墓与长沙黄土岭唐墓56长黄M024相似，其墓室尺寸长度当在3~4、宽2.24米，故湘阴唐墓的墓主当是三品至五品官吏。湘阴陶智洪墓，如果从墓葬尺寸来看，墓主当是六品以下官吏或庶人，亦符合陶智洪的身份，但因其特殊性，暂不考虑。

由表2可知，两湖地区出土神煞俑隋唐墓葬，其墓主身份从三品至庶人不等，可知墓龙、人首鸟身俑、十二生肖等神煞俑并不是墓葬等级的标识。据已有研究可知，盛唐以前，建国元从及其后裔的迁徙、唐代河北士族的中央化与官僚化、对营州等战略要地的军事驻防[49]等唐代的宦游引发的人群迁徙与流动，是墓龙、伏听、十二生肖等神煞俑葬俗传播的背后动因。

（二）千里宦游与葬俗传播

"千里宦游成底事，每年风景是他乡"[50]。士人以官为家，因官迁徙，在唐代已成为新趋势[51]。在此背景下，因宦游引发的人群迁徙与流动，往往导致葬俗的传播。两湖地区出土神煞俑的隋唐墓葬，墓主身份呈现相对集中的趋势，即三品至五品官吏的墓占9例，余3例均是六品以下至庶人的墓葬。按照唐代的行政区划，出土神煞俑的隋唐墓葬，其所在地长沙属潭州，湘阴、岳阳属岳州，武汉属鄂州，其中鄂州为上州，潭州为中都督府，岳州为下州[52]。上述三州的地方行政长官刺史或都督，其品级分别在从三品、正三品、正四品下[53]，其主要僚佐别驾、长史、司马，皆为五品官，录事参军、判司为从七品至八品官[54]。尤其值得注意的是，盛唐及以前鄂州、岳州、潭州刺史多北方人士[55]。地方行政长官及其僚佐的品级，与通过器物、墓葬形制判定的两湖地区出土神煞俑隋唐墓葬墓主身份相重合，二者之间当有一定联系。考虑到以墓龙、人首鸟身俑随葬是唐河北道、河东道潞州地区常见的葬俗，兽首人身十二生肖陶俑最早是唐长安地区官员使用，故两湖地区出土神煞俑的隋唐墓葬，其墓主当是玄宗时期北来任职官员，不排除是该地行政长官及其主要僚佐的可能。当然也不排除安史之乱时，有250万北方移民定居南方，而湖南、荆襄地区更是安史之乱与唐末五代动乱时北方移民迁移的重点地区[56]。

四、结　语

隋唐之制度虽极纷复，然究析其因素，不出三源：一曰（北）魏、（北）齐，二曰梁、陈，三曰（西）魏、周[57]。从宏观上来看，东晋南朝和十六国北朝全部历史运动的总体，其主流在北不在南[58]。隋唐时期的墓葬制度与考古发现也与上述研究遥相呼应，究其原因，当是墓葬尤其是高等级墓葬的制度与考古发现也是政治文化的有机组成部分。两湖地区出土神煞俑的唐代墓葬，其神煞俑中的墓龙、人首鸟身俑源自北齐故地，即后来唐河北道、河东道潞州地区的丧葬习俗；神煞俑中的兽首人身与人首兽身十二生肖则源自西魏、北周故地，即后来唐关内道长安地区的葬俗；而两湖地区出土神煞俑的唐代墓葬，其墓葬形制与随葬的青瓷等个别器物则是江南本地传统的延续。正是在士人以官为家、千里宦游的背景下，葬俗随之传播。在北方文化占据唐代主流的情况下，对纪年墓葬材料极少的南方地区墓葬的年代与性质的判断，应建立在北方地区尤其是唐代两京等地区墓葬研究的基础之上。

1949年以来，因科学考古发掘的大规模展开，学术研究也在70多年的岁月中得到不断的推进，新的出土材料与研究成果在完善隋唐墓葬已有分期与分区框架的基础上，也定会对其产生一定的冲击。在这一过程中，如何进一步推进唐墓以至各历史时期墓葬的研究，成为值得思索的问题。进一步的深入研究需要依赖已有的墓葬分期与分区框架，需要借助已有的墓葬制度研究成果，需要对基础材料加以学术史梳理，需要扎实地对墓葬及出土器物进行考古类型学研究。在上述基础上，充分汲取历史学尤其是中古史等相关研究成果，综合考量传世文献、出土墓志和墓葬材料，"将考古学关于等级制度、器物的研究与政治史、社会史以及个人或群体的命运相结合"[59]。基于此视角，尝试对两湖地区出土神煞俑的隋唐墓葬进行研究，亦是对隋唐墓葬已有分期与分区框架的反思与补充。

附记：本文系国家社科基金中国历史研究院重大历史问题研究专项重大招标项目"隋唐洛阳城遗址考古发掘资料的整理和综合研究"（LSYZD21019）的阶段性成果，国家社会科学基金青年项目"北朝隋唐五代墓葬出土神煞俑的考古学研究"（20CKG025）的阶段性成果，中国社会科学院青年科研启动项目"唐代墓志纹饰的考古学研究——以十二时辰为例"的阶段性成果。

注　　释

[1] a.权奎山：《中国南方隋唐墓的分区分期》，《考古学报》1992年第2期。

　　b.权奎山：《说陶论瓷：权奎山陶瓷考古论文集》第1～34页，文物出版社，2014年。

[2] a.权奎山：《试析南方发现的唐代壁画墓》，《南方文物》1992年第4期。

　　b.权奎山：《说陶论瓷：权奎山陶瓷考古论文集》第35～50页，文物出版社，2014年。

[3] a.权奎山：《武昌郊区隋唐墓出土陶俑的分期》，见《庆祝宿白先生九十华诞文集》，科学出版社，2012年。

　　b.权奎山：《说陶论瓷：权奎山陶瓷考古论文集》第51～86页，文物出版社，2014年。

[4] 齐东方：《隋唐考古》第97～104页，文物出版社，2002年。

[5] 何介钧、文道义：《湖南长沙牛角塘唐墓》，《考古》1964年第12期。

[6] 湖南省文物管理委员会：《湖南长沙唐墓清理记》，《考古通讯》1956年第6期。

[7] 湖南省文物管理委员会：《长沙黄土岭唐墓清理记》，《考古通讯》1958年第3期。

[8] 湖南省博物馆：《湖南长沙咸嘉湖唐墓》，《考古》1980年第6期。

[9] a.熊传新：《湖南湘阴县隋大业六年墓》，《文物》1981年第4期。

　　b.韩理洲等：《全隋文补遗》第471页，三秦出版社，2004年。

　　c.白彬：《唐以前道士墓和道教信众墓研究》，见《古代文明》第7卷，文物出版社，2008年。

[10] 湖南省博物馆：《湖南湘阴唐墓清理简报》，《文物》1972年第11期。

[11] 湖南省文物考古研究所、岳阳市文物管理处：《岳阳唐宋墓》第11～51页，上海古籍出版社，2016年。

[12] 湖南省文物考古研究所、岳阳市文物管理处：《岳阳唐宋墓》第52～62页，上海古籍出版社，2016年。

[13] 湖北省文物管理委员会：《武汉市郊周家湾241号墓隋墓清理简报》，《考古通讯》1957年第6期。

[14] 武汉市文物管理处：《武汉市东湖岳家嘴隋墓发掘简报》，《考古》1983年第9期。

[15] 武汉市文物管理处：《武昌石牌岭唐墓清理简报》，《江汉考古》1985年第2期。

[16] 武汉市博物馆：《湖北武昌马房山隋墓清理简报》，《考古》1994年第11期。

[17] 单月英：《有关隋唐墓葬及出土器物分期、分区研究结果汇总表》，见沈睿文：《中国古代物质文化史·隋唐五代》附表3-1，开明出版社，2015年。

[18] a.张勋燎、白彬：《中国道教考古》第1383～1450、1611～1750页，线装书局，2006年。

　　b.沈睿文：《唐宋墓葬神煞考源》，见《唐研究》第18卷，北京大学出版社，2012年。

　　c.崔世平：《唐宋墓葬所见"仪鱼"与葬俗传播》，《东南文化》2013年第4期。

　　d.卢亚辉：《中古墓葬出土伏听的考古学研究》，《文博》2019年第5期；《论西安西郊陕棉十厂唐壁画墓M7墓主身份》，《文博学刊》2018年第3期；《唐五代墓葬所见墓龙》，《文物春秋》2020年第3期；《北朝至宋代墓葬出土地轴的考古学研究》，《四川文物》2020年第5期；《唐末五代移民的考古学观察——以泉、福、漳三州唐五代墓为例》，见《泉州城考古学术研讨会论文集》，科学出版社，2021年。

[19] 卢亚辉：《论西安西郊陕棉十厂唐壁画墓M7墓主身份》，《文博学刊》2018年第3期；《唐五代墓葬所见墓龙》，《文物春秋》2020年第3期；《北朝至宋代墓葬出土地轴的考古学研究》，《四川文物》2020年第5期。

[20] 长治市博物馆：《山西长治唐代王惠墓》，《文物》2003年第8期。

[21] a.山西省文物管理委员会：《山西长治唐墓清理简报》，《考古通讯》1957年第5期。

b.周绍良：《唐代墓志汇编》第660、661页，上海古籍出版社，1992年。

c.陕西省古籍整理办公室等：《全唐文补遗》第4辑第378、379页，三秦出版社，1997年。

[22] 卢亚辉：《唐五代墓葬所见墓龙》，《文物春秋》2020年第3期。

[23] 卢亚辉：《论西安西郊陕棉十厂唐壁画墓M7墓主身份》，《文博学刊》2018年第3期；《唐代墓志纹饰中的十二生肖》，见《古代文明》第15卷，上海古籍出版社，2021年。

[24] 陈怀宇：《从十二时兽到十二精魅：南北朝隋唐佛教文献中的十二生肖》，见《唐研究》第13卷，北京大学出版社，2007年；《动物与中古政治宗教秩序》第99～150页，上海古籍出版社，2012年。

[25] 卢亚辉：《隋唐五代墓葬出土人首鸟身俑研究》，待刊。

[26] 谢明良：《鸡头壶的变迁——兼谈两广地区两座西晋纪年墓的时代问题》，见《六朝陶瓷论集》，生活·读书·新知三联书店，2019年。

[27] 陕西省文物管理委员会：《西安羊头镇唐李爽墓的发掘》，《文物》1959年第3期。

[28] 巩义夹津口唐墓，原发掘简报将其年代断定为隋代(巩义市博物馆：《河南巩义市夹津口隋墓清理简报》，《华夏考古》2005年第4期)。郝红星等认为是唐代早期(郝红星、王青梅：《风华绝代 巩义夹津口唐墓出土瓷器》，《大众考古》2017年第6期)。根据该墓出土的伏听，巩义夹津口唐墓的年代已晚至武周玄宗时期(卢亚辉：《中古墓葬出土伏听的考古学研究》，《文博》2019年第5期)。

[29] a.黄小芸：《西安新出土唐〈郭文喜墓志〉》，见《碑林集刊》第9辑，三秦出版社，2003年。

b.西安碑林博物馆：《西安碑林博物馆新藏墓志汇编》中册第473～474页，线装书局，2007年。

[30] 卢亚辉：《唐代墓志纹饰中的十二生肖》，见《古代文明》第15卷，上海古籍出版社，2021年。

[31] 中国文物研究所、北京石刻艺术博物馆：《新中国出土墓志·北京》(壹)上册第14页、下册第9页，文物出版社，2003年。

[32] a.洪欣：《北京近年来发现的几座唐墓》，《文物》1990年第12期；《唐〈王时邕墓志〉、〈阳氏墓志〉考》，见《北京文物与考古》第2辑，北京燕山出版社，1991年。

b.中国文物研究所、北京石刻艺术博物馆：《新中国出土墓志·北京》(壹)上册第27页，文物出版社，2003年。

c.北京石刻艺术博物馆：《北京石刻艺术博物馆馆藏墓志拓片精选》第22、23页，北京燕山出版社，2012年。

[33] 沈睿文：《中国古代物质文化史·隋唐五代》第102～123页，开明出版社，2015年。

[34] 熊传新：《湖南湘阴县隋大业六年墓》，《文物》1981年第4期。

[35] 熊传新：《湖南湘阴县隋大业六年墓》，《文物》1981年第4期。

[36] a.黄小芸：《西安新出土唐〈郭文喜墓志〉》，见《碑林集刊》第9辑，三秦出版社，2003年。

　　b.西安碑林博物馆：《西安碑林博物馆新藏墓志汇编》中册，线装书局，2007年。

[37] 卢亚辉：《唐代墓志纹饰中的十二生肖》，见《古代文明》第15卷，上海古籍出版社，2021年。

[38] 江西省文物工作队、南丰县博物馆：《南丰县桑田宋墓》，《江西历史文物》1986年第1期；《江西南丰县桑田宋墓》，《考古》1988年第4期。

[39] 卢亚辉：《北朝至宋代墓葬出土地轴的考古学研究》，《四川文物》2020年第5期。

[40] 卢亚辉：《墓葬所见唐建国元从及其后裔》，见《唐宋历史评论》第4辑，社会科学文献出版社，2018年；《论西安西郊陕棉十厂唐壁画墓M7墓主身份》，《文博学刊》2018年第3期；《论唐康文通墓的"僭越"》，《中华文史论丛》2019年第4期。

[41] （唐）李林甫等撰，陈仲夫点校：《唐六典》第597页，中华书局，1992年。

[42] （唐）杜佑撰，王文锦等点校：《通典》第2328页，中华书局，1988年。

[43] 程义：《关中唐代墓葬初步研究——以纪年墓为中心》第141页，西北大学博士学位论文，2007年。

[44] 宿白：《西安地区的唐墓形制》，《文物》1995年第12期；《魏晋南北朝唐宋考古文稿辑丛》第148～159页，文物出版社，2011年。

[45] 湖南省文物考古研究所、岳阳市文物管理处：《岳阳唐宋墓》第50页，上海古籍出版社，2016年。

[46] 湖南省文物考古研究所、岳阳市文物管理处：《岳阳唐宋墓》第62页，上海古籍出版社，2016年。

[47] 卢亚辉：《墓葬所见唐建国元从及其后裔》，见《唐宋历史评论》第4辑，社会科学文献出版社，2018年。

[48] 宿白：《西安地区的唐墓形制》，《文物》1995年第12期；《魏晋南北朝唐宋考古文稿辑丛》第148～159页，文物出版社，2011年。

[49] 卢亚辉：《中古墓葬出土伏听的考古学研究》，《文博》2019年第5期；《论西安西郊陕棉十厂唐壁画墓M7墓主身份》，《文博学刊》2018年第3期；《唐五代墓葬所见墓龙》，《文物春秋》2020年第3期；《北朝至宋代墓葬出土地轴的考古学研究》，《四川文物》2020年第5期；《唐末五代移民的考古学观察——以泉、福、漳三州唐五代墓为例》，见《泉州城考古学术研讨会论文集》，科学出版社，2021年。

[50] （唐）吴融：《灵宝县西侧津》，见《全唐诗》，中华书局，1960年。

[51] 胡云薇：《千里宦游成底事，每年风景是他乡——试论唐代的宦游与家庭》，《台大历史学报》2008年总第41期。

[52] 《旧唐书·地理志二》。

[53] 《旧唐书·地理志二》。

[54] 张国刚：《唐代官制》第121～123页，三秦出版社，1987年。

[55] 郁贤皓：《唐刺史考全编》第2373～2431页，安徽大学出版社，2000年。

[56] 葛剑雄、吴松弟：《中国移民史》第三卷《隋唐五代时期》第260、311～323页，福建人民出版社，1997年。

[57] 陈寅恪：《陈寅恪集·隋唐制度渊源略论稿》第3页，生活·读书·新知三联书店，2009年。

[58] 田余庆：《东晋门阀政治》第345页，北京大学出版社，2012年。

[59] 沈睿文：《章怀太子墓壁画与李守礼》，见《安禄山服散考》，上海古籍出版社，2015年。

Discussion of Guardian Figurines Unearthed from Sui and Tang Tombs in the Hubei and Hunan Regions

Lu Yahui

KEYWORDS: Hubei and Hunan Regions   Guardian Figurines   Sui and Tang Periods

ABSTRACT: An overall discrepancy exists in dating Sui and Tang tombs with guardian figures in the Hubei and Hunan regions. Based on unjustified dating results, along with reference to the study of Tang tombs in North China, especially those in two capitals region, taking guardian figures such as zodiac figures, tomb dragons and fantastic animal figures as a point of departure, this study corrects the chronology of Sui and Tang tombs with guardian figures in these regions. The social status of these tomb occupants varies from rank-three to common people with a majority of officials of rank-three to five, overlapping with the ranks of local administrators and attending officials in Yuezhou, Tanzhou, and Ezhou. Considering the facts that guardian figures are commonly found in Tang Hebei and Hedong circuits and twelve zodiac figures are first used by officials in the Tang Chang'an region, it is suggested that the occupants of tombs with guardian figures in the Hubei and Hunan regions are likely officials from North China during the reign of Xuanzong, or local administrators and attending officials. It might be related to the population movement in North China caused by the An Lushan Rebellion, or the wandering official system during the High Tang period.

（特约编辑　新　华）

夏鼐与中国历史博物馆

王 兴

关键词：夏鼐 中国历史博物馆 《夏鼐日记》 考古学史

内容提要：《夏鼐日记》中有诸多关于中国历史博物馆的记载，不仅包括"中国通史陈列"的修改和公开展览、专题展览以及临时性展览的记载，也包括夏鼐与韩寿萱、陈乔、杨振亚、沈从文、王振铎、史树青等人交往的记载。这些记载既反映了夏鼐对中国历史博物馆工作的关注与支持，又反映了中国科学院考古研究所与中国历史博物馆在日常工作及学术研究方面的配合与互助。考察这些记载，有助于认识新中国成立后夏鼐对中国历史博物馆的发展、对国家文物博物馆事业的发展所做的贡献，这对夏鼐学术思想、中国历史博物馆馆史、中外文化交流史等方面的研究均有重要的参考价值。

夏鼐（1910～1985年）作为新中国考古工作的主要指导者，对新中国考古学的全面发展做出了卓越的贡献。2011年出版的《夏鼐日记》[1]（以下简称《日记》），不仅是夏鼐整个学术生涯的真实记录，亦从侧面展现了中国考古学的发展历程和阶段特征，被誉为"中国考古学发展史上一份难得实录"[2]。1950年，夏鼐开始担任中国科学院考古研究所副所长，当时郑振铎兼任考古所所长，另一副所长由梁思永担任。但因郑振铎主要负责文物局的工作（郑为文物局局长），梁思永又长期卧病，因此考古所的主要领导工作便落在了夏鼐的肩上。1950年以后的《日记》，不乏夏鼐关于考古、文物博物馆工作的记录。笔者从《日记》中梳理出有关中国历史博物馆[3]的记载，意在阐明夏鼐对中国历史博物馆工作的关注与支持、考古研究所与中国历史博物馆在日常工作及学术研究方面的配合与互助，由此展现夏鼐对新中国成立后文物博物馆事业的发展所做的贡献，这对夏鼐学术思想研究、对中国历史博物馆馆史研究均有重要的借鉴及参考意义。

作者：王兴，长沙市，410082，湖南大学岳麓书院。

·201·

一

1954年，北京历史博物馆从"中国通史陈列"、中国物质文化的专题展览、临时性展览三个方面对展览业务加以规划，具体为："中国通史陈列"的内容应正确反映中国历史发展的进程，时间范围从原始社会至"五四"运动；专题展览方面，为展现中国劳动人民的创造和智慧，生产工具、交通工具、历代服饰以及科学发明等都分别予以科学系统的陈列；临时性发掘展览，主要与中国科学院考古所或其他有关单位共同举办，以宣传中国的灿烂文化。这三个方面的任务，构成了当时的北京历史博物馆陈列、展览体系[4]。在此前后，《日记》中对于这三个方面的展陈情况以及夏鼐所做的相关工作，均有所记载。

1950年7月10日，夏鼐抵达北京至中国科学院报到，出任考古研究所副所长。7月14日，他与阎文儒"偕往历史博物馆，晤及韩寿萱馆长及傅振伦君，至陈列室及储藏室，参观景县封氏墓出土各物及接收来之吉物"；7月18日，夏鼐至"历史博物馆联合工作室，参观正在设计中之社会发展史展览会"。1951年2月14日，夏鼐"赴历史博物馆参观社会发展展览会"。他不仅参观"社会发展史展览会"，更为历史博物馆日后的"中国通史陈列"各时段展览贡献了自己的力量。1952年3月20日，孙作云至夏鼐处商谈，"为了历史博物馆拟修改原始社会展览会陈列也"。1953年1月10日，佟柱臣来与夏鼐"商谈关于修改原始社会展览陈列品事"；1月14日，夏鼐"审阅原始社会展览图片，写出意见，以便交历史博物馆修改"；2月5日，夏鼐"赴历史博物馆开座谈会，讨论隋唐五代陈列标题，6时余始散"；6月3日，"历史博物馆马非百君来谈，关于三代陈列室如何改组"；12月28日，夏鼐审阅"历史博物馆夏商周陈列修改计划草案"。1954年12月5日，夏鼐"参观魏晋隋唐展览室的陈列，正在布置中"；12月24日，夏鼐"赴历史博物馆，参观六朝隋唐陈列布置"。1957年11月22日，"历史博物馆姚鉴同志来谈修改宋元陈列事，谈到下班时始去"。1958年10月，北京历史博物馆在天安门广场东侧修建新馆。1959年2月21日，历史博物馆韩寿萱馆长等人至夏鼐处，"商谈协助布置新馆事，昨日下午即来过，要我所大力协助"；3月9日，夏鼐参加"历史博物馆的原始社会座谈会，由邓拓同志主持，至6时始散"[5]；4月8日，夏鼐"赴历史博物馆参观原始社会陈列预展，并参加座谈会"；4月10日，夏鼐"赴午门参观历史博物馆奴隶社会部分陈列预展"；5月6日，夏鼐"赴历史博物馆参加封建社会前期试展，由尹达同志主持，谈至晚间7时半始散"；5月12日，夏鼐参加"历史博物馆明清部分的试展，并表示意见"；6月4日，夏鼐"赴历史博物馆参观封建社会部分试展"；7月3日，佟柱臣带来"历史博物馆设计原始社会史陈列室的布置设计草图"，请夏鼐审阅；8月21日，马得志和阎文儒至夏鼐处，"谈历史博物馆陈列事"；同月，历史博物馆新馆修建工程竣工，成为新中国成立十周年十大建筑之一；9月14日，庄敏送来《中国历史博物馆简介》，夏鼐"为之审阅一过，并签注了一些修改意见"，晚间庄敏将《简介》取去；9月23日，庄敏送来《中国历史博物馆简介》英文稿，希望夏鼐"能抽空加以修改"；次日，夏鼐"为历史博物馆修改《简介》的英文稿"。10月，"中国通史陈列"公开预展。

中国历史博物馆"以文物陈列反映中国大历史为己任，在中国开历史类博物馆之先河，在相当长的时期创造了一种历史陈列模式"[6]。"中国通史陈列"集中了"当时的一流学者与美术家参与工作，使这一展览表现了崭新的内容体系与陈列艺术形式，此后长时期被陆续建成的各省市博物馆作为基本陈列内容与框架的示范"[7]。从1950年中国社会发展史展览会到1959年"中国通史陈列"开始公开预展，九年之间"北京历史博物馆已完成了中国历史的系列展览。这一系列展览是我国博物馆运用历史唯物主义指导历史陈列的初次尝试"，九年的努力"也为《中国通史陈列》提供了有益的借鉴"。当时参加历史博物馆陈列设计工作的，"除了本馆的业务人员外，还有不少从外单位抽派来的支援人员"，此外"当时史学考古界的权威人士如郭沫若、范文澜、翦伯赞、夏鼐等也参加过研讨座谈、审阅过陈列大纲"。"中国通史陈列"并不是"一馆之力所能完成的"，它是"史学、考古、文物博物馆大协作的产物"[8]。全部陈列，"反映了建国以来历史科学、考古学和博物馆学多方面的研究成果，因而比较系统地展示出中华民族绵亘不断的悠久历史和辉煌灿烂的文化"[9]。"中国通史陈列"最终成功地呈现在公众面前，"在背后做出巨大贡献的两方面专业人员不得不提：其一，历史、考古领域的学术工作者，他们提供了非常宝贵的意见和资料；其二，对各种展览专题进行研究的学术团体与个人，他们为展览的具体内容提供了有价值的参考"[10]。从《日记》的记载可知，"中国通史陈列"各部分展览背后，都可以看到夏鼐为之所做的贡献，包括参观展览、审议陈列计划书、参加研讨座谈会等。夏鼐认真参观审阅了各部分展览，他用考古学家的眼光审视陈列的"古物"与展览的布局；在审议陈列计划书、参加研讨座谈会时，他更是以一位专业学者的眼光，为完善各部分展览献计献策。1959年以后，"中国通史陈列"有所修改、完善，其间仍可看到夏鼐的身影。如1961年3月12日（星期日），夏鼐"阅历史博物馆修改陈列要点及方案草稿"，"因为下星期三要开会讨论";3月15日，夏鼐"赴历史博物馆参加学术委员会，讨论修改陈列计划"。1971年6月4日，历史博物馆派人来咨询夏鼐"关于原始社会陈列修改计划的意见，因为历史博物馆有今年正式开放的打算";6月7日，"历史博物馆送来全部修改陈列计划的提纲";等等。

在举办"中国通史陈列"的同时，物质文化的专题展览及临时性展览亦在进行，与之相关的座谈会也在召开。1951年3月28日，夏鼐"赴历史博物馆参观敦煌艺展之布置，遇及常书鸿、沈从文、傅振伦诸君";7月22日，夏鼐"赴历史博物馆，参观1950年殷墟发掘展览会";7月29日，夏鼐至历史博物馆参观"北京近郊出土文物展览会"，"计清河镇朱房村二墓，高碑店二墓，皆为后汉时代，有陶俑、陶屋、井亭、耳环、五铢钱（高碑店有新莽货泉等），皆为不恶。尤以三层陶屋，殊为罕见。陶盘周沿列布人物，为前所未见"，又参观"唐山出土东周时物"，"铜壶及铜敦各一，花纹形式，皆与浑源出土物相似"。1953年6月13日，"历史博物馆沈从文君来，商谈陈列楚文物事";6月14日，夏鼐"赴历史博物馆，参加楚文物展览会预展";8月6日，夏鼐"赴历史博物馆，参加楚文物座谈会，由湖南文管会陈粹芳君等做报告";9月3日，李锡经至夏鼐处，"谈关于长沙发掘情况，以便对楚文物展览作修改";11月11日，李锡经又与夏鼐"商谈仿制长沙出土雕花木板事";12月14日，夏鼐于"午后参观辉县展览预展"。1954年1月6日，夏鼐与郑振铎"偕至历史博物馆，辉县发掘展览布置即将就绪，定于17日预展";稍后几日夏鼐还审阅了辉县展览说明书；1月10日，夏鼐校阅郭宝钧所写的"辉县展览说明"，并送给郑振铎"再加审阅";第二天，夏鼐至郭宝钧处，"将辉县展览说明书交还，并商酌修改数处";1月17日，辉县发掘展览会预展，夏鼐前往参观；6月10日，夏鼐"赴历史博物馆参观出土文物汇展，适值他们也正在那里拣选500余件文物，以便做图录";6月27日，夏鼐赴历史博物馆继续参观"基建出土文物汇展";8月27日，夏鼐"至历史博物馆参观望都汉墓壁画展览"。1955年8月10日，历史博物馆李锡经、锡长僖二人至夏鼐处，还同他"商谈《望都报告》修改问题"[11]。1958年底至1959年，历史博物馆冶金馆筹备之事，夏鼐也参与其中。1958年12月30日，清华大学杨根与夏鼐商谈"筹备历史博物馆冶金馆事";次年1月16日，杨根再次"来谈关于冶金馆陈列事";5月23日，夏鼐"赴历史博物馆，参加冶金方面陈列的座谈会";5月28日，历史博物馆派人与夏鼐商谈"冶金馆陈列事"，下午夏鼐"赴历史博物馆，参加奴隶社会冶铜方面的陈列事"。1962年6月29日，夏鼐"赴历史博物馆参观鄂伦春族文物展览，由韩寿萱馆长陪同观看一周，提了一些意见"[12]。1964年1月21日，李锡经至夏鼐处，"谈关于馆内修改中外交通陈列事"；之后关于修改"中外交通陈列"，夏鼐也多次与历史博物馆工作人员商谈，如2月7日，王菊芳、黎家芳二人来同夏鼐"商谈关于中西交通陈列的修改问题"；7月22日，夏鼐"赴历史博物馆参观关于中外交通陈列"；7月29日，黎家芳至夏鼐处，"谈修改中西交通部分陈列计划"。夏鼐不仅是"辉县发掘""长沙发掘"等发掘工作的主持者以及实际参与者，在发掘结束后，又协助历史博物馆及时举办相应展览，为历史、艺术等领域的研究者提供研究材料，更使广大民众从这些展出的文物中感受祖国悠久灿烂的历史文化。与之前相似，夏鼐参与专题展览及临时性展览相关工作的主要方式为参观展览并修改审议陈列计划书、参加座谈会。与此同时，他还将参观一些展览后的感受和思考写成文章予以发表，不仅谈论了这些展览举办的意义，也为后人从事相关研究留下了宝贵的材料。

1951年3月28日，夏鼐曾"赴历史博物馆参观敦煌艺展之布置"，他后来撰写了《漫谈敦煌千佛洞与考古学》一文，发表于《文物参考资料》1951年第5期"敦煌文物展览特刊"上[13]。该文从考古学的观点谈到了敦煌千佛洞的历史，夏鼐认为"由历史的观点"可以考察千佛洞"嬗变的痕迹"，"除了宗教史和艺术史以外，千佛洞壁上还保存着大批的政治史和社会史的材料"，并指出在研究敦煌壁画时"对于一般性的文献及实物的材料，既要熟悉；对于佛教经典，尤其是要熟悉。否则，仅就主观的见解，妄行推测，便不能获得到客观的认识"。基于20世纪40年代中期在敦煌一带的考古发掘，夏鼐此处主要是从宏观层面分析了考古学与敦煌千佛洞历史及其背后文化的关系。

1954年6月，夏鼐曾两次参观"基建出土文物汇展"，后来他专门撰写文章，从展品特点、考古学者的责任、文物保护、基建部门与文化部门之间的联系等方面阐述了此次展览会成功举办的重要意义。夏鼐在《清理发掘和考古研究——全国基建中出土文物展览会参观记》[14]一文中指出，"这次展览会，表现出各地的考古工作者，都能克服种种困难，不辞劳苦地努力把古代文物保存下来，作出很大的成绩"，他按照年代的次序详细介绍了展览会的展品，认为"这次展览会陈列品中，最出色的还是历史时代的文物"，他还提到"考古工作的人，每参观一次这些展出品，便觉得非常兴奋，同时又感觉到责任的沉重"，考古学者有责任"将祖国的古代文物保存下来。不仅要使它们'出土'而已，而且要尽量使它们不失其学术价值地发掘出来"。夏鼐觉得当时"关于交流经验和提高业务水平的工作"，还有很多有待进一步提高、完善的地方，因此他想由考古所发起创办《考古通讯》刊物，"由这刊物来交流大家实际工作的经验，提高考古野外工作的业务水平"，将"祖先遗留给我们很丰富的古代文物"好好保存下来。稍后，他又撰写《考古工作在新中国的蓬勃发展》[15]，总结过去一年考古工作所取得的成绩。该文结尾处提到全国基本建设工程中出土文物展览会的举办"是一件多末令人兴奋的事情"，"这种展览会可以起很大的作用，既可引起人民群众对于祖国古代文物爱护的心理，又可进行爱国主义的教育，使大家认识到祖国文化的流源长远及其优越性"，与此同时"这个展览会也充分地表现出各基本建设工程部门对于文物工作的重视和支持"，一些基建部门和文化部门密切联系，"将关于工地中发现古迹古物的处理办法，订立了协议书，以便充分地合作。这是一件可喜的事情"。1956年，夏鼐在《日益开展的我国考古工作》[16]一文中仍提到，"全国基本建设工程中出土文物展览会……给予观众以深刻的爱国主义教育，因为这些珍贵的古物都是我们祖先的辛勤劳动的创造品。大家看了后，都以为中国考古学因为这6年来的工作已经完全改观了。我们几乎可以说，考古学中'中国考古学'这一部门今后的国际水平，将要以我国所达到的水平作为标准了"。此后的考古实践也充分证明，新中国的考古活动及研究成果在世界考古学中掌握着"话语权"，在世界考古学发展进程中产生着重要影响。

二

中国历史博物馆曾收藏了四枚小铜饼，铜饼一面凸起，另一面凹下，周围围绕着一圈外国文的铭文，但当时铭文未能成功释读。1961年1月25日，"历史博物馆送来有Parthian［帕提亚（即安息）］铭刻（希腊文）的铜饼，嘱作考释，乃搜集材料"[17]；1月27日，夏鼐"继续搜集关于有Parthian Legend［安息铭文］的汉代铜饼资料"；2月3日，夏鼐"赴历史博物馆，观所藏有希腊文的金饼，馆藏4枚，作记录，拟写一文"。后来夏鼐撰成《外国字铭文的汉代（？）铜饼》[18]，该文不仅分析了铜饼的形制、考释了铭文，更论述了铜饼的年代及制造地点等问题。至于铜饼的用途，还是"一个未能解决的迷"，"将来考古发掘出来的地下物质史料，也许可以对于这个谜的解答提供线索"。文末的"附记"还特意提到，"承中国历史博物馆交给我这批材料，要我鉴定，并给我以研究的方便，书此志谢"。夏鼐帮助历史博物馆考释铜饼铭文，体现了考古工作者在鉴定古物、考释铭文等方面所具有的独到眼光。事实上，夏鼐等考古所工作人员，曾多次帮助历史博物馆鉴定古物、考释相关铭文[19]，反映了考古所对历史博物馆工作的支持与帮助，也反映了考古工作与文物博物馆工作之间的密切联系。

考古学与文物博物馆学之间的紧密关联，亦表现在关于重大考古发现的学术探讨上。中国历史博物馆"积极参加各地的考古调查与发掘活动，努力反映最前沿的学术成果，始终得到全国文物考古博物馆界的支持帮助"[20]。1976年，唯一保存完整的商代王室墓葬妇好墓被考古工作者发掘；次年6月，考古所在历史博物馆举办"考古发掘展览"，展出20世纪70年代以来考古所的发掘收获。6月16日，夏鼐与牛兆勋、王仲殊等"赴历史博物馆，与杨振亚、陈乔馆长参观刚摆好的'考古发掘展览'，商谈有关展览开放后的具体问题"；6月25日，夏鼐与牛兆勋、石兴邦"赴历史博物馆，我所'考古发掘展览'今天预展"。后来，关于"考古发掘展览"的座谈会也在历史博物馆召开。7月22日，夏鼐至历史博物馆，参加"考古发掘展览"座谈会，主题是探讨"妇好墓的年代问题"，会议"由陈乔馆长主持"，"先由郑振香同志报告发掘经过，历史所甲骨组同志谈甲骨文中关于妇好的资料，然后展开讨论，邹衡、裘锡圭同志主张年代较晚，李学勤、胡厚宣同志主张武丁时代"[21]；7月25日，"考古发掘展览"第二次座谈会召开，"谈夏文化之探索问题"，夏鼐因事未能参加此次座谈会，但是"闻参加者颇多，由安金槐、徐殿魁、黄石林、赵芝荃各同志作报告，然后讨论，发言者有李锡经等同志，时间不够，决定明天再开"；第二天，座谈会继续召开，"讨论夏文化问题，发言者有佟柱臣、安金槐、史树青、王玉哲、李学勤等"，最后夏鼐也做了简短的发言。

关于"妇好墓的年代问题"，1977年1月6日，夏鼐曾与王仲殊、王世民等至郭沫若家中，将安阳小屯五号墓的部分出土铜器、玉器等展示给郭沫若，并带去一些照片和拓本，郭沫若对它们很感兴趣，"说妇好可能是卜辞中的武丁配偶，能作战，立了功，所以随葬品如此丰富，或为武丁时代或为武丁之子一辈所葬，故称'母辛'（父母同辈，但已嫁妇女亦称母），不会晚到孙一辈（孙辈称祖妣）"。座谈会上，邹衡、李学勤等的看法，亦可看出当时学者对妇好墓年代问题所持的不同观点。后来《考古》杂志上刊载的"座谈纪要"，关于殷墟五号墓的年代与墓主问题，主要可以归纳为两种意见，恰好可与《日记》中"邹衡、裘锡圭同志主张年代较晚"、"李学勤、胡厚宣同志主张武丁时代"的记录相映照。

关于"夏文化问题"的考古发掘及学术探讨，在新中国成立后受到很多历史、考古工作者的关注。1959年4～5月，徐旭生在河南调查"夏墟"，在此前后夏鼐与他有过多次交流[22]。随着新的考古发现（特别是河南、山西一带）的不断涌现，学术界关于夏文化的探讨也不断深入。1977年7月在中国历史博物馆召开的关于"夏文化之探索问题"的座谈会,使学界对夏文化有了进一步的认识。座谈会上发言的学者,有的后来也撰写成文予以发表,以充实学术界对夏文化的研究[23]。此次座谈会,也为当年11月"登封告成遗址发掘现场会"在河南登封的成功召开做了铺垫。该"发掘现场会"由国家文物局发起,中国社会科学院考古所、中国历史博物馆以及有关省市的文物考古部门和部分高校的学者参与,会上安金槐、赵芝荃、邹衡与夏鼐等详细总结了1977年以前夏商文化研究的历程,闭幕会上夏鼐还做了"谈谈探讨夏文化的几个问题"的讲话[24]。

"夏商考古不是夏鼐的专长,但作为新中国考古工作的组织者和领军人物",夏鼐早在新中国成立之初"就已经开始关注夏文化探索了","从精心组织徐旭生豫西调查夏墟到调拨力量大规模发掘二里头遗址,从1977年7月中国历史博物馆的座谈会到同年11月登封告成遗址现场会的召开,夏文化探索的幕后其实总有夏鼐的身影"[25],甚至后来夏鼐还亲自赴登封王城岗遗址指导发掘工作。当时学术界对夏文化问题的认识主要表现在三点:第一,对夏文化问题的探讨有助于理解中华文明起源的问题;第二,对大规模相关城址的调查、发掘,有利于促进对夏朝及夏文化的认识;第三,就探索夏文化而言,当时已发现的考古资料仍不够充分,特别是缺少判定文化性质的充足材料。1983年4月,中国考古学会第四次年会在郑州召开,其中一项会议议题即为"夏文化的探索和商文化的研究"。夏鼐认为:"'探索'这一词,表示这问题在考古学上仍是一个探索性的问题","六年以前,1977年在登封现场的讨论会上,我曾说过,夏文化问题,就当时考古学证据而论,还不能作结论"[26]。事实上,有关夏朝一代的诸多问题,长时间内仍为国内外学术界所争论,相关探讨甚至一直持续至今。

1978年上半年随县曾侯乙墓的发掘引起了学术界的关注,后来中国历史博物馆将部分出土文物予以展览,并举办了学术研讨会。1979年9月18日,夏鼐"赴历史博物馆,参观随县曾侯乙墓展览。谭维四同志及陈乔馆长陪我们参观。这墓的发掘,尤其是那一套编钟随同钟架,确是空前的发现";10月10日,夏鼐又"赴历史博物馆参观随县曾侯乙墓出土文物";10月29日,陈乔至夏鼐处"谈随县曾侯墓座谈会事"。1980年3月10日,夏鼐与苏秉琦"赴中国历史博物馆,参加曾侯乙墓研究讨论会",此次讨论会由中国考古学会、中国历史博物馆及湖北博物馆合办,会议由夏鼐主持,"陈乔馆长介绍筹备经过。顾铁符同志谈随国与曾国的问题,接着张政烺、史树青、李学勤、黄盛璋、俞伟超、朱德熙等同志纷纷发言,颇为踊跃"[27]。此次研讨会主要讨论两个问题:第一,关于曾国的历史;第二,关于曾侯乙墓的物质文化特点[28]。当时学者关于曾侯乙墓、楚文化的探讨，又为当年11月在武汉召开的中国考古学会第二次年会（以楚文化研究为讨论重点）做了学术铺垫。

三

此后，《日记》中又记载了中国历史博物馆举办的多次重要展览，这些记录对后人从事中国历史博物馆展览史及相关研究颇具意义，以下列举《日记》中记载较为详细的四次展览。

第一，1982年6月25日，夏鼐"赴历史博物馆参观应县木塔出土文物的预展"，"有《契丹藏》，及辽代刻本与抄本佛经及杂件（包括辽刻本李瀚《蒙求》，又有版刻画及加彩版刻画数件，舍利球及佛牙七宝）。遇及任继愈同志，又馆中的几位负责人王宏钧、胡德平等，稍谈，拍照片"[29]。

第二，1983年7月29日，夏鼐"前往历史博物馆，参观河南省考古新发现展览"，安金槐陪同参观，"史前的有裴李岗文化（密县莪沟、长葛石固）和龙山文化（淮阳平凉台）。原史时代有登封王城岗（所谓夏文化）及东周阳城，郑州商代（窖藏铜器及墓葬）。战国时代有（1）淮阳马鞍冢（战国车马坑），（2）固始侯古堆1号墓陪葬坑，（3）淅川下寺楚墓，（4）温县西张计村盟书"[30]。

第三，1984年8月17日，夏鼐"赴历史博物馆参观《全国拣选文物展览》，其中西周铜器部分及东南、西南地区出土地区性铜器为最佳"[31]。

第四，1985年5月27日，夏鼐与安志敏"赴历史博物馆参观《镇江文物精华》展览"，孔祥星陪同参观，"展品分古物和字画两部分。古物大部分为发掘品，惜一部分尚未公开发表。江南型青铜器、早期瓷器（三国、两晋、南朝），颇多精品。还有1984年刘宋元嘉十六年（439）波斯萨珊式圆饼纹玻璃杯，更为稀见。甘露寺塔基出土唐李德裕题记的舍利函及金银棺，南宋周瑀墓出土丝织衣服，丁卯桥出土唐代窖藏银器（包括酒筹），皆为已见过发表的照相而未睹原物者。至11时许始告辞出来。遇及李学勤、史树青、顾铁符、陈乔等同志"[32]。

中国历史博物馆的很多展览在公开展出之前，夏鼐因所任职务的便利常能看到筹备展或预展。与预展相比，一些展品的数量、摆设顺序、文字解说等在公开展出时可能会有一定的变化。《日记》中的这些有关中国历史博物馆展览的记载，比起后来刊发的展览纪要、笔谈、回忆性文章等，更能体现出一种当事人"在场"的形象性，这些记录为后人研究中国历史博物馆展览史提供了更加直接、更加鲜活的学术材料。

四

如果说文化是一座桥梁，那么文物可以说是向外国人介绍中国的最好媒介。中国历史博物馆在展现中华文明发展进程、继承和传播中华文化、加强中华文明与世界文明对话交流等方面发挥着重要作用。新中国成立初期，中国与波兰、印度、缅甸等国家建立外交关系，印度、缅甸等国家均以派遣文化代表团访问中国的形式增加两国之间的文化交流。外国文化代表团访问中国时，参观中国历史博物馆经常被列入日程安排之中。《日记》中有许多关于中国历史博物馆接待外宾的记载。1952年5月5日，夏鼐至历史博物馆，"为招待印度文化代表团参观发掘展览会"；5月10日，缅甸文化代表团参观历史博物馆，夏鼐前往历史博物馆陪同参观。1954年1月19日，波兰海运部长至历史博物馆参观，章伯钧陪同，当时郑振铎因事不能参加，因此请夏鼐前往招待。1959年11月27日，苏联科学院院士吉谢列夫至考古所访问，当天下午夏鼐陪同他去参观历史博物馆，"虽闭馆重行整理，但特别开放给他参观。由韩寿萱、任行健二馆长，及沈从文、王振铎二同志招待，至6时余始毕"。12月21日下午，吉谢列夫又在历史博物馆讲演《铜器时代西伯利亚与中国的关系》。

20世纪50年代末至60年代末，因国内及国际复杂多变的政治形势，中国的很多对外交流活动未能顺利开展。70年代初，中国逐渐恢复外交活动，相关的文化交流活动不断增加。1971年经郭沫若申请，周恩来批准举办出国文物展览。1972年，历史博物馆等有关部门开始准备出国文物展览。出国文物展览从开始筹备直至顺利结束，夏鼐都做出了重要贡献。1972年12月26日，夏鼐"去历史博物馆观出国文物"，王冶秋、吴仲超等皆在场，夏鼐又与"工作组翻译谈出国文展说明书的英、法译本事"。1973年1月1日，夏鼐"将出国展览说明的法文译本，逐条审校，有意见便加签注，以供修改定稿时参考"；1月7日，夏鼐"赴历史博物馆，参加出国文物审查工作"，"决定展品基本上定下来，仅须稍作修改"；1月9日，夏鼐"花了整天时间在历史博物馆，将展品作最后选删，删去40余号，成为400号"；1月12日，夏鼐"赴历史博物馆，将出国文展的展品目录作最后决定，以便打印"；1月14日，夏鼐上午在家"修改'展品选录'英文本"，下午至历史博物馆又参观出国文物；1月15日，夏鼐"将'展品目录'英文稿修改完毕。继续修改法文稿"，后来又多次审阅、修订"展品选录"的英、法译本；1月31日，夏鼐"赴历史博物馆，参观赴日的河南碑刻拓本及章怀、懿德两太子墓壁画的预览"；3月21日，夏鼐"赴历史博物馆参观赴日出土文物展览预展"，并与王友唐"商谈修改展品说明事"。"出国文物展览"后在巴黎、东京、伦敦等地正式展出，受到当地政府及民众的一致好评，《人民日报》对此也做了详细的报道[33]。稍后，"出国文物展览"又在罗马尼亚、奥地利、瑞典、荷兰、美国等国家成功展出，"中国文物出国展览，在国际上引起了强烈反响，有中国'文物外交'的美誉"[34]。

不管是接待外宾至中国历史博物馆参观，还是举办"出国文物展览"，都有助于当时中国对外交流事业的顺利展开。当外国友人想要了解中华民族悠久灿烂的文化时，中国历史博物馆是一扇非常重要的"窗口"。《日记》中关于中国历史博物馆接待外宾、举办"出国文物展览"的诸多记载，不仅再现了当时的很多情节，更有助于后人进一步认识中国历史博物馆在国家现代对外文化交流史上所发挥的重要作用，因此《日记》中的这些记载可以在中国对外文化交流史上留下精彩的一页。同时，这些记载也反映了夏鼐勤奋严谨的工作精神以及他在国家开展的对外文化交流相关工作中所做的努力。有学者就指出，"出国文展的文字工作，专业性极强，涉及面又广，不仅要有中国文物考古和历史文化的深厚基础，还要有熟练的英、法文基础和世界古代史等多方面的修养，才能完成这几万字的中、英、法文等几种文本的修改、审定工作。这样的人才现在不多，当时更少。这项主要任务，责无旁贷地落在夏先生肩上，加之时间紧，他经常加班加点，一丝不苟地虔心工作着，忙碌着"[35]。

五

日记可以看作记录历史的一种载体。虽然历史不可重复，但后人可以最大限度地还原历史，并且还原历史的途径和载体是多样的。就史料价值而论，比起回忆录、年谱、传记等，由于日记按照年月日记录作者的亲身经历以及对周围人事的看法，因而更能反映作者的内心情感、价值判断及他们所处的时代背景。《日记》中有关中国历史博物馆的记载，亦经常透露出"人与时代"的命题。这些记载，不仅涉及韩寿萱、陈乔、杨振亚等历任馆长以及沈从文、王振铎、史树青等馆内研究人员的相关活动事迹，亦是夏鼐与郑振铎、苏秉琦、邹衡、李学勤等学人之间交往的反映。如果以"人物"为中心，考察这些记载，对20世纪50～80年代中国学人交往史的研究颇具意义。人与人的交往不仅能反映每个人不同的认知取向和性格特点，亦能折射出他们所处社会时代的变化特征。如果以"时代"为出发点，今天我们再研读《日记》时，很多时代的印记又历历在目。如1960年3月25日，夏鼐至历史博物馆，"听王冶秋局长作全国文博会议总结报告，及齐燕铭副部长关于当前形势报告"；1966年5月18日（即"五一六通知"公布后两天），夏鼐与林寿晋一同至历史博物馆，"参观陕县后川出土器物，正在整理中"，后遇到韩寿萱，"知历史博物馆正在整风"；6月19日，夏鼐"至历史博物馆一观，信阳楚墓的镇墓兽已移去，明代有关海瑞的一节也已取消，放置定陵出土金器的陈列柜中新添一些卖田契、卖身契，以便显示阶级斗争"；8月21日，夏鼐"至历史博物馆一观，为了做自我检查，要看看历史博物馆中对于某些古物如何提法"；1975年1月22日，夏鼐"赴历史博物馆参观，共分三路：一路为批林批孔展览，右手为中国通史陈列，左手上楼为文物调展，包括革命文物及历史文物"，"主要是看历史文物，有的是初次看到的，如郑州大鼎、新疆唐画等。11时半以前集中，所以批林批孔展览只匆匆走过，前已看过。通史陈列，闻春秋战国部分变动较大"；5月12日，夏鼐"赴历史博物馆礼堂，听大连造船厂师傅介绍该厂理论学习小组情况，乃近代史所组织的"；5月15日，夏鼐"赴历史博物馆礼堂，听朝阳农学院革委会副主任关于教育改革的报告"等。"当前形势报告""整风""阶级斗争""自我检查""批林批孔""理论学习""革委会"等词汇，都折射出时代变迁的轨迹。

有学者曾指出，"国家博物馆的产生、发展是与全社会的发展紧密结合在一起的，是社会发展的产物"[36]。作为"国博"前身之一的中国历史博物馆，它的发展与演变也是如此。任何事物都可以视为时代的产物，中国历史博物馆的变迁与发展亦处于一定的时代变化之中，因此当时政治形势、社会情形的变化在历史博物馆所举办的相关展览以及开展的日常工作中亦有所反映。

六

上文述及的诸多《日记》中的记载，都反映了夏鼐对中国历史博物馆工作的积极关注与支持，因此我们不禁要问，除了担任行政"头衔"的原因之外，还有什么因素促使夏鼐对文物博物馆事业如此尽心尽力？事实上，夏鼐对文物博物馆工作的重视渊源有自。他"早年在国内求学时期，因学习史学专业，已开始关注博物馆、图书馆等新型公共文化机构的建设"[37]。1934年10月30日，夏鼐考中留美生后不久，至傅斯年家中"询问关于国内研究计划"，傅斯年告诉他考古学有三个方面可以研究，即：史前时期的发掘、历史时期的发掘、博物馆。傅斯年简单明了地指出考古学三个方面的研究方向，体现了他对考古学的了解程度及重视程度。1935年4月2日，夏鼐于安阳考古实习期间，向梁思永咨询国外入学问题，梁思永认为"赴欧留学之目的不外：（1）博物馆及田野工作之技术；（2）欧洲考古学方面之智识及人类学的背景；（3）考察欧洲方面所保存的中国东西"，强调了学习国外博物馆及田野工作技术对发展中国考古学的重要性。1936年，夏鼐曾致函李济，询问转学事宜，李济在回信中谈到"博物院学能留心更好。现博物院建筑已开始，开院时需要专门人才处尚甚多。并祈留心代为物色为盼"[38]。受傅斯年、李济的指导，夏鼐在伦敦留学期间就开始学习与博物馆相关的课程及技术方法，准备回国后为国内博物馆的建设贡献力量。1946年11月胡适到南京参加"国民大会"，傅斯年将夏鼐介绍给胡适认识。12月20日，夏鼐晚饭后到胡适住处闲谈，胡适谈到在北京大学"拟设一博物馆"的想法，"古物方面由裴文中及向觉明君负责"。傅斯年、李济、梁思永、胡适的观点或想法影响着后来夏鼐对博物馆学的态度，为新中国成立后夏鼐对中国博物馆工作的关心与帮助做了思想上的铺垫，再加上他自身的深刻认识，促使他"不遗余力"地支持文物博物馆事业的发展。1950年以后，夏鼐"重新投入新中国的文博事业工作中，尤其是负责国家考古所全面工作后对博物馆事业发展思考较多"[39]。1952年，夏鼐在北京大学为第一届考古训练班讲授"田野考古序论"，指出"博物馆事业的逐渐发展，尤其是历史博物馆方面，需要很多的考古学标本做陈列之用。同时，博物馆的陈列是使考古工作的结果与人民大众见面，使考古工作为人民大众服务，灌输历史知识，起了爱国主义教育的作用。使考古事业在人民大众中打下根基，一定受他们的支持"[40]。

正因为认识到"博物馆事业"与"考古工作"之间的密切联系，夏鼐才竭力支持中国历史博物馆的很多相关工作，加强考古研究所与中国历史博物馆在学术研究、日常工作等方面的合作。夏鼐在陕西、河南、湖北等地参观考察时，也十分关注当地博物馆举办展览、出版学术著作等工作，有时甚至提出加以完善的意见。他的这些努力，为新中国成立后国家文物博物馆事业的全面发展做出了重要贡献。

七

综上所述，《日记》有关中国历史博物馆的记载颇具典型性。笔者从《日记》中梳理出有关中国历史博物馆的记载，意在发掘具有一定学术意义的实例，阐明新中国成立后夏鼐对中国历史博物馆乃至国家文物博物馆事业的全面发展所做的贡献，以充实夏鼐学术经历、中国历史博物馆馆史、中外文化交流史等相关研究。《日记》中的这些记载，作为"历史材料"，不管是对夏鼐而言，还是对中国历史博物馆而言，都具有非常重要的学术意义，"纵观《夏鼐日记》中留下的先生对中国博物馆事业发展的述说，先生对中国博物馆建设的关心、支持及殷切期望跃然眼前"[41]。夏鼐作为"中国现代考古学的奠基人之一"，他的名字"同1950～1985年间中国的考古事业紧紧连在一起。他代表了一个时代，是中国考古学史上的一座丰碑"[42]。因此对《日记》中有关中国历史博物馆记载的考察、对夏鼐学术经历及思想观点的分析，又有助于我们理解新中国成立后考古学界的整体状况，对促进当今考古学、博物馆学的学科发展以及博物馆展陈工作水平的提升，亦有借鉴意义。

附记：本文为国家社科基金一般项目"新中国初期博物馆中国历史陈列与马克思主义史学社会教育的关系研究"（22BZS138）的阶段性成果。

注　释

[1] 《夏鼐日记》（十卷本），华东师范大学出版社，2011年。前九卷为日记正文，第十卷为"生平事迹年表"、"交往人物索引"及"主要亲属一览"。本文凡涉及具体日期的引文，除另注出处外，均出自《夏鼐日记》。

[2] 王世民：《中国考古学发展史上一份难得实录》，《中国文物报》2011年10月28日。

[3] 1949年10月，原"国立历史博物馆"更名为北京历史博物馆；1950年3月，中央革命博物馆筹备处成立；1960年8月，北京历史博物馆更名为中国历史博物馆，中央革命博物馆更名为中国革命博物馆；1969年9月，中国历史博物馆和中国革命博物馆合并，称中国革命历史博物馆；1983年初，又分为中国历史博物馆和中国革命博物馆。本文所述时间范围为1950～1985，所述及的"中国历史博物馆"包括北京历史博物馆时期，但并不涉及中国革命博物馆的内容。夏鼐在《日记》中，经常将北京历史博物馆、中国历史博物馆直接称为"历史博物馆"。

[4] 《北京历史博物馆改进草案》，1954年，中国国家博物馆藏。

[5] 筹备"中国通史陈列"，最重要的就是先要拟定出陈列大纲，大纲须遵照历史唯物主义的原则。当时史学界对中国历史分期的看法并不一致，学者们持有"西周封建论""春秋战国封建论""魏晋封建论"等不同观点。如何解决这个问题？究竟应该遵循什么样的原则？针对当时的情况，由邓拓主持，邀请范文澜、侯外庐、翦伯赞、尹达、吴晗、邓广铭等人和夏鼐、苏秉琦，在武英殿开了一个座谈会。大家各抒己见，反复研究，最后由邓拓执笔归纳，拟定了通史陈列的六条原则，其中一条是"关于我国奴隶社会和封建社会分期问题以郭沫若同志的观点为依据（即战国时期进入封建社会）"。参见李万万：《百年国博的回顾与展望——王宏钧先生访谈》，《中国国家博物馆馆刊》2012年第1期。

[6] 李季：《为历史存照　与时代同行——中国历史博物馆九十年》，《中国历史文物》2002年第3期。

[7] 朱凤瀚：《与时俱进　不负众望——为中国历史博物馆九十周年馆庆而作》，《中国历史文物》2002年第3期。

[8] 陈瑞德：《〈中国通史陈列〉四十年》，《中国国家博物馆馆刊》2011年第3期。

[9] 史树青：《中国历史博物馆正式开馆》，《历史研究》1961年第4期。

[10] 李万万：《北京历史博物馆时期的展览研究》，《文物天地》2016年第3期。

[11] 此处的《望都报告》，即后来出版的《望都汉墓壁画》（北京历史博物馆、河北省文物管理委员会编辑），中国古典艺术出版社，1955年。也可参见《考古学家夏鼐·影像辑》第97页"经夏鼐审阅后出版的考古学专著一览表"，中国社会科学出版社，2011年。

[12] 关于"鄂伦春族文物展览"缘起及具体布展，可参见宋亚文：《20世纪60年代中国国家博物馆展览述略》，《中国国家博物馆馆刊》2012年第6期。

[13] 中国社会科学院考古研究所：《夏鼐文集》第二册第429~433页，社会科学文献出版社，2017年。

[14] 《文物参考资料》1954年第9期；《夏鼐文集》第四册第362~373页，社会科学文献出版社，2017年。

[15] 《科学通报》1954年第10期；《夏鼐文集》第四册第374~380页，社会科学文献出版社，2017年。

[16] 《人民日报》1956年2月27日；《夏鼐文集》第四册第391~395页，社会科学文献出版社，2017年。

[17] [ ]里的内容为日记整理者所加，下同。

[18] 见《考古》1961年第5期，署名"作铭"；又见《夏鼐文集》第三册第321~329页，社会科学文献出版社，2017年。

[19] 如1964年1月13日，陈乔邀请夏鼐至历史博物馆，"商谈鉴定周处墓出土的铝带饰事"；1977年2月28日，夏鼐"至故宫及历史博物馆，参观及鉴定这两处收藏的古代度量衡器"；1980年12月14日，历史博物馆李先登至夏鼐处，"谈河南登封告成镇王城岗遗址龙山文化晚期文化层中发现5.5厘米×4.4厘米铜碎片"；等等。

[20] 李季：《为历史存照 与时代同行——中国历史博物馆九十年》，《中国历史文物》2002年第3期。

[21] 关于此次座谈会的发言记录，可参见《安阳殷墟五号墓座谈纪要》，《考古》1977年第5期。

[22] 徐旭生关于此次"夏墟"调查的报告，可参见《1959年夏豫西调查"夏墟"的初步报告》，《考古》1959年第11期；夏鼐与徐旭生关于"探索夏墟的工作计划""调查经过"等的交谈，可参见《夏鼐日记》卷六，1959年3月26日、3月31日、6月8日、9月7日等条。

[23] a.黄石林：《关于探索夏文化问题》，《中原文物》1978年第1期。

　　b.安金槐：《豫西夏代文化初探》，《中国历史博物馆馆刊》1979年第1期。

　　c.佟柱臣：《夏代和夏文化问题》，《河南文博通讯》1979年第2期。

[24] 夏鼐：《谈谈探讨夏文化的几个问题——在〈登封告成遗址发掘现场会〉闭幕式上的讲话》，《中原文物》1978年第1期；《夏鼐文集》第二册第249~252页，社会科学文献出版社，2017年。

[25] 孙庆伟：《考古学的春天：1977年"河南登封告成遗址发掘现场会"的学术史解读》，《南方

文物》2014年第1期。

[26] 夏鼐:《在中国考古学会第四次年会开幕式上的讲话》,《中国考古学会通讯》第4期;《夏鼐文集》第一册第437~440页,社会科学文献出版社,2017年。

[27] 有关探讨,可参见谭维四、刘彬徽等:《笔谈〈湖北随县曾侯乙墓出土文物展览〉》,《中国历史博物馆馆刊》1980年第2期。

[28] 刘彬徽、李先登:《曾侯乙墓学术讨论会在京举行》,《江汉考古》1980年第1期。

[29] 关于山西应县木塔有关简报及研究文章,可参见《文物》1982年第6期、《中国历史博物馆馆刊》1983年第5期上刊载的相关文章。

[30] 有关"河南省考古新发现"展览内容所涉及的学术问题的探讨,可参见安金槐、陈绍棣等:《〈"河南考古新发现"展览〉笔谈》,《中国历史博物馆馆刊》1984年第6期。

[31] 关于此次展览介绍,也可参见孟宪珉、赵力华:《全国拣选文物展览巡礼》,《文物》1985年第1期。

[32] 历史博物馆与镇江市联合举办的"镇江文物精华展览","是新辟展厅后举办的第一个专题展览。展出的内容把'古代镇江'和'今日镇江'作了有机的结合,形式上则使用了新制的铝合金展柜,采用灯光照明,展出效果较好","周谷城副委员长和赵朴初、华罗庚、夏鼐等专家、学者也都亲临观看并给予赞扬和鼓励"。见历博图书馆:《中国历史博物馆史略》,《中国历史博物馆馆刊》1989年第13、14期合刊。

[33] 《我国出土文物展览在巴黎开幕》,《人民日报》1973年5月10日;《中国出土文物展览会在东京开幕》,《人民日报》1973年6月9日;《我出土文物展览代表团到达伦敦》,《人民日报》1973年9月28日。

[34] 雷从云:《夏鼐先生与新中国文物出国第一展》,见《夏鼐先生纪念文集——纪念夏鼐先生诞辰一百周年》,科学出版社,2009年。

[35] 雷从云:《夏鼐先生与新中国文物出国第一展》,见《夏鼐先生纪念文集——纪念夏鼐先生诞辰一百周年》,科学出版社,2009年。

[36] 李万万:《加强国博史的研究——苏东海先生访谈》,《中国国家博物馆馆刊》2012年第2期。

[37] 徐玲:《从〈夏鼐日记〉看夏鼐与中国博物馆事业(上)》,《中国文物报》2015年5月26日。

[38] 《陈请梅贻琦校长准予延长留学年限的信函》附录三:《李济先生复信》(1936年5月9日),见《夏鼐文集》第四册第445页,社会科学文献出版社,2017年。

[39] 徐玲:《从〈夏鼐日记〉看夏鼐与中国博物馆事业(下)》,《中国文物报》2015年6月9日。

[40] 夏鼐:《田野考古序论》,《文物参考资料》1952年第4期;《夏鼐文集》第一册第49~59页,社会科学文献出版社,2017年。

[41] 徐玲:《从〈夏鼐日记〉看夏鼐与中国博物馆事业(下)》,《中国文物报》2015年6月9日。

[42] 高炜:《继承夏鼐先生实事求是的严谨学风》,见《夏鼐先生纪念文集——纪念夏鼐先生诞辰一百周年》,科学出版社,2009年。

Xia Nai and the National Museum of Chinese History

Wang Xing

KEYWORDS: Xia Nai   National Museum of Chinese History   *Xia Nai's Diary*   History of Archaeology

ABSTRACT: There are lots of records on the National Museum of Chinese History in *Xia Nai's Diary*. It not only includes the records on modifications and the opening of the "Chinese History Exhibition" to the public, special exhibitions and temporary exhibitions, but also includes Xia Nai's communications with Han Shouxuan, Chen Qiao, Yang Zhenya, Shen Congwen, Wang Zhenduo, Shi Shuqing and so on. These records reflect Xia Nai's concern and support to the work of the National Museum of Chinese History on the one hand, they also reflect cooperation and mutual assistance between the Institute of Archaeology, Chinese Academy of Sciences and the National Museum of Chinese History in daily work and academic research on the other hand. The investigation of these records could help us to understand Xia Nai's contributions to the development of the National Museum of Chinese History and even broadly the national cultural heritage and museum business, which has important reference value for the study of Xia Nai's academic thought, the history of the National Museum of Chinese History, the history of cultural exchanges between China and foreign countries after the establishment of the People's Republic of China.

（特约编辑　新　华）

《考古学集刊》征稿启事

  《考古学集刊》创刊于 1981 年，由中国社会科学院考古研究所主办、考古杂志社编辑，面向海内外征稿，现每年出版两集，刊载考古调查与发掘报告及相关学术论文，常设栏目有"调查与发掘"、"研究与探索"、"考古与科技"、"考古学家与考古学史"、"实验考古"、"国外考古"和"学术动态"。欢迎海内外作者投稿。投稿时请注意如下事项。

  （一）请登录"考古杂志社"网站（http://www.kgzzs.com），点击"作者投稿"进行投稿。

  1. 投稿方法：注册→登录→选择所投刊物→填写稿件标题→点击"添加附件"→点击"发送"。

  2. 注册信息必须真实有效。请按要求填写相关信息，以便联系。

  3. 请在文章正文后面附作者姓名、学位、职称、工作单位、联系电话、电子邮箱、通讯地址及邮政编码等基本信息。

  4. 稿件状态分为四种："已投稿"、"审核中"、"退稿"和"拟刊用"。

  （二）所投稿件须为作者独立研究完成的作品，充分尊重他人知识产权，无任何违法、违纪和违反学术道德的内容；文中引文、注释和其他资料，应逐一核对原文，确保准确无误；如使用了转引资料，应注明转引出处。

  （三）投给本刊的稿件，应确保未一稿两投或多投，包括未局部改动后投寄其他报刊，且稿件主要观点或基本内容不得先于本刊在其他公开出版物（包括期刊、报纸、专著、论文集等）上发表。

  （四）本刊实行双向匿名专家审稿制度。稿件正文中请勿出现作者个人信息，行文也请避免可能透露作者身份的信息。

  （五）来稿审理期限一般不少于 90 个法定工作日。通过初审的稿件，本刊将在此期限内向作者寄送"拟用稿通知"或通过电话、电子邮件等通知作者。本刊有权对来稿做文字表述及其他技术性修改。

  （六）稿件一经刊发，编辑部即会向作者支付稿酬，寄送样刊。出刊后还会将其编入《中国学术期刊网络出版总库》、CNKI 系列数据库及国家哲学社会科学学术期刊数据平台等数据库，编入数据库的著作权使用费包含在编辑部所付稿酬之中。

  （七）本刊对所刊稿件拥有长期专有使用权。作者如需将在本刊所刊发的文章收入其他公开出版物中发表，须事先征得本刊同意，并详细注明该文在本刊的原载刊期。

  （八）本刊单篇稿件字数一般以 1～3 万字为宜。请提供 500 字以内的中文提要和 3～5 个关键词。有条件的作者请提供中文提要和关键词的英文译稿，供编辑参考。

《考古学集刊》编辑部

1.镬鼎（M674∶50）

4.A型盖鼎（M674∶1）

2.B型盖鼎（M674∶10）

5.立耳鼎（M674∶5）

3.C型盖鼎（M674∶3）

6.鬲（M674∶20）

太原市金胜村东周铜器墓出土铜器

图版二

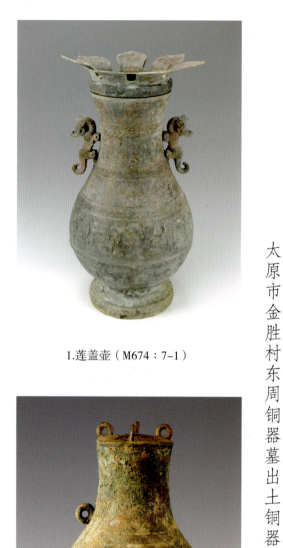

1.莲盖壶（M674：7-1）

3.A型盖壶（M674：24）

太原市金胜村东周铜器墓出土铜器

4.兽耳盖豆（M674：31）

2.圆壶（M674：22）

5.圆壶（M674：22）局部

1.三足盘（M674：37）

2.匜（M674：21）

4.扁壶（M674：29）

3.建鼓座（M674：18）

太原市金胜村东周铜器墓
出土铜器

5.建鼓座（M674：18）局部

1.鉴（M674：13）

3.特镈（M674：14）钮部

2.特镈（M674：14）

4.特镈（M674：14）鼓部

5.特镈（M674：14）舞部

太原市金胜村东周铜器墓出土铜器

1.编镈（M674：53）

2.罍（M674：29）

太原市金胜村东周铜器墓
出土铜器

3.编镈（M674：53～62）

图版六

1.石磬（M674：63～72）

2.铜器盖（M674：19）

3.铜勺（M674：35-1）

4.铜鸭形方扣（M674：49-2）

5.铜雁（M674：94）

6.铜戈（M674：40）

太原市金胜村东周铜器墓出土遗物

1.B型盖鼎（M673：13）

2.B型盖鼎（M673：13）盖

3.B型盖鼎（M673：13）局部

4.圆壶（M673：4-1）

5.圆壶（M673：4-1）盖

6.环首刀（M673：41）

太原市金胜村东周铜器墓出土铜器

图版八

1.吴王夫差铜鉴（M673：1）

4.铜盖豆（M673：6-1）

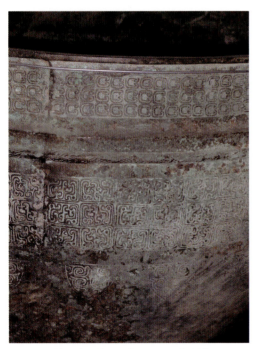

2.吴王夫差铜鉴（M673：1）局部

3.长条形玉片（M673：47、48）

5.铜圆壶（M673：4-2）

太原市金胜村东周铜器墓出土遗物

1.铜编钟（M673：11-1）

2.小玉片（M673：40、52）

3.铜编钟（M673：11-2～9）

太原市金胜村东周铜器墓出土遗物

1.玉珠（M673：51）

4.漆皮（M673：59）

2.玉璋（M673：45、49）

5.玉柱（M673：53、54）

3.玉璧（M673：55）

6.墓主下颌骨与牙齿

太原市金胜村东周铜器墓出土遗物与遗骸

1.A型盖鼎（M88：3）

2.A型盖鼎（M88：3）盖

3.敦（M88：15）

4.方座豆（M88：13）

5.云纹盖豆（M88：6）

6.敦（M88：15）局部

太原市金胜村东周铜器墓出土铜器

图版一二

1.钮钟（M88：33）

2.A型车軎（M88：21-1）

太原市金胜村东周铜器墓
出土铜器

3.蟠螭纹盖豆（M88：16）

4.蟠螭纹盖豆（M88：16）盖

5.鬲（M88：14）

1.铜鸟兽纹壶（M88：9）

3.海贝（M88：25）

2.铜构件（M88：20）

4.B型铜盖鼎（M656：1）盖

太原市金胜村东周铜器墓
出土遗物

5.B型铜盖鼎（M656：1）

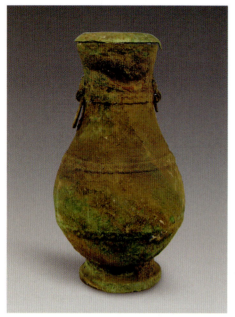

1.圆壶（M656：6）

2.戈（M656：34、36～39）

3.泡（M656：57-1）

太原市金胜村东周铜器墓出土铜器

4.甗（M656：8）

5.镈（M656：33、35）

6.贝（M656：103）

1.鸭形带扣（M656：21、54）

2.当卢（M656：18）

3.合页（M656：59-1）

4.镞（M656：55）

5.马衔（M656：62、63）

太原市金胜村东周铜器墓
出土铜器

6.矛（M656：50、72）

1.骨镳（M656：15）

2.玉璧（M656：98）

3.玉璜（M656：64、65）

4.铜环首刀（M656：51）

5.玉素面珑（M656：84-1～4）

6.圆形玉佩（M656：74-1）

7.玉刻纹珑（M656：75）

太原市金胜村东周铜器墓出土遗物

1.日光镜（90HlM59∶18）

2.昭明镜（90HlM55∶1）

3.日光镜（91HlM107∶3）

4.星云镜（91HlM120∶14）

5.带钩（94HlM250∶16）

河南鹤壁市后营
汉代墓地出土铜器

图版一八

1.五乳枝叶镜（91HlM105：5）

2.昭明镜（91HlM104：9）

3.五乳雏鸡镜（91HlM96：17）

4.云雷连弧纹镜（91HlM134：12）

5.大布黄千（91HlM106：17）

河南鹤壁市后营汉代墓地
出土铜器

图版一九

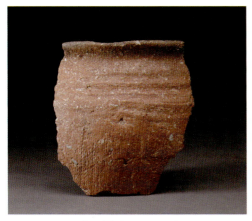

1.釜口沿（P1H1：4）

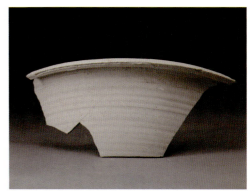

2.盆（P1⑦：2）

3.釜口沿（C：6）

4.罐（C：9）

5.筒瓦（C：2）

6.板瓦（C：41）

北京市房山广阳城遗址采集陶器

1.陶纺轮（C：11）

2.铜镞（C：32）

3.筒瓦（C：1）

4.瓦当（C：15）

5.铜弩机构件（C：33）

6.带符号陶片（C：40）

北京市房山广阳城遗址采集遗物